Management Epiphanies

管理心语

杨龙芳 著

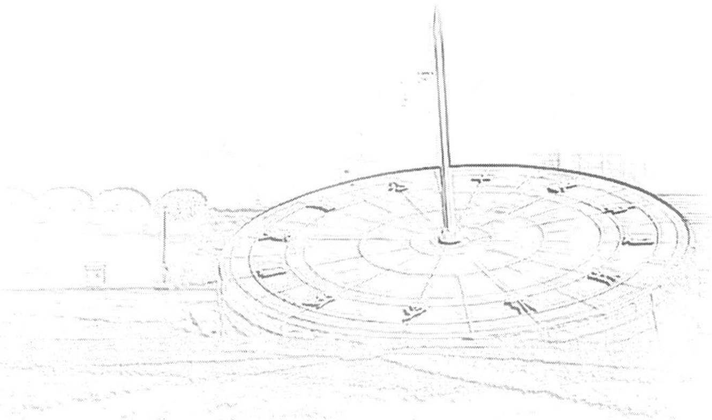

中国经济出版社
CHINA ECONOMIC PUBLISHING HOUSE
·北 京·

图书在版编目（CIP）数据

管理心语 / 杨龙芳著. -- 北京：中国经济出版社，
2024.8

ISBN 978 – 7 – 5136 – 7743– 1

Ⅰ. ①管… Ⅱ. ①杨… Ⅲ. ①管理学 – 研究 Ⅳ.
① C93

中国国家版本馆 CIP 数据核字（2024）第 081281 号

策划编辑 姜 静
责任编辑 王西琨
责任印制 马小宾
封面设计 任燕飞装帧设计工作室

出版发行 中国经济出版社
印 刷 者 北京富泰印刷有限责任公司
经 销 者 各地新华书店
开 本 710mm × 1000mm 1/16
印 张 19.5
字 数 319 千字
版 次 2024 年 8 月第 1 版
印 次 2024 年 8 月第 1 次
定 价 88.00 元
广告经营许可证 京西工商广字第 8179 号

中国经济出版社 **网址** http://epc.sinopec.com/epc/ **社址** 北京市东城区安定门外大街 58 号 **邮编** 100011
本版图书如存在印装质量问题，请与本社销售中心联系调换（联系电话：010–57512564）

序　言

初学者微光

凡人微光。

我是一个凡人，我的平凡在于我永远是一个初学者，我的微光来自我永远是一个读书人的生命之光。这是书生专业主义者的微光。

对于初学者而言，反思是我生命中固有的元素。我经常醒示听我讲课的学生：思者，田在心中。这句话说白了，“思在脑”，这是大白话；说实了，思想是原生的财富，这是“大实话”。我知道反思自己是每个个体生命成长中面临的最严峻的挑战，这是面向“思”的事，这是人生成长中的大事件。古希腊哲学家苏格拉底早就警示过我这个大学时期学历史的人，我很珍惜生命中的偶遇，充分利用机会，进行深度反思，并在关键时段将反思写成文字，发现自己个体生命中的新动能。

1997 年 7 月，我博士研究生毕业，选择了深圳大学，这是我花近 10 年光阴弄懂一个大问题后做出的正确选择，这个大问题即“文化是什么”。深圳绝不是人们嘴上的文化沙漠，而是广东多样性文化中最令人向往的绿洲，全球文化中最美的花园。深圳大学是我一生绝无悔意的选择。

我来深圳大学后，已经有过三次文字记录性的人生反思。这里的“文字记录性”意在表明“‘文’在‘事’‘义’之间”。第一次文字记录性反思是受学院领导所托而形成的，我曾写过“走向书山的体会”，这是我早期反思的文字记录。这篇文章载入深圳大学精神文明委员会编的《无悔岁月——深大教师谈人生》，由海天出版社于1998年9月出版。这是一本由60位教师亲笔撰写的人生经历和生命体验，也是“献给深圳大学建校15周年”的厚礼。我第二次深刻的文字记录性反思，形成于我博士论文出版时所写的“后记”。这是一篇很短的文字排序，但其所隐含的信息量是巨大的，它是一个涉及生命个体意义的个人梦想和理想世界。我的第三次文字记录性反思，凝思于我受聘深圳大学管理学院教授，学校要求每位教授写一份简历，这是我生命中灵魂性的反思，用很短的文字，凝结出了我的治学精神：“发现基本问题，寻找多种解释，固守不易替代之解释。”深圳大学官网教师查询网页多变，这句话在深圳大学后来的官网上再也不存在了。

对我的书生人生来说，这句话意义非凡，可用成语“语重心长”来表达。“语重”可引喻为“时间”，“心长”可转喻为“路程”，一旦明白“语重”的“时间”引申意义和“心长”的“路程”延伸意义，我就可以衡量自己学术生命成长的“速度”。它不仅催生了我职业生命的后半生，而且成为激励我心灵成长的精神动能。我职业生命的后半生过的是一种自我放逐的人生、一个读书人的人生、一个建构思想市场的人生。我深知阅读在个体生命成长中的非凡意义，从字义来说，“读”者，“言”字旁“讠”加“卖”字。读书，是世界上最古老的古董市场，是灵魂深处同大师之间的心灵对话，是在言说世界同先哲之间话语的讨价还价。读书，是孤独个体勘探宇宙天问的灵魂摆渡。读书，是自我成人挖掘时间长河的心灵独白。诚者，天之道也；思诚者，人之道也。道可道，非常道。

离2023年9月10日，还有一百多天，到时我就会没有遗憾地退休了，因为我带着丰富的精神资产离场。退休就是退场。远离深圳大学的课堂，离别我的人生主战场，我将回到家中的书房，过上“抱读为养”的生活，将我的精神资产呈现为文字或言说。我家入户花园的墙上常挂着深圳大学艺术学院艺术系（后来并入新成立的艺术与设计学院）著名画家刘声雨教授的题词“抱读为养”，这是我一生的真生活，也是我们一家人的生命线。我退休后，这种真生活将会更真，真到永远。这种真生活可用南宋诗人陆游的诗为证，“读书有味身忘老，病须书卷作良医”。这样的真生活是对我书房中一对精美的景德镇花瓶题词的亲证：“松石是福寿，蘭竹更幽香。”

人的生命就是场域的连续性转化，这是宇宙生命的大道。借机反思，犹如只欠东风。我尽心尽力地将来自心灵深处的声音呈现为活灵活现的文字，写下“初学者微光”，成为我生命场域中的新动向。这是我来到深圳大学后的第四次反思，也是我告别深圳大学的第一次反思。这是人生交叉迭代的反思、个人历史性的反思。这是心灵深处的呐喊，这是生命意识的呼唤，是自用其才的自律。人生六十，生命新开始。从这里，由一个“心”字演化出“诚”“悟”“语”三字，会折射出我未来的生命之光。人生六十，人生才真开始。

本着“高薪养神”的自由精神，我自愿选择到深圳大学，“高薪”同“诚实货币”相关，“养”同“自由市场”相连，“神”和“私有财产”相通。我同深圳大学管理学院结缘于全国管理学科大调整之际。1996 年 7 月，国家自然科学基金委员会把管理学科组升格为管理科学部，朱镕基总理在成立大会上做了题为《管理科学　兴国之道》的重要讲话，是推动中国管理学研究发展的“宣言”。1997 年 6 月，国务院学位委员会调整专业目录，在新的学科目录中将管理学列为独立的学科门类，确立了管理学在整个学科体系中的应有地位。在管理学下设置了管理科学与工程、工商管理、公共管理、农林管理、图书情报与档案管理五个一级学科，在一级学科下设置二级学科，即通常所说的“专业”，工商管理下设专业主要包括企业管理、会计学、技术经济与管理、旅游管理四个专业。管理学成为一门独立的大学科，出现在中国的知识世界之中。从国务院学位委员会调整专业目录精神来看，新组建的深圳大学管理学院是管理学科设置较全的学院，可以说是中国管理学高等教育中较具有整合性的“具象”。

深圳大学管理学院于 1997 年 6 月由原管理系、行政学系和软科学系合并组建而成。学院虽然素有一直秉承特区开放、包容、务实、创新、发展的文化特质之说，但要形成独有特色的管理学院亚文化实在太难了。这样看来，一个学校所在城市的城市文化并不会自动地演化为一个学院的学院文化，两者之间还有很长的距离，其间还有很多路需要探寻。学院成立几年后几经改名，“一级学科”混同于“专业化”，学科越一级化，专业越碎片化，管理学的整合学科属性的精神灵魂逐渐消散。2021 年 9 月 14 日上午，深圳大学政府管理学院在丽湖校区揭牌成立，公共管理系离开了管理学院，进入政府管理学院。实在遗憾，在我退休离场之前，深圳大学管理学院这个中国管理学知识世界较为完整的“具象”似乎已经不存在了。在深圳大学管理学院，人们嘴上常挂着工商管理硕士（Master of Business Administration，MBA）和公共管理硕士（Master of Public Administration，MPA），奢谈“B”和“P”的人太多太多，常说“M”的人太少太少，常道“A”的人就是稀缺再稀缺了。“M”指称“大师”，同“工作”相关，意即“职责”，释义为“后果主义”，隐含“小爱”；“A”词义为“行政”，同“公共”相连，本义为“天下主义”，宗旨为“义务论”，彰显“大德”。说到底，“B”和“P”是相通的，介于相同的“M”和“A”之间，这是一种“相反相成”，是一对矛盾、是一种生命的张力。“B”实是“工”，“P”意为“公”。两字音同字不同，小爱大德自由流动，这就是生命的真义。用最科学前沿的话来说，这就是复杂，呈现混乱与分形。这让我不得不说“大学是守望常识的圣地”。我曾向学院一位副院长谈道，这个学院本身是一个管理知识共同体，公共管理是本色，工商管理是底色，信息管理是特色。在我退休之前，这个学院本就不太鲜明的色彩，已经是晚霞消尽。这可能是我生命中的遭遇，这也可能是我生命中的悲痛，这更可能是我生命中的新景象。但我还是要说一句，管理学是整合性学科，整合思维是灵魂。管理学离不开公共行政学，管理、政治、法律是公共行政学的三大途径。管理学说到底是公共行政学中最微小的分析单位。写到这里，我突然想起宋代诗人舒焕《和苏子瞻观百步洪原韵》中的一句诗来：残霞明灭日脚沈，水面浮空天一色。

出于对新景象内在的愿景，我还是一往情深地憧憬着完美的管理知识世界，因为“百无一用是书生”。书生不向往美好，不欣赏差异，何谈透过现象看本质呢？更何况美学在我心中占有极其重要的位置。这是近乎宗教般精神镜像的人文学科。站在宗教精神镜像面前，历史精神镜像就很自然地成为另一面相互衬托的精神镜像，史学就会成我关注的另一人文学科。我这篇以“初学者微光”为主题的“序言”，本着美学与史学的内在关联，我的学术生命之路从潜在的影子变成明晰的光流，呈现出个体生命内在的美学意义，象征着远离阳关大道独行在林中小道之上的探险；我的反思自然而然地按时间顺序编排话题之间的逻辑变化，融合了心智语言思想，剥离出数据信息知识，呈现自我知识增长的史学意义，透视出进入管理知识世界与时偕行在学术疆域中的空白地带。这篇序言折射出了我个体学术生命的探索轨迹，随着不同的时间节点发生不同的转向和不断的聚焦，不同的转向标示出我学术生命的五条“曲径”，不断的聚焦标识出我学术生命中寻找到的最后一个“通幽”之地，一个风景美丽的地方，呈现一幅多元意义的生命年轮。

一、政治与经济

我将《深圳特区报》独自刊发的《20世纪全球化概念的演变》编码为第一篇论文。这篇小论文是我学术生命的第一条“曲径”，在这条“曲径”之上，我开始游观管理学的“风景地带”。

《20世纪全球化概念的演变》是一篇理论文章，它是从我参与全球化会议所投论文中抽出全球化概念辨析而转发的专论。事过18年后，我才知道这篇文章曾得到中国经济学界的重视。我一直以这篇论文中的全球视角注视管理知识世界的变化，也就是说，我在这篇文章中找到了自己看管理的“世界之眼”。

1997年9月，深圳大学由黄卫平教授牵头组织申报行政管理专业硕士研究生学位工作。1997年11月，我同黄卫平教授一道前往北京，拜访了北京大学梁守德教授、中国人民大学许征凡教授，还有曾经参与深圳大学建校初期工作的前辈学者郭用宪教授。在拜访过程中，时任中央编译局的俞可平副局长同黄卫平院长策划第二年在深圳大学举办全国性的全球化学术会议。1998年5月，深圳大学与中央编译局当代马克思主义研究所、中共深圳市委宣传部、中共深圳市委党校、深圳特区报社等单位合作，在深圳大学成功组织召开了“全球化与当代社会主义、资本主义”全国性学术研讨会，深入讨论全球化趋势与东亚金融危机对中国改革未来走向的影响。来自北京、武汉、深圳等地的学者出席了这次重要的全国性学术会议。中共中央顾问委员会原委员、中共中央组织部原副部长李锐，中共中央宣传部原部长朱厚泽出席了会议。《马克思主义与现实》《学术动态》《国外社会科学》等学术期刊的负责人或编辑参加了会议，《深圳特区报》这家地方媒体高度重视这次会议。特别需要指出的是，这是一次具有前瞻性的学术会议，对中国学术界产生了直接影响，会议主题“全球化与当代社会主义、资本主义”被列入1999年国家哲学社会科学基金规划课题指南，足以表明这次学术会议的历史意义。

我是这次大会的积极参与者。我受黄卫平教授所托撰写了《西方全球化学术思潮的历史审视》一文，并在大会上做了主题发言，对全球化做了广义释义，引起了学者之间的争论。一名北京的学者赞同我对全球化的广义释义，一名来自武汉的学者主张全球化等同于经济全球化。我的参会论文产生了多重影响效应，以九种方式进入中国知识界的学术视野。

第一，我的学术观点受到国内学术期刊的重视。国内重要学术期刊《马克思主义与现实》《学术动态》《国外社会科学》等报道这次会议时，曾多次转述我的学术观点。

第二，我成为重要学术杂志的约稿人。《国外社会科学》编辑在会上曾向我约稿，希望参会论文能发表在《国外社会科学》上。我真诚地告诉他，《深圳大学学报》编辑张西山在开会前已向我约稿，我同意发在《深圳大学学报》上。我十分感谢张西山编辑的信任，这是我在《深圳大学学报》上发表的第一篇学术论文。我也深感同《国外社会科学》实在是没有缘分。

第三，我的参会论文被直接收入大会论文集。全球化会议结束后，俞可平教授、黄卫平教授负责大会论文编辑工作，将我的参会论文收入大会论文集《全球化的悖论：全球化与当代社会主义、资本主义》，由中央编译出版社于1998年11月出版。

第四，我的参会论文受到母校教师重视。北京大学国际关系学院王勇教授将此文列为“国际政治经济学教学大纲”中“经济全球化与全球治理问题”第十三章的重要参考文献。

第五，我的参会论文经过加工，精细化为正式论文公开发表。在大会结束后，我抽时间对参会论文进行了严密论证，进一步完善了会议论文的观点，并最终定稿为《西方全球化学术思潮评析》，于1998年发表在《深圳大学学报（人文社会科学版）》第3期上。

第六，我发表了撰写的书评论文。《全球化的悖论：全球化与当代社会主义、资本主义》论文集出版后，我受黄卫平院长之托，对论文集中所述观点进行系统论述，写出了一篇题为《全球化理论研究的新进展》的书评，发表在《深圳大学学报（人文社会科学版）》1999年第11期上。

第七，我参会论文的精华部分受到媒体和学术界的积极关注。在《全球化的悖论：全球化与当代社会主义、资本主义》论文集出版后，《深圳特区报》注意到我论文中“全球化概念辨析”，并认定这是我论文的精华部分，以《20世纪全球化概念的演变》为题，在1999年10月3日《深圳特区报》上独立发表，这篇精华摘要被人大复印报刊资料《世界经济理论研究》2000年第1期转载。

第八，一次会议三篇论文受到人大复印报刊资料的注意。我发表在《深圳大学学报（人文社会科学版）》上的《西方全球化学术思潮评析》，被收入人大复印报刊资料《政治学》1999年索引，还被《新华文摘》1999年第1期收入“报刊文章篇目辑览”。我写的书评《全球化理论研究的新进展》，被人大复印报刊资料《出版工作、图书评介》1999年第11期全文转载。《深圳特区报》转发的《20世纪全球化概念的演变》，被人大复印报刊资料《世界经济理论研究》2000年第1期转载。

第九，特别需要指出的是，在这次重要的学术会议上，我遇到了深圳大学经济学家苏东斌教授，他一直是我学术生命中前进的动力因素。

现在回溯分析1998年的全球化学术会议，我深感我人生的偶遇、幸运和自由。我不是一个挖空心思做学问的人，更不会关心自己的学术影响力和话语权。当年的参会论文和书评论文是受黄卫平院长所托，我仅仅是履行心中的承诺，努力做出自己的贡献，没有其他想法，发表论文仅仅是工作的副产品。我更不会利用现代信息技术查阅所写论文的社会反响，我确实不知道人大复印报刊资料转载了我写的书评和我对全球化概念的辨析。事过18年后，2015年6月，一位我曾教过的学生对我的学术研究很好奇，用现代信息工具查找了我的论文转载情况，告知我早年的论文转载率很高，我从他的口里才得知我关于全球化问题的论文受到中国学术界的关注。特别是《深圳特区报》独自刊发《20世纪全球化概念的演变》，原文3200字，人大复印报刊资料《世界经济理论研究》转载了800多字，转引了我关于全球化的“政治”“经济”“文化”内涵的全面分析。现将这800多字转录：

“20世纪60年代末70年代初，全球化概念开始在国际经济学、国际政治学和国际文化学中得到普遍使用，并逐渐规范化。到20世纪80年代，全球化概念演变成一个概括未来时代特征的基本概念。英语中的‘globalization’，意即‘全球化’或‘全球性’，这一术语源自拉丁语‘地球’。到20世纪60年代，世界出现大动荡、大分化和大改组，特别是20世纪70年代石油危机的冲击，世界经济、政治、文化中的全球因素，成为社会科学普遍关注的焦点。全球化术语开始在重建的社会科学中得到普遍使用。

“第一，在国际经济学中，全球化概念是从‘一体化’转变而来的。早在20世纪50年代，由欧洲统一的现实所触发，西方经济学家提出了‘经济一体化’理论。经济一体化就是指产品和生产要素的流动不受政府的任何限制。20世纪70年代的国际经济学进一步发展了‘经济一体化’的概念，特别是通过对跨国公司的研究，更加突出了经济的全球化特征。到了20世纪80年代末，东欧剧变，苏联解体，两极体制崩溃。正在发展中的世界经济的一体化趋势，要求经济学放弃在封闭经济假设下建立模型的方法。这将预示着国际经济学中‘无国界’的一体化概念以新的形式发展。到了20世纪90年代，国际经济学家们都注意到全球市场这一无国界的经济，就在我们身边，并且是一个在我们周围的信息革命现象。

“第二，国际政治学中的‘全球化’概念是从‘相互依存’概念演化而来的。相互依存的最一般定义是彼此相互依赖，国际政治中的相互依存是国家之间，或者不同国家中行为体之间相互影响的情形，这些相互影响往往是国际交往所产生的结果，例如货币、商品、人员以及信息等跨国界的交流。

“第三，国际文化学对全球化的规范化也是一条重要的途径。国际文化学中的全球化概念是同关于‘世界文化’的争论紧密相关的，并在20世纪80年代晚期作为一个批判概念而出现。1960年麦克卢汉提出的‘地球村’概念是这种观点的反映。全球文化不是世界各国文化的大杂烩，而是正在趋向并逐渐形成世界统一化的‘国际文化’或‘地球文化’。世界各国的民族文化不断地受到全球交流技术和媒介网络的冲击。”

全球化在我心中绝不仅仅是经济全球化，它是经济、政治、文化、意识形态等多种元素相互渗透的交织网络。这篇小论文在我的学术生命中的意义非凡，它使我的学术观点从政治学界流向经济学界，更重要的是让我形成了一种酷爱概念辨析的学术偏好，维系一种从全球视野思考学术问题研究的天趣，固守多元精神镜像的跨学科研究的工作作风，爬行在一条探寻无知世界的小道之上。正是在这条小道上，我常行走在政治学和经济学之间的“曲径”中，这让我看到了跨学科风景地带中的管理学。在无边的管理知识森林中，我最早可能钻进的领域是“知识管理”，然后再慢慢爬行在“自我管理”的山峰之上，最后穿梭在管理学知识森林的其他角落，终于勘探到了管理学知识的大森林。

考虑到这些因素的综合影响，我不得不承认1998年5月的全球化会议是我作为管理学院年轻教师的幸运，更是我个人学术生涯中的大事件，培养了我跨学科研究的自豪感，增强了我自学管理学的自信心。我能通过一次学术会议在学术期刊上直接发表两篇学术论文，外加一篇《深圳特区报》独自转发的理论文章，这三篇文章最终还受到人大复印报刊资料的关注和转载，这对我来说，实属幸运之事。从这种幸运之中，我意识到了我的学术优势在于基础理论分析。正是这种优势，让我充分地利用了机会，感受到了“不恋过去，不惧将来”。我从政治学出发，来到了经济学的领域，遇到了管理学的“风景地带”。

回顾我的个体学术生涯，1998年5月的全球化学术会议是我学术人生的大事件，它对我的学术生涯产生了极具深度和广度的人生影响。这是我学术生涯中的第一条“曲径”，由此开启我的求知征程和游观探险。

沿着这条“曲径”，政治与经济的关系问题成为我理论研究的重要聚集点。2004年4月，我写出了重要的理论文章《论开放市场经济中的开放政府》，发表在中央党校邓小平理论和“三个代表”重要思想研究中心主办的学术刊物《理论前沿》上。我发现：“市场经济”在中国是一个理解经济社会转型的高频率词汇，人们对它更多是从“计划经济”的“否定”意义上来理解，强调从计划经济向市场经济“转轨”。这样理解“市场经济”是有一定意义的，但这种理解方式不够全面，甚至会对市场经济与政府角色的关系产生误解。从制度变迁角度来看，市场经济是一个从传统市场经济“生长”为现代市场经济的开放过程，伴随这个过程的关键环节是有限政府的开放过程，即有限政府从受法律“软约束”到“硬约束”的开放过程。换句话来说，政府角色是评判市场经济开放程度的重要标准。现代市场经济的基本标志是有限政府的出现，而有限政府的关键在于它本身应受法律“硬约束”，并以此为基础，为现代市场经济的持续良性发展和创新活力提供必要条件。简而言之，三句话：有限政府的出现是传统市场经济成长为现代市场经济的基本标志；受法律“硬约束”的有限政府是现代市场经济的重要主体条件；“有效的”有限政府是好的市场经济创新活力的必要条件。总而言之，开放的市场和开放的政府是既有交织又有距离的组织系统。这篇文章让我真正领会到：“醒目遣词字字窄，慧心品味句句宽。”做学问重在“宇宙妙用”。

二、思想与知识

我学术人生的第二条“曲径”是以“理论创新的知识形态及其创新的基本条件”为标记的，这意味着我欣赏了知识管理的风光。

2002 年 12 月，《深圳大学学报》编辑部组织以“学术研究和理论创新”为议题的学术笔谈，参加者为文学院的金文野博士、师范学院的王晓华博士和我。我通过参加这场笔谈，找到了个体人生学术生命的第二个原点，从这个原点出发，我绕道走进了知识管理的大门。

这场笔谈的过程类似于管理学中所讲的德尔菲法。三位参与者未曾谋面，各自拟题，并独立撰写，还要展示自己才华。由于太忙，我真忘记了这件极为重要的事。有一天，我在路上，组稿的编辑张西山提醒我三天后交稿，我意识到事情的急迫，只好叫回我大姐的女儿，我在电脑旁说，她同时在电脑上输入文字。经过三小时，边说边改，这篇小论文终于算成文了。由此观之，这篇论文好像是一篇急中生智之下的文章，但从内容上来说，这是我长期思考的结晶。我选择以“理论创新的知识形态及其创新的基本条件”为论题，提出了自己对这个问题的看法。文章是从管理学中人人皆知的创新研究鼻祖约瑟夫·熊彼特的创新概念说起，谈到理论知识算不上一种创造过程，而是一个发现过程。伴随着这个发现过程，理论知识创新有两个基本特征，即理论知识创新的“慢性问题”——认识模式变革和对未知领域的一种理性冒险。这就找到了理论创新与实践路径的间隙，发现逻辑重构和逻辑应用之间的历史张力。能否实现理论创新取决于思想自由、批判精神、公开而自由地交流意见与经验、“爱智慧”的哲学时尚四个基本条件是否具备。唯有在一个思想自由、十分宽容、弘扬理性的社会，个体才是富有批判选择精神的人，才有可能为作为知识常态的理论创新社会提供肥沃的土壤。在这个意义上，这篇以笔谈呈现的小论文不过是近代思想家陈寅恪的“独立之精神，自由之思想”的一种新释义而已。这种新释义产生了一定的学术影响力，2003年《新华文摘》第5期全文转载了《深圳大学学报》上的这组笔谈，我的笔谈仅是三人各自独立撰写的三篇论文之一。这件事可算是《深圳大学学报》历史上的一件大事，《深圳大学社科通讯》2003年第3期曾以《〈深圳大学学报〉（人文社科版）‘理论创新’专栏被〈新华文摘〉全文转载》为题报道这个事件。2004年5月，中共广东省委宣传部还奖励了我5000元的奖金。这可能是我在探索知识管理过程中得到的第一笔社会资本投资。

2005年12月，我受聘深圳大学管理学院教授后，经过深刻反思，我初学者之心更强烈，完全回到了书房，过着述而不作的书生生活，这可以说是全方位向管理学的实践和理论双重转向。我的关注点集中在思想解放论纲的主题构思上，重在探求中国思想解放的本质、内容、意义、动力、条件和局限性，拟定了12个议题。我开始就其中某些议题写出部分小论文，《解放思想的根本是尊重实践》和《解放思想永远根植于平凡人日常工作的自然行为》就是这些小论文中的两篇。前者公开发表，后者没有发表，但两篇文章的精神实质是相通的。2008年2月21日，《晶报》发表了《解放思想的根本是尊重实践》一文，在这篇文章中，我提出思想解放的宏观叙事是极其危险的重要观点，这个观点对于管理学来说是极为重要的思想。思想解放同改革开放之间的关系不是线性关系，两者之间存在一个合理的空白地带，任何夸大解放思想的宏大叙事都无益于理性的守望。这个空白地带就是哲人歌德所说，生活之树常青，也就是说我们永远走在实践的路上。从思想解放的宏观叙事方式来说，人们更应该说“中国改革开放的生活之树常青”。这是思想解放的精神。人们只有勇敢地面对和笃诚地尊重中国改革开放的实践生活，才有可能摆脱话语崇拜的困惑和危险。

《解放思想永远根植于平凡人日常工作的自然行为》一文没有发表，在这篇短论中，我认真地探讨了思想解放真正的回馈意义在于最终回馈到中华民族每个公民的工作和工作行为之中。中华民族每个个体都应该以各自的不断重复的工作和工作行为，将中国改革开放实践内化为各自的日常生活实践，并不断建构属于每个个体各自拥有的五彩缤纷的精神世界，为中国改革开放所需要的解放思想撬开无数个小小的窗口，显示出中华民族对人类的永不磨灭的巨大贡献。说到底，工作是个良心活，工作是看得见的爱，找到了良心，发现了爱，思想解放就有了根和灵魂。

说到后面这篇短论，不能不提到我心中最尊敬的长辈，我在写这篇短论时，恰遇四爸从一家国有企业总经理的岗位退休，来到在广州工作的女儿家。四爸打电话给我，询问我最近忙什么，我告诉老人家，我正在写一篇短论。短论写好后，我通过邮件发送给四爸，四爸认真地读了短论，还写了一篇感言和一首小诗，附录在短论之后。四爸晚年患有高血压、糖尿病等慢性病，他在2023年新冠疫情放开后的第二天住进重危病房，最后还是离开了人间，离开了他最心爱的女儿。这是我人生中的悲痛。我常含着泪，看着四爸写的信，口中默默地念着四爸写的诗，埋着头继续做我的学问，尽心尽力地做我的学问，做诗化的学问，做有责任的学问。

关于思想解放论纲的论题，我没有继续写下去，现在看来很可能成为一件未竟的事业。人生实在难以规划，人的生命总是在偶遇中不知不觉地移动。我对思想解放主题的思考很快就转移到对人生中两个思想家的思索。一个是对我身边的经济学家苏东斌的思考，另一个就是对我的导师政治学家黄宗良的研究。

我同经济学家苏东斌之间的交往，始于我写博士论文收集资料的过程，我知道苏东斌在黑龙江工作，是一个对社会主义市场经济认识较早和较深刻的学者，这是一种精神意义的交往，实属“神交”。1998年5月的全球化会议，苏东斌出席会议，我聆听过苏东斌在会上的主题发言，还在会议休息时间同苏东斌有近距离的接触和交谈，这实属学习交流。从此我成为苏东斌没有名分的弟子，苏东斌成为我在深圳大学学术生涯中的激励大师。2004年，我第一次参评教授，曾得到苏东斌教授的充分肯定，在深圳大学高票通过，但我在省里却没有最终通过。2005年，我第二次参加教授评定，答辩完后，我向答辩场大门走去，这可是世界上最短的路，我听到了学术自由的声音。苏东斌第一个发言，充分肯定了我的学术研究成就，并对我在职称评定过程中受到的委屈表示不公。如果说民主同调动人的积极性分不开，那么苏东斌就是我学术生涯中遇到的激励大师。为此，我同苏东斌的交往从精神的交往转向知识的学习。我怀着赤诚之心，读完了苏东斌所有著作，并收集能收集到的论文，这使我这个没有受过专门经济学训练的人，开始系统地了解经济学，让自己向跨学科研究的管理学迈出了一大步。这是我学术生命的大幸。

2012年5月20日，一个不幸的消息传来，经济学家苏东斌逝世了，我听到这个消息，泪水夺眶而出，我多么希望这不是真的。苏东斌逝世后，学校举行了隆重的追思会，我参加了这个会议，会上大多数发言者都将苏东斌的经济学学术成就归功于他的勤奋。这是一个值得异议的观点，有必要做更严密且更深刻的分析论证。苏东斌的学术成就的确离不开他的勤奋，但苏东斌所取得的学术成就更是他学术生命的一种成效，这不完全是勤奋二字能充分解释的。《深圳特区报》记者也出席了这场学术会议，我不知他从何处了解到我对苏东斌的学术成就有一定了解，请我谈谈苏东斌的经济学成就，这个请求被我拒绝了。这位记者不仅没有退却，反而请我写一篇文章谈谈苏东斌的经济学成就，我问写多少字，他说2000字。我听后极为不高兴，这位记者更不高兴，反问我要写多少字。我答道："一个版面多少字？"他大声说道6500字。我的心一下平静下来，说："就这样，你们拿一个版面出来，我三天后交给你们文章。"我回到家中找出我读过的苏东斌的著作，很快写出了18000字的文章，然后"狂砍"成6500字的文章，将原定的文章论题改为副题，而将苏东斌著作中的一句话变成正题。这就有了我关于苏东斌思想体系的第一篇大文章，即《没有心灵的折磨，就不会有创作的冲动——苏东斌经济思想的知识价值》。

2012年10月30日，这篇大文章在《深圳特区报》理论版正式发表了。苏东斌的妻子看过我文章后，还托人找到我，请我到家中做客。吃着苏东斌妻子包的纯东北味饺子，听她说我是了解苏东斌心理世界的人，我眼中的泪花提醒我，苏东斌是我心灵深处的大先生。在这篇大文章中，我发现了苏东斌走进经济学界不同于常人的切入点，这就是社会主义劳动者；最终提出了一个苏东斌命题——自由而负责的个人选择是劳动者价值创造与实现的基础与条件。苏东斌从劳动者价值论到选择经济思想的超越，意味着没有什么绝对的经济研究体系，更意味着经济学知识的不确定性。苏东斌的经济学是"未来的经济学""一种可能意义上的经济学"。这就是苏东斌经济研究的灵魂，也是苏东斌赠送给我们的最大的精神遗产。经济学的世界不完全是"物"的世界，更是"人"的天空。这篇大文章发表后，深圳大学经济学院为苏东斌举行追思晚会，我被邀请做主题发言人，站在台上讲着苏东斌的经济学思想体系，看着经济学院的教授们和学生们，我心中有一分自豪感，更有一分敬畏心，我在心灵深处怀着苏东斌经济学“物”“人”二字转换意义，不知不觉地来到了跨学科的管理学知识世界大门口，看到了这是“一个大写的人的世界”。人是管理的尺度。

一年后，苏东斌的纪念日来临了，我意识到我得为苏东斌做点什么，心中自然地想谈谈苏东斌的经济学研究领域，这就写出了《经济学家苏东斌的思想贡献》，并于2013年秋季发表在深圳大学校长办公室编印的《深大通讯》(第3期)之上。在这篇文章中，我谈到了苏东斌经济学研究的多元性，他是一个同时具有多重身份的经济学家。苏东斌是龙江学派的集大成者、政治经济学的守望者、特区经济学的开拓者和理论经济学的探险者。苏东斌多元经济学家的社会身份源于他有一颗丰富的心灵。正是由于这颗丰富的心灵，苏东斌的经济学研究领域呈现出了“经济学的新疆域”。2018年1月，苏东斌被评为“百位深圳改革人物”，是一位对特区市场经济研究做出贡献的经济学家。我提出了改革开放一元论是苏东斌特区经济学基石之说，这个基本观点受到深圳知识界的高度重视。苏东斌的经济思想，是他作为思想者的智慧结晶，它对于我们来说，不是追忆，而是常在。苏东斌的经济思想可能是稀缺的知识资源，但苏东斌的经济思想本身不可能是孤独的，思想总是在交流中得到延续，并升华为精神，直到永远。历史绝不会熔断。细细品味这篇文章的结语，我坚信苏东斌永远会出现在后人的眼前。

如果说我对苏东斌经济思想价值的研究，让我不知不觉地来到了管理学知识世界的大门口，那么可以说我对黄宗良政治思想的研究，让我终于踏进了管理学知识世界的大门。我先后写出《一个思想者的精神之旅》和《一个知识工作者的知识地图》，对黄宗良的政治学研究做过专门探讨，前文近30000字，后文近183000字。我准备将两文合在一起，出版一部学术思想性的著作，这算是再次学做先生的学生，这也可看成是跟黄宗良先生学习的作业。在后文写好后，我曾将论文初稿发给黄宗良老师，恰好上海的《探索与争鸣》杂志邀请黄宗良先生参加“笔谈”，先生将我推荐给杂志社，我按约稿要求，写出《知识体系的立体结构》，于2020年9月在《探索与争鸣》杂志第9期公开发表。这是我在《非苏联模式思潮研究——以波匈捷三国为例》一书“后记”后，经历若干年思考，最终写成的又一篇大文章。这篇文章同本书中的《曲径通幽乃自由》一样，都是一种框架思维，并深沉地触动我心中的“疑问理性”。《曲径通幽乃自由》触动的是“民主”“市场”“文化”三者之间是否存在内在联系，而《知识体系的立体结构》触动的是“知识”“权力”“文明”三者之间是否有相关联系。在学问主题转换意义上，《知识体系的立体结构》是我学术生命旅程的一个重要路标。在这篇文章中，我提出了知识是意识、胆识、学识、常识、智识之间的连续统一体的观点，并就意识与文明、胆识与精神、学识与公共权力、常识与社会制度、智识与文化再生产之间的内在联系做了深入探讨，进而揭示出它们之间内在的发生机制。文章最后提出一个知识悖论：知识既是人类社会最显然的私有财产，又是人类社会最天然的公共资源。这个知识悖论就是知识体系内在的元问题，它道出了知识再生产的逻辑。这个逻辑在学科知识谱系中会直接影响投资学、创业学和社会学的前沿探寻。这个逻辑发现了创业过程背后从创意到产业之间的连续体，看到了投资决策分析不可缺少的默示知识和明晰知识之间“个人知识”“地方知识”的价值，认识到世界历史折射出来的传统社会和知识社会之间“大转型”“大发展”的未来意义。

从这个知识悖论中，我们可以认识到管理学跨学科世界的广阔天地。在这片天地中，管理学在跨学科中成长。管理学、政治学、法学三者之间有一条看得见的社会科学的主动脉，这就是公共行政学。美国著名学者戴维·H. 罗森布鲁姆、罗伯特·S. 克拉夫丘克、理查德·M. 克勒肯三人合著的《公共行政学：管理、政治和法律的途径》道出了这条社会科学主动脉的真相。哲学、经济学、社会学是影响管理学知识综合的“铁三角”。管理学善守人类最基本的共识价值（全球价值），永远保留着疑问理性。经济学的成本和利润为管理学中的成果和绩效提供巨大的认知转化，促使管理学永远将关注点聚焦在风险之上。管理学学会了用社会学的眼睛看世界，创造顾客成为管理的基本使命，这是 Business 的真义，即“忙得有意义”，这说明管理遵循的是“陌生人的逻辑”。自我管理重在寻找陌生的自己，组织管理意在发现陌生的服务主体，社会管理重在成就陌生的未来公民。哲学、经济学和社会学是影响管理学长期发展的 3 个外围学科，大致圈定了管理学在人类科学知识地图中的领域，而目标管理、战略决策和外界环境就是管理学疆域耀眼的界碑。在哲学、经济学和社会学“铁三角”的综合影响下，管理学最终会走向伦理学。

知识悖论在我学术生涯中标志着我踏进了知识管理的大门。当我在管理学院工作近 25 年后，第一次听到管理科学与工程系的青年教师耿爽谈到知识管理的时候，我感到我很幸运，我是遇到了苏东斌和黄宗良之后，从羊肠小道上，走到了信息管理的前沿地带——知识管理。我永远感谢政治学家黄宗良和经济学家苏东斌。我也祝愿耿爽在知识管理研究中取得新成就。我实在幸运，在政治学家黄宗良和经济学家苏东斌引路下，我绕道走进了知识管理的大门。

真是幸运，2021 年 5 月，我所在的人力资源管理系开设新课——知识管理，大家都希望我教这门新课。我虽犹豫了一下，但看到青年教师科研压力太大，瞬间改变态度，承担了这门课的教学工作。两年多来，我对管理世界中的知识管理的认知进入了一个新的认识境界。

三、个人与社会

《曲径通幽乃自由》，严格地说，这不是一篇论文，但它有论文的应有之义。这篇论文的应有之义在于它开辟了我学术生涯的第三条“曲径”。在这条“曲径”上，我认识了自我管理和社会管理，还思考了经营管理的重要意义。

《曲径通幽乃自由》是我学术生涯中“夹叙夹议”的典型文章。它原本是我人生第一本学术著作《非苏联模式思潮研究——以波匈捷三国为例》的“后记”，“夹叙夹议”贯彻其始终，隐含着极为丰富的学术前沿探索信息。叙是议的基础，重在铺陈；议是叙的深化，意在点染。两者结合，就是清朝人刘熙载所说的“叙事有寓理”。夹叙夹议，“立片言而居要，乃一篇之警策”。正是“后记”“夹叙夹议”“内在”的“议”重于“叙”，“后记”实际上也是一篇浓缩了的“大论文”。这就有可能将“后记”变为“曲径通幽乃自由”，这也是顺理成章的事。这一名称变化起因于公共管理系的唐娟老师看过我的“后记”，她问我，杨老师你在你书的后记写的是什么，她说她没有看懂，我当时没有回答她，我只是笑了一下。这件事发生在 2003 年 12 月，当代中国政治研究所申报广东省高校人文社会科学重点研究基地之际。事隔 20 年，我该将这篇“后记”中“信息背后的信息”所隐含的“主题”呈现出来，算是对唐娟教授的回答。

《非苏联模式思潮研究——以波匈捷三国为例》是在我博士论文的基础之上增添了一章而形成的。我的博士论文是典型的“通论”之作，先是描绘出了波兰、匈牙利、捷克斯洛伐克三国非苏联模式思潮的演化历程，接着剖析了波兰、匈牙利、捷克斯洛伐克三国民主政治思想和市场经济思想各自独立变化的过程，最后挖掘了波兰、匈牙利、捷克斯洛伐克三国非苏联模式思潮的深层的文化历史根源。在这四个通论的基础上，最后对波兰、匈牙利、捷克、斯洛伐克四国剧变后的历史趋势做了历史意义上的阐释。《非苏联模式思潮研究——以波匈捷三国为例》标志着我熟练地掌握了科学社会主义的“历史⇌理论⇌实践”框架思维。我正式成为一个用框架思维分析做学问的人，“民主”“市场”“文化”三者之间的联系是我心灵深处的“疑问理性”。在这个意义上，这篇“后记”早已是我学术生命旅程的一个重要路标。

“后记”写的是“境由心造”，绝不是庸俗之人嘴里所说的“动机归因”。我当时的心总体上处于一种复杂交织的状态，这种交织状态至少存在四种心境。这四种心境在结构上可分成学术激情、师承恩情、家庭亲情和人间世情，但它们都指向一种个体生命的精神的未知探索。“北京大学‘六年’培养了我钻研学问的‘勤奋’精神，使我领会了创造性学术研究中的‘艰难’。‘勤奋’和‘艰难’是我 1997 年 7 月 11 日离开母校所‘得到’和‘带走’的精神资产。”这段话告诉我们，一个人真正可供自由支配的资源说到底就是“你的心”。这就涉及时间与自由意志这个大问题。这可是自我管理的原生大问题。与此同时，一个人面对压力甚至恐惧，还得“选择”。这是一种“别无选择”的选择，这是远比鱼和熊掌之间难以兼得更难的选择，这里涉及一个人的平庸和卓越之间的大转换，这可以说是自我管理和社会管理的原生大问题。在两个管理大问题之间存在一个开放的中枢神经系统，用一个比喻来说，“人生美丽”好比“社会繁荣”。“人生美丽”是“自我管理”之道，“社会繁荣”是“社会管理”之道。“自我管理”之道与“社会管理”之道之间存在相通的逻辑前提。用“后记”中的话来说，“为了解开这种选择困境之结和消解远离母校的痛苦之感，我徘徊在北京大学灵气氤氲的未名湖边，极力发现一种深层的价值，寻找一根自我安慰的精神支柱，‘高薪养神’很自然地成了我追寻到的精神安慰剂。它总是抚摸我痛苦的心灵”。“高薪养神”转换成经济学的话来说，“高薪”就是“诚实货币”，“养”就是“自由市场”，“神”就是“私有财产”。在这三者之间，重点在于如何理解“高薪”和“神”之间的联系，也就是“诚实货币”与“私有财产”的意义。“高薪”和“诚实货币”之间存在的是“报酬”，而“神”和“私有财产”之间存在的是“工作”。一旦明白两者之间的内在“存在之物”，我们就可以发现个体生命总是生活在面对“是为报酬而工作”，还是“为工作得报酬”的痛苦选择之中。这是现代公民个体最基本的决策。前一种选择是“尊重小我”，突出了物质的拥有；后一种选择是“成就大我”，强调精神的知识转化，特别是转为公共资源。这就远远超出个人选择工作的动机归因了。

“高薪养神”四字可回溯到孔子时代的君子人生境界之论。“君子谋道不谋食。耕也，馁在其中矣；学也，禄在其中矣。”孔子君子人生境界之名言中的“耕”“馁”“学”“禄”四字，钱穆、杨伯峻和傅佩荣都有不同注释。在我看来：

“耕”同“身”相连，人生境界会停留在“文化”之上，难以避免生计之忧，也就是“馁”；“学”同“心”相通，人生境界可通向“精神”超越，这就是“禄”，也就是超越“俸禄”的“幸福”。“馁”言传“自由市场”，“禄”意会“诚实货币”。我深知孔子在“馁”“禄”二字后接着谈的是“知及之”，联想到孔子所说的“学而不思则罔，思而不学则殆”。“学—思—学”之中的“思”内含双向学习的终极意义。“学—思—学”之中的“思”同“知及之”意义完全相同，也就是真正的“私有财产”。这是一种超越占有意义的私有财产，一种实现了精神转换意义的公共资源，也就是知识。一个真正求知的人应该做面向“思”（“知及之”）的事，这是海德格尔不朽名著《面向思的事》的旨趣所在。在这个意义上，每个人最应该做面向敬畏无知的事。唯有敬畏无知的开放性，才能允诺一种给予和接纳活动以自由之境，也才能最终允诺一种明证性以自由之境。在这种自由之境中，给予、接纳和明证性才能够逗留并且必须流动。这就使我活在永远守望一个初学者的灵魂之中。为此，人生只有一个真正的存在，社会也只有一个真正的意义，这就是自由。用后记中的话来说，“一个唯有进取而缺少自由的生存环境，对于社会是不利的，特别是对于社会中孤独的生命个体是不友善的。我内心的深处希望每一个人都生活在一个自由而富有进取精神的环境之中，特别是成为这种环境中的自由因子，并由衷地期望这种有助于创造知识的土壤成为一种不可缺少的传统深入中国社会日常生活的民主之中，一直留存到永远、永远……”这就是从自由看个人成长，从自由看社会发展，个人成长有赖自由，社会发展永远离不开自由。在这两种依赖之间，自由绝不是一条阳关大道，自由就是那条隐隐可见的小径，特别是前行在那条小径之中的理性思考和冒险精神。这就是《曲径通幽乃自由》。说得透了，这是一个关乎个人与社会关系的大问题。这就是管理学中自我管理和社会管理大问题，这是管理学不得不思考的大问题。

说到自我管理，就不得不谈《青年人的自我管理》。这篇论文源于 2012 年 7 月的大学同学聚会，我同班的同学谈起女儿的情况，她的女儿很优秀，在国内一所著名的大学读生物学的本科，即将前往美国留学，但她的女儿并不想继续攻读生物学。她很困惑，女儿也很困惑。这可不是一个孤立的个案，这种事在我家也发生了，在我姐家也发生了。我姐的女儿的人生选择也有痛苦相伴。我们是老一代家长，3 个女儿是新生的社会成员。我有责任、有义务对青年人的自我管理进行理论探讨。这就是这篇长文的由来。这在文章中说得很明白，“我一直在思考管理与人的关系问题，等到我为人父时，目睹下一代的成长，这个问题又裂变成管理与青年人的关系问题。我深感从孩子身上学习是好父亲的成长之路。下一代的成长来得太快，不知不觉，有的研究生已经毕业了，有的准备继续求学。她们的存在，使我大脑的细胞加速地思考着青年人的自我管理问题。基于此，我特别想为下一代做自己力所能及的事，但并没有想这么快形成文字。参加大学同学毕业 30 年聚会，大会的主题太好了，‘同窗三十，缘结一生’。外加大学好友相聚和闲聊，谈及变化之中‘有常’与‘无常’，这使我有必要将我多年的心得呈现成活的文字”。

这篇长文之所以能很快成文，也源于我对深圳大学校训“自立、自律、自强”的多年沉思。“自立”“自律”“自强”三个词，在整个墙面循环排列呈倒“S”英文字形，像中国人口中的“飞龙”。特别有意思的是“自”字，是一个带有错字痕迹的字，寓意太深，含有“试错理性”之意义。还有意思的是当时《现代汉语词典》并没有“自律”这个词，有“自强不息”也没有“自强”这个词，这足可证明深圳大学校训隐含的“观念变革”是何等深刻和深远。深圳大学校训是“找回自我”的宣言，这比戴厚英的《人，啊人！》更有感召力。因此，这篇长文是我对深圳大学校训的理论诠释。深圳大学校训的确可写出一部自励思想史或一部自我成长的思想史。

这篇长文论述的主要是青年人自我管理问题，这是一个永恒的话题。说到底，这是一个带有根本性的议题，这就是“人的成长”。这个大议题是由自觉、自省、自信、自尊、自见五大主题构成的一个自我认知连续统一体，每个主题都会面对不同的难题，都会指向一个元问题即人心灵的成长的动力是什么，一个青年人还要经常深思熟虑这个元问题隐含的 5 个基础性问题：我能挤出最小的整合时间吗？我能做出的贡献是什么？我能发挥的长处是什么？我能做好当下的事吗？我能言为心声吗？一个经常追问这 5 个难题的青年人会成为一个自由的人、一个对人类有贡献的人、一个尊重人的尊严的人、一个有法治观念的人、一个有公共意识的人。总而言之，有这样一个“合五为一”的疑问理性的青年人是一个现代意义上的公民。

特别是在写作这篇论文时，我在管理学知识的体悟中省悟到自我管理存在“无知”或“空白”，认识到了管理中的“混乱与分形”，我称这种现象为“间隙现象”。当我意识到管理学研究的主题实际上是“间隙现象”时，它触及时间的分布、贡献的分布、人的长处的分布、要事的分布和问题的分布，我更加坚信管理学可以在“分形意义”上有更好的表达。从这个意义上来说，管理学姑且被称为“分形管理学”。2015 年 11 月，刘军院长邀请我为 MBA 开一门新课，我原本想开“战略管理行动”，经过细思后，我选择开设“语言心智管理”。这篇论文一直左右我在 MBA 课程教育中的前沿探索。

说到社会管理，这就同《管理解放法律》直接有联系了。这是我长达 12 年日积月累的知识演化的结果。

管理与法律的关系，是我探索大管理理论的基本问题。我一直在思考这个大问题。2005 年 10 月，《中国社会导刊》编辑张民巍向我约稿。我是黄宗良先生的第一个博士生，张民巍是黄宗良先生的第二个博士生。张民巍在民政部工作，而我在高校教书，我们之间联系实在不多。有一天，张民巍约我写一篇关于深圳的论文，这可是一件大难事。在改革开放年代，深圳可是人们嘴上常挂着的城市，张民巍编辑请我谈谈深圳，特别是要谈出新意，其难度可想而知。我想既然要我言说，我就不能老调重弹。远离老调，我很自然地就道起了深圳真正的历史意义，写出了题为《深圳：一个制度识别的本土化标本》的理论论文，发表在《中国社会导刊》第 22 期上。在这篇论文中，我提出深圳是以企业为基础结构的社会理论。“深圳不时地向全国提供了价值反哺，为铁板一块的思想注入一丝清新的意识；开创了一个基于多样性的企业社会，为茫茫然中国的家族社会显示了一个社会转型的光明前景。”深圳是中国第一个无农村的城市，深圳社会是一个以企业为基础结构的社会，农民在这里成为农民工、知识工作者和企业家。深圳的制度标本意义昭示出：中国社会剧变从人的现代化意义来说在“农民”和“知识工作者”之间，从资源配置意义来说在“土地”和“知识”之间。这篇文章若以“制度标本”为主题词进行研究搜寻，可显得极为孤独，这也许是一种洞见吧。这是我从历史制度主义意义上探讨法律与管理关系的开端。

2008 年夏秋之际，中央编译局当代马克思主义研究所杨雪冬研究员在全国组织中青年学者从事地方政府运行机制专项学术研究，我负责承担深圳地方政府运行机制研究任务。在研究深圳地方政府运行机制的过程中，我再次注意到了深圳社会的基础结构问题，并在题为《地方政府运行机制创新：以深圳为例》的理论论文中进行专门论述。深圳在社会层面一开始就带有强企业的特色，它的基本社会建构是一个以企业为基础的社会。首先，深圳以企业为中心的社会保证了深圳地方政府的独立存在和运行机制的独立发展。独立的企业社会的存在使深圳地方政府不得不面对一个现实的压力因素，它在深圳地方政府运行机制变革过程中起了直接的促进作用。深圳地方政府正是在同越来越多的企业需要发生联系的压力下退出企业直接经营领域，实现了政府同企业的成功分离。其次，深圳以企业为中心的社会充分保障了公民个人同国家政权之间建立直接的职能联系。公民个人同政府之间的联系并不完全是直接的对应关系，两者之间大都是通过专业性职能组织特别企业来联系的。公民通过企业同政府发生联系远比公民个人同政府的联系的能量要强大，换言之，公民通过企业同政府发生联系所产生的作用远远大于公民个人同政府之间的联系所产生的作用。深圳以企业为中心的社会在公民选择自由同个人地位之间建立了一种良性循环的组织机制。作为一种社会创新，企业保障了公民个人自由，给公民个人提供自由流动和自由择业的可能。特别是企业为公民个人提供了工作岗位，这保障了公民个人的可支配性财产收入，进而形成公民私有财产的基础，也从根本上奠定了中产阶级成长的终极源泉。在这样的意义上来说，企业是中产阶级成长的组织基础。随着深圳以企业为中心的社会的进一步发展，深圳公民社会变得越来越成熟。在一个成熟的以企业为中心的社会的后面就是一个成熟的公民社会。成熟的公民社会在一定的意义上就是以企业为中心的社会的副产品和最后阶段。正是在这个意义上，深圳公民社会在社区自治上取得了较大的进步，并对深圳地方政府的运行机制演变产生近距离影响，最终促使深圳地方政府转向法治型政府，至少会在推动深圳地方政府转向服务型政府的过程中起到促进作用。《地方政府运行机制创新：以深圳为例》一文被收录到杨雪冬、赖海榕主编的《地方的复兴：地方治理改革30年》中，这本论文集于2009年1月由社会科学文献出版社出版。这是我所描绘的深圳企业社会理论的原生图像。

2012年7月26日，《特区经济》的编辑部主任桂子凡博士打电话给我，谈及社会各界对7月17日广东省委和省政府下发《关于加快转变政府职能深化行政审批制度改革的意见》的讨论，邀请我写一篇卷首语，字数在2300字左右。这可是我人生中遇到的字数最少的论文。偶遇这个大难题，我应承下来了，但我也提出我的文章可以不发，但不能随意改字。我在短论中直接指出如何判断行政审批制度大改革的真正作用的背后是如何认识中国改革开放的基本路径。中国改革开放的根本问题说到底是一个多中心的组织社会的生长问题，中国政府的真正变革只能深入中国多中心组织社会演化的大生态中去观察。在现代政府生长过程中，“政府职能转变”是重要的，而“法治政府”的生长更重要。一般说来，法治政府的形成总是离不开教育组织（特别是大学）、企业组织和医院组织的充分发展。中国需要的不仅仅是单纯意义上的政府职能转变，还需要其他社会性组织的全面发展，特别是企业组织的充分发展和中国企业家的自我成长。2012年8月，《特区经济》第8期的确没有改动我的文字，将短论正式发表出来。我应真诚地感谢编辑，我更要做负责任的学问。政府职能转变问题，的确不是一个小问题，更不是一个孤立的问题。简而言之，政府职能转变是一个涉及政府、市场、社会之间复杂关系的问题。概而论之，政府职能转变问题是一个社会生态建设的大问题。“停留在政府职能转变上的认知是有局限的”。这是我探讨法律与管理关系问题形成的新观点。

我长期关注法律和管理关系大问题，有了近12年的积累，知识存量终于在适当的机会面前向知识增量转换。2017年5月17日下午，深圳市罗湖区举行全面依法治区“法智汇”首场活动启动仪式，我作为受邀请学者之一，在大会上做了题为“管理解放法律”的主题发言。这个主题发言是法律和管理关系探讨过程中知识的迭代交替。这个发言从历史制度主义的视角，将“中国真正的法治问题是什么”转化成“深圳法治问题本身的历史背景、社会结构基础、思想理念和基本途径”，论述了万年中国与百年中国，企业社会与深圳本质、司法试验与法治中国示范城市，管理与法治，指出深圳是一个身处中国历史长河边缘和历史转折点的城市，一个以企业为中心的城市，一个人员、工作和职业高度流动的城市，一个自由存量最多的城市，一个管理经验最丰富的城市。这些城市因素分别为深圳的法治建设提供了历史背景、社会基础、思想理念和基本途径。这个分析框架终结了法治建设问题上的技术主义分析框架，初步形成了我自己的管理知识意义上的历史制度主义的分析框架。这是我探讨法律与管理关系问题理论认识的升华。这意味着我走进了社会管理的大世界，认识到了经营管理在社会管理中的重要地位。

四、无知与信息

我学术生涯的第四条“曲径”是由《管理知识自然演进论》昭示出来的，这是一篇受管理学院学生会学术部的邀请而写的论文，这在追求高水平的核心期刊的年代是学者们最不乐意做的事，但我做了，还引导着我思考后现代意义的大学问题，这意味着我思考过经营管理的核心信息管理。

在通向知识管理之路的同时，我深刻地意识到我在管理知识大世界中的无知。1997年4月22日，我收到了深圳大学正式录用的通知，高兴之余，也需直面未来的挑战。我没有受过管理学的专业训练，勇于面对管理知识的无知，这是我一个初学者的新现实。在这个新现实面前，我同我教的学生们几乎没有什么差别，唯一的差别在于我受过学术性的博士教育训练，我可能有更大的学习潜力。正是在这个意义上，我理应成为一个更好的初学者、一个积极的初学者、有一颗敬畏无知之心的初学者。随着管理知识学习的深入，管理知识存在的方式等大问题就很自然地成为我思考的重点，进而将新的思考转换为文字表达。

2008 年 5 月，我应管理学院学生会学术部的邀请，写出题为《管理知识自然演进论》的论文，由管理学院学生会院刊《知行天地》发表，在学生中流传。2011 年 12 月，管理学院征集第四辑教学研究论文集，《管理知识自然演进论》收录于陈智民主编的《基于创新创业人才培养的高校教学改革探索与实践——深圳大学管理学院教学研究论文集（4）》一书，由暨南大学出版社出版。《管理知识自然演进论》打开我学术生命大管理知识的天窗。在我看来，知识，特别是管理知识的生长过程，是一个自然的过程，这个过程可描述为“无知—学习—应用”3 个阶段周而复始的超越过程。“人之平等的基础究竟是什么？……从终极意义上来说，……可直接称之为‘无知’。”“无知”是理性的必要条件。“无知”是理性的原点。管理知识是直接生成在“无知”（人类理性原点）之上的知识，它比其他知识更加注重“效能”和“效率”双重标准。“效率”是“正确地做事”，“效能”是“做正确的事”，“创新”就是“绝不做重复的事”。“学习正确的管理”重要，但“不断完善正确的管理”更重要。“效能”和“效率”之别还暗含了“实施正确的管理”。管理知识从“无知”开始，经历了“学习”，最终以“应用”结束，这意味着管理知识的演化是一个连续的过程，但管理知识的演化又是一个不连续的过程，对美的诉求、试错理性的存在和环境变化的不确定，它们是这个不连续过程中的休止符，也是知识转化的关键点。每个个体唯有超越单纯的“应用”，顺应管理知识的自然演进，最终才会真正地接纳知识，摆脱“拒知”意义上的“无知之病”。管理说到底就是“管理无知”，真正的管理就是“问题管理”。这篇论文为我后来探讨后现代大学的本质和管理学院的知识整合使命埋下伏笔。

同《管理知识自然演进论》直接相关的论文，就是《论企业管理帝国主义》。这篇文章进入我脑海比《管理知识自然演进论》更早，但成文比《管理知识自然演进论》更晚。这可能就是人们常说的迭代交替现象吧。

1997 年 4 月 22 日，我接到了深圳大学正式录用通知，这的确是值得高兴的事。劣势在于我没有受过管理学的专业训练，优势在于我受过严格的历史学训练，学科思想史是任何知识学习的主线。在那段日子里，除准备论文答辩外，就是认真地阅读管理思想史，储备一些管理知识。1997年7月11日晚上11时，我迈进了深圳大学的校园，住进了又一村二楼的招待所。第二天到了管理学院，分别见到了新成立的管理学院领导，其中两位领导谈到管理学是从企业管理学演变而来的，在某种意义上，这个观点不完全错误，但从知识谱系的意义上来说，这个观点是值得认真思考的大问题。这种企业管理帝国主义观点至少在行政管理学和管理学形成标志的经典著作年代史上是不成立的。一般人们认为行政管理始于1887年托马斯·伍德罗·威尔逊的《行政学研究》，而管理学形成以弗雷德里克·温斯洛·泰勒1911年出版的《科学管理原理》为标志，这意味着行政管理比企业管理早24年。除了原典著作成书的时间差外，我来深圳大学管理学院任教，一直从事管理学院新生的“管理学原理”课程教学，这是管理学学生的启蒙性和基础性课程，我在管理学教学工作中特别重视不同管理领域的管理学知识之间的联系。随着时间的流逝，我逐渐觉察到学院公共管理、工商管理、信息管理3个管理学科领域之间鲜有往来，不同管理领域相对封闭，这种现象背后有企业管理帝国主义的影子。教授之间谈话，不是侧重思考相互之间交谈的内容是否有内在道理，而是经常喜欢以一个教师在大学学什么专业给人贴标签，这在我这一代教授中特别流行。因此这篇论文是从身边理解世界，经历了较长时间的心灵净化，具有极强的反思性。《论企业管理帝国主义》是在这种日常生活的长期反思中形成的思辨性论文。

2010年上半年，张多中老师主编《管理学原理》，我负责管理导论和管理思想发展两部分的撰写工作，特别是管理导论部分必须回答两个基本问题，即什么是管理，管理的边界在哪里。面对这两个基本问题，我开始认识管理同企业管理的差别和联系，探讨了真正的管理的含义。在这种探讨的基础上，我进而指出技术的不确定性、最终用户的不确定性、管理范围中法律的不确定性、管理领域中创新的不确定性，确定了管理的实践边界。2010年10月《管理学原理》由经济管理出版社出版。4年后，高梁老师主编《管理学基础》，我负责书中两章的写作。第一章管理与管理学，包括理解管理、管理的实践边界、管理学三节；第五章管理思想的发展，分别为管理理论史前史、古典管理理论、行为学派的管理理论、当代管理理论、管理前沿理论五节。我在第一章中对理解管理和管理的实践边界做了部分修改和新论证。2014年1月，高梁主编的《管理学基础》由中国人民大学出版社列为“21世纪通识教育系列教材”公开正式发行。

在撰写教材的基础上，我在2015年写出《论企业管理帝国主义》一文，最初刊发在管理学院学生会院刊《知行天地》之上，在学生中广为传播。2016 年传播学院李新立副教授成立校级研究机构——互联网价值研究所，邀请我参加，并请我提供论文。我提供了《论企业管理帝国主义》，同郝建明同志共同署名，由李新立推荐给学术期刊《经济师》。2016 年 3 月，《论企业管理帝国主义》在《经济师》第 3 期公开正式发表。这篇论文从企业管理帝国主义的起源、企业管理帝国主义的形成、企业管理帝国主义的变形、企业管理帝国主义的新扩张、企业管理帝国主义的思想根源、企业管理帝国主义的破产、批判企业管理帝国主义的长期性 7 个方面，对企业管理帝国主义做了较全面的研究，反复论证管理绝不是企业管理，为建构广义管理学寻找新思维。从这个意义来说，这篇论文可以说是一篇带有思想解放意义的大文章。正是具有这种思想上的革命意义，管理学开启了从理解回归假设的新篇章，以否定思维的方式，提出了管理不等于企业管理、管理没有恰当的组织形式、管理社会根基的不确定性 3 个新假设，对什么是管理这个大问题做了新本质主义的探索。

谈到张多中老师主编的《管理学原理》，就要谈《慎终追远》一文了。我到管理学院任教时，侯莉颖老师是管理学院的纪委书记，后来在深圳大学历史上最民主的换届选举中自愿退出，全心倾注本科生的教学工作，集中精力加强管理学基础课程建设，这是一个优秀的大学老师的行为。我一直在侯莉颖老师领导下从事管理学原理课程教学，她给我留下的印象是很好的，可以说她是我学习的榜样。2010 年，张多中主编的《管理学原理》即将出版之际，侯莉颖老师请我写一个序言，我应承了她的工作安排。我从工作中亲身感受到侯莉颖老师在管理学基础课程建设上所花的心血，这可以说是她人生的一个重要事业，这一点我看在眼里，记在心上。为此，我极为乐意贡献我力所能及的力量。我到深圳大学图书馆查寻这门课程的相关历史，终于查找到一条线索。1989 年 5 月，管理系教师朱东和傅哲铭在经济科学出版社出版过一本《现代管理学》，这是第一本由深圳大学教师编著的管理学原理教材。这就为侯莉颖老师心中的事业找到源头，管理学基础课程建设就是一项源远流长的事业。为了突出这项事业，我有意将序言的论题选定为“慎终追远”，这样做至少有三种含义：第一，“慎终追远”表达我高度认同侯莉颖老师内心所追求的事业是一件极有历史意义的事业，值得上这门课的老师一代又一代地将这个事业转为自己最敬业的职业。第二，“慎终追远”寄托了我对管理学院炽热的爱，而管理学基础课程就是这种意义上的爱的象征，管理学原理教材是一种“成物”，它具有极强的象征意义，它象征管理学院的生命力。第三，“慎终追远”就是管理精髓最中国化的表达方式，这是“慎终追远”所表达的最基本意义，也是最根本的要义。如要用一个词来概括，管理学的精髓就是“成效”。“慎终追远”就是“卓有成效”。只不过“慎终追远”比起西方的“卓有成效”，还更有诗意些。我特别喜欢诗化的表达。后来李丽副院长在序言署名时，将我文中的“慎终追远”一成语删掉了，还将我在图书馆的重大发现也删掉了，这不得不说是一个小小的遗憾。本书收录这篇序言，不是为了还原序言的原始意义，仅仅是表达我对管理精髓的中国式理解的留恋。这可以说是关于管理的最基本信息。

什么是管理学？这个问题，说到底就是搜寻成效的信息过程。胡适先生说，宽容比自由更重要。说出这篇文章入书的理由，也可以说是宽容、自由、信息之间存在的内在联系。正是有宽容，人们会自由地表达，由于有自由，信息会自然地流露。

五、身份与场域

一旦认识到信息与经营管理之间的内在联系，也就离探求战略管理的认知不远了。《不确定性之美》可以说是这种转向的标识性论文，从这篇论文可看到我学术生涯中的第五条“曲径”。

《不确定性之美》《话语的天穹》《商学院前行路上弥漫出来的“大管理味”》可归为一组文章，主要深思的是教师个人与组织之间的关系，进而意识到战略管理的重要性。《不确定性之美》源于我对教育国际化的思考，进而引发了我学术思想的原生性变化，这就是从思想到语言的转向。

一般来说，很多学者都认为教育国际化是一种精英化，各种精英班极为流行，这很可能是我读书年代中国科技大学少年班的时尚化，背后的思维是天才和完人崇拜。我认为管理教育国际化源于管理教学个性化，理论范式、概念和知识流动在很大程度上是由管理教育的言说者决定的，并彰显出了极大的不确定性，进而体现为一种意境之美。这就是《不确定性之美》一文的由来。这种认知主要来源于我是教师的个体感知。我的本科生涯是在华东师范大学的丽娃湖边度过的，教过我本科的老师们认为我适合做教师。我的研究生之旅是在北京大学的未名湖边游历的，教过我研究生的老师们也认为我应在大学里过一辈子。我博士毕业，常常慢行在深圳大学文山湖边，过着熟读圣贤书、慢讲天下事的生活。我大姐夫在国家体委工作的长兄退休后来深圳看望他儿子，我们有缘偶遇在龙岗，品尝南方饮食之美，席间谈话，他多次说到我这辈子待在高校教书是很有意义的生活。好教师是什么样的？思考这个问题所产生的认知，实属是一种深层的自我反思。一个教师的基础性工作就是教学，这是天经地义的事。备课、讲课、品课、评课和思课。备课有赖于日常生活中养成的好读书的良好的微习惯，讲课是教室思想宴会上的即兴演习，品课是通往回家路上大脑中的游思，评课是到家中饭后进入书房中的自由沉思，思课是赋予沉思以新的信心和远虑。我对教学问题思考所产生的认知更是一种身份意识自觉。这种自觉带给我学术思想上的巨大变化，这就是从思想到语言的全面转向。真正的语言就是自己说自己。这是语字“言”旁加“吾”字的真义。管理教学绝不是一个简单的传播问题，更不是一个完全意义上的传授问题，“言传”仅仅是很小的一部分，而很大部分是靠学生去“意会”。管理教学也不是一个简单的接受问题，这就是说教学并不是一个完全意义上的学习问题，“学习”仅仅是很小的一部分，而很大部分是靠教师去“启发”。“说什么不重要，重要的是看谁说。”这种说从“嘴”中出，就是“大白话”；从“心”中来，就是“大实话”。管理之道非常道、管理之名非常名、管理之教非常教。

《不确定性之美》的语言转向并没有停留在身份层面，而是很快进入组织层面，这就是我对我职业生涯工作场域的探求。相比身份探索，场域探索可能更早些，因为在我读大学年代，大学生实行包分配制度。我母校华东师范大学是提前录取批次，并明文标记教育目标是培养高等院校师资。这就是说你进入华东师范大学就意味着你以后就是一名大学教师。按这个常理，我很早就开始思考过大学的意义，更何况在我生命中还发生过离开我不太喜欢的大学，选择继续求学，来到早就想来而没有来的深圳大学的事情。2007 年 6 月 5 日，深圳大学高等教育研究所邀请我做一个关于教育意义问题的讲座，表达出了一种人文导向的大学社会功能观。2008 年本科教学评估后，一种以能力为导向的大学社会功能观在我所工作的场域中极为流行，甚至可以说是一种思想时尚，这促使我的思想反思转入另一重境界。2015 年 10 月中旬，在“管理学原理”的课间休息中，一位名叫苏咏欣的同学邀请我为管理学院学生会院刊《知行天地》写一篇论题为《大学的社会功能》的文章，我在 2016 年农历腊月二十九的除夕夜开始写作，并对“‘大学的社会功能’之问”进行不断追问，不断地进行问题建构，最后升华了“大学的社会功能”思考，写成《大学的社会功能的追问》。2017 年 7 月，借管理学院组织和结集教学研究论文之机，我将自己的进一步思考加以修改、补充和完善，并改题为“话语的天穹”。“天穹”是借用的一个隐喻。这个绝妙的隐喻意在说明大学的空间意义。我对场域探索更早，为什么成文却比身份探索晚两年呢？这种现象如何解释呢？这很可能就是涉及一个重要的场问题。“场”英译为“BA”，是一个源自日语的词，“场”是一种多重空间现象，有物理空间、虚拟空间和心理空间之分。“场”被视为共享空间，是知识转化和知识发现的基础。知识总是内嵌于“场”，特别是隐性知识，它是个人通过直接经验或对他人经验的思考在“场”中获取的知识。当隐性知识与“场”分割开来时，它就变成了显性知识，而显性知识可脱离“场”进行传递。我的身份认知就是这种隐性知识。显性知识是有形的，比如存在于课堂或网络的知识，它可以离“场”而存在。职业场域的知识就是显性知识。由此看来，“场”就是知识螺旋上升整个过程的“发射平台”。这就为我场域探索成文相对晚了两年找到了一种学理释义。“场”的学理释义表明，《不确定性之美》和《话语的天穹》之间的两年时光差距，是我学术生命中最大的“迭代交替现象”，“迭代”在于从思想到语言的“垂直高度”，“交替”在于从语言到心声的“横向跨度”。一个学术思想的“十字架”在《话语的天穹》中自然生成。大学是想象力的避难所，大学是思想解放的港湾，大学是守望常识的圣地，大学是基础理论研究的重镇，大学是知识资源的总部。这就是我心中的后现代意义上的大学。

我曾在深圳大学老校区粤海门校区教工食堂偶遇一位负责招生宣传工作的青年教师，他要我谈谈对大学本质的理解。我说了自己关于大学认识的五句话，他用笔在纸上记下这五句话。这位青年教师将大学是想象力的避难所写进了2019年深圳大学招生宣传片，该宣传片的主题为“梦想闯客”，在该宣传片微信推文结尾处提到了“想象力的避难所”。

“闯进的梦如此绚丽
拥入心中才不孤独
欢迎来到
想象力的避难所
闯客梦想的港湾”

特别需要指出的是，中国政策界和学术界在2023年充分意识到大学应从事基础理论研究的重要性。人大代表和政协委员中有人在会议上发出了呐喊和呼唤。从大学存在的目的和理由来看,《话语的天穹》是我对“钱学森之问”的回溯性分析,也是我对“颜宁之问”的前瞻性分析。

我真是很幸运,就在苏咏欣同学请我写大学功能之问的同时,管理学院院长刘军邀请我为MBA开一门新课,我原本想开“战略管理行动”,经过细思后,我选择开设“语言心智管理”。这篇论文一直支撑着我从语言全面转向实践的前沿探索。

有了语言内在的全方位转向,我工作任务所在地的管理学院就成为我生命中常常面对的场域了,也就是说这里是我理性、能力和责任的集中之地,这里是我的主战场,更是我的战略高地。这里也是我生命的活力地带,战略管理很自然地进入我的思维世界。2017年5月,我接到管理学院通知,要求我出席国际商学院协会教育认证工作的论证会议,商讨学院使命的陈述问题。会议开始时,学院发给每人一张纸,上面写有学院向深圳企业家咨询的意见汇总,其中一位企业家建议学院将“管理学院”改名为“商学院”。这个建议引起了我的思考,认为很有必要就我了解的国外管理教育发展态势写成一篇专论性的大文章。2019年9月,借管理学院教学研究文集第9辑征集论文之际,我决定写一篇长文,来论述管理学院的知识使命。这就是《商学院前行路上弥漫出来的“大管理味”》一文的来历。这种现象用知识管理的话来说,是有其学理理由的。在谈到《话语的天穹》时,我说到了“场”,现在谈到《商学院前行路上弥漫出来的“大管理味”》,我就很自然地会说到“实践社区”。“实践社区”英译为“Community of Practice”,缩写为“CoP”。如果说“场”是“知识空间”,“实践社区”就是“相同质的群组”。两者之间的内在联系可以概括为,“实践社区”能够促进知识共享和学习,特别是在社会交互过程中进行隐性知识共享和学习,因为“实践社区”提供了“场”,即人们在实践或工作中进行社会交往和互动,并借此建构出知识共享的知识空间。由此可见,“实践社区”是“场”的“内核”,也就是说“实践或工作”是嵌在“场”之中。“实践社区”是一个人的边界问题,侧重于个人隐性知识共享的“实践社区”可以跨越组织边界,具有自我超越的力量。“实践社区”是一个非形式化的网络,个人超越了形式化组织结构和组织化关系(研究所、系等),选择与其他人共同“实践”,建立非正式化的网络。我所在的管理学院是一个邻近性高,而体制化程度低的学院。前者表明学院成员之间彼此邻近,实体互动较多,后者意味着组织支持度低,有较多的自发组建的知识共享和学习网络。我很可能就是这个“实践社区”中最典型的人。我是一个自律性较高的人,可以生活在一个不需要领导的生活场域内,管理学院给我提供了较为广阔的生存空间，让我过着以教学为中心的生活，这种教师被称为教学型教师。这个称谓蛮好的，更何况有些名副其实。我只要内心发现什么问题，就会向有可能解释这个问题的人求教。在问题面前人人平等，这是我最基本的信仰。在我职业生涯的生命记忆中，我的长辈和同辈中仅各有一人曾请教过我，可见管理学院离学习型组织还是有较长的一段距离。这大概是我写《商学院前行路上弥漫出来的“大管理味”》最深层的学理理由，即“实践社区”的理由。在这篇长论中，我提出了商学院是一个什么样的组织，商学院能对知识做什么样的贡献，商学院的历史走向是管理学院，商学院的知识贡献是综合知识的贡献，商学院在自我超越过程中实现了商学理论融化为战略理论，并最终不得不面向知行合一的元问题。这就是说管理学院的前途不是回到商学院的历史老路上去，更不需要改名为商学院，而是整合知识，向未知的知识地带大胆探索。特别需要指出：战略管理在这种前沿探险中占有极为重要的地位，而战略管理却是中国管理知识世界的软肋。

六、生命与言辞

向语言的全面转向，让我摆脱了思想的锁链，树起了自己学术生命旅程的两个路标、捕捉到了“文化”“民主”“市场”，发现了“文明”“知识”“权力”，最终进入了生命和言辞的世界。

这就是我学术生命中的“通幽”之地，精神镜像的会聚之地。唐代诗人常建在《题破山寺后禅院》中写道：“曲径通幽处，禅房花木深。”这句诗后来成为人们常说的成语“曲径通幽”。在我这里，“曲径通幽”是一种多元精神镜像，即宗教精神镜像、历史精神镜像、哲学精神镜像、科学精神镜像和艺术精神镜像。“曲径通幽”是一种哲学精神镜像，可视为人们处理问题时常采用的态度方式。“幽”在“曲径”之中，“美”在回转之间。“曲径通幽”是一种历史精神镜像，人生就像一次长途旅行，笔直平坦的大道固然风景宜人，但弯弯曲曲的小路更能使人见到风景幽美的地方。“曲径通幽”是一种科学精神镜像，或发现疑点，或窥出纰漏，呈现思维进入多向性、多维性、多变性的可贵征兆。“曲径通幽”是一种宗教精神镜像，意在用“空间”来表述“不尽”的意境。“径幽”通往幽静之处，呈现的是“不尽”的空间，循环往复，不知终处。“曲径通幽”是一种艺术精神镜像，反射出求知路上的游观，一步一景，浪漫至极，构成一幅五彩缤纷的画卷。

在本书所收录的论文中，同精神镜像有内在联系，最能体现生命与言辞的论文是《〈柬埔寨经济评论〉序》和《“诚”与“思诚”之间》。前者是一篇短文，后者是一篇长论。初看两篇文章之间好像风马牛不相及，细思两个作品之间的“游思”，它们是实实在在的心心相印。

2007年6月，我受一位本科清华毕业的朋友相托，他生活在商场中，是一位优秀企业家，后来移民加拿大。这位好朋友邀请我为柬埔寨华裔企业家徐光发的著作《柬埔寨经济评论》作序，这可是我人生中从来没有想过的事情。我认为商务（business）的逻辑就是陌生人的逻辑，学院建院20年院庆，我专门讲了这个问题，受到来自清华大学任剑涛教授的好评。正因为是陌生人，外加我这个人是个信奉缘分之说的人，既然缘分来了，那就结缘吧！我本着欣赏的态度，认真地拜读了徐光发先生的著作，这本著作享有“第一本论述柬埔寨经济的权威之作”的美好声誉。作为企业家的徐光发先生，以亲证的形式证明了个人生命所隐含的多样性之美，至少在工作与生活之间存在美的张力，用自己力所能及的力量，为生活在这个信息无知和信息不对称世界的人们撬开了一个观察柬埔寨的小小窗口，更为那些无暇搜寻又愿意在亚洲这块最后绿地上进行财富探险的人们提供了一盏照亮眼前的明灯。在这篇文章中，我提到了一句充满真理光辉的名言：“我们从事的工作决定了我们拥有什么，我们的休闲活动决定了我们是什么。”谁知14年后，有人探索起教师的天职来呢？这种有意义的探索来自我身边，来自我所在的管理学院的“实践社区”。“工作”“生活”“学习”，这三个词将我引向生命的核心，这就是“爱”和“思想”。这就是“生命”与“言辞”。这就是心灵净化。这就是“真诚”与“真理”相通的“道德谱系”。

2021年5月20日，我幸运地收到了学院发来的管理学院教学研究文集第9辑征稿通知。2021年9月30日，我更高兴的是收到马卫红教授发来韩巍教授的论文《我们的天职是真求知，求真知》和她本人的论文《管理世界的精神镜像》。这两篇论文是两人以通信的方式进行一场学术对话，这可以说是一种公平自由真诚的新的学术风尚。正是这新的学术风尚，两人萌生将教师天职主题对话变成多名教师参与的交流讨论，邀请几名教师在两人通信的基础上再做一些深入研究，把教师天职讨论引向深度的学术研究。我有幸成为被邀请的四名教师之一，此乃我学术生命中的人生之大幸。我得感谢韩巍教授和马卫红教授，两位教授的通信让我体悟并明白了“三人行，必有吾师”的深刻道理，让我能在国庆节期间在家中过着精神旅游的生活，对韩巍教授和马卫红教授的通信进行咬文嚼字式的通读，并尽可能地融会贯通式地心领神会，品味韩巍教授和马卫红教授通信的观点，细论韩巍教授和马卫红教授通信的短长，欣赏韩巍教授和马卫红教授通信的思想，清理我自己的思想小屋，净化我自己的灵魂，写下了“自己的心里话”。这是长文《“诚”与“思诚”之间》成文的缘由。

在《“诚”与“思诚”之间》中，我将《〈柬埔寨经济评论〉序》中工作和生活两分法演变成工作、生活、学习三分法。这难道还不能说这两篇文章之间确实存在“心有灵犀一点通”吗？这两篇文章的精神意义是相通的，它们相通在于对人的日常生活的结构分析框架之中。教师可能是一名无用者，也可能是一位实验者，最有可能是一个无知者。教师的天职近似于可用一句话表达：“知无不言，言无不尽。”“知无不言”是“求知”，“向权力说真话”，至少保持沉默；“言无不尽”是“求真”，“向真理说人话”，至少不自以为是。“知无不言”“言无不尽”之间存在一条永远难以修完的万里长城，在这条弯弯曲曲的万里长城中有三座岗哨，这就是隐隐约约可见的“诚”“悟”“语”3个字，这是教师真正意义上的天职。

特别需要指出的是，在这篇长论中，文章隐含了一条潜在的线索：真生活—价值观—信息传递领域，真工作—世界观—人际关系领域，真学习—人生观—决策制定领域。这条暗线缩小来说，涉及管理工作的本质；放大来说，可论及自我管理、组织管理和社会管理。这篇长文直接指出了我心中的绩效主义这条明亮的线索，即经营管理、战略管理和知识管理。“经营管理之道”（人）为“源”，“绩效”为“流”，这是一种两者之间的转化关系。换句话来说，“经营管理之道”决定“绩效”。但“经营管理之道”绝不能直接转化为“绩效”，其中一个最为重要的转换机制就是“战略管理”，而最终的终极动力机制却不是“战略管理”，而是“知识管理”。战略管理将经营管理之道转化为绩效，它的目的是帮助组织在不可预知的环境中取得预期的成效。战略有助于组织有目的地抓住一切有利机会，战略是对经营管理之道的检验。战略管理带着机会嵌入组织经营管理之道与绩效链条之间。战略管理决定机会，即机会无战略，市场无作用。换句话来说，“战略管理”决定组织“生存”。知识管理就是在直接将战略管理转化为生存机会的同时，也间接地并最终将经营管理转化为绩效。知识管理的目的是为组织在信息无知的条件下有力地争夺机会选择权提供个体意义上的私有财产的知识。知识管理有助于组织有目的地集聚个体意义上的私有财产为公共资源。知识是对战略管理的检验。如果是在知识无法提供可选择机会的情况下，那么就说明有必要重新制定战略。如果机会是意料之外，那么更需要制定新的战略。如果没有知识，这个“个体意义上的私有财产”就不能称为公共资源，否则组织就不可能获得真正意义上的私有财产。这说明知识管理同私有财产存在密切的联系。私有财产无知识，公共资源无效应。知识管理带着私有财产嵌入战略管理与生存机会之间。知识决定公共资源。也就是说，知识管理决定私有财产。这段难以理解的话是我花近 20 年的时间论证出来的心灵感悟。

一明一暗的两条线索，标志着我认知的管理大循环图形成了。2023 年 4 月 16 日晚，当年托我写序的这位朋友从加拿大回到深圳，我们相聚在壹方城的陶然居，朋友要我谈谈从事多年管理教育的体会，我谈了谈我心中的管理知识地图，朋友表示从未听说过，多次激励我写出来，并认为这是我最应该做的事。这是一位知心的朋友，一位因移民变得遥远的朋友，他的激励对于我来说最为重要，因为这是我在这个世界上的认知意义的边界，这是我有可能看到的最终的读者。说到这里，我记起了吕元礼教授退休时，他希望我将心中的观点写出来。还有我教过的学生们，他们在我所讲课的课堂中多次表达愿意花钱购买我写的书，愿意花时间静心地读我写的书，他们不再满足于课堂中记下的那些有意义的话和言说。无论是移民在外的知心朋友，还是吕元礼教授，抑或我所教过的学生们，他们可以说是我在教书职业生涯中创造的“顾客”。彼得·德鲁克有一个基本观点，管理就是创造顾客。从这个观点来看，我的不同顾客相互之间都有一根看得见的线，这就是“书”。我们之间相互“读书”，这就是一个巨大的“阅读场”，我们就是在相互建构无数个“思想市场”和最长生命周期的“思想产业”。我退休后，“抱读为养”就是我的思想产业的灵魂。

写书可能是我能建构出来的一个古董市场，出书可能是我职业生命的句号。我的确要写点什么，同亲证密切相关，同史证有内在联系，同公证可能相映。只有这样，我们才能彼此相遇和久别后重逢，或者渐行渐远，人间还是那么美好。管理就是那个“最后完美世界”的“隐喻”。这个“隐喻”可还原为一幅图，这就是我精神世界中的管理知识大地图。

这是一张管理循环图（见图 0–1），由管理之本和管理之道构成。方为本，圆为道。方形表示管理之本，包括自我管理、组织管理、创新管理、神经管理、人本管理、社会管理、经营管理、知识管理、问题管理和战略管理。圆形表示管理之道，包括目标管理、营销管理、绩效管理、成果管理、信息管理、薪酬管理、文化管理、语言管理和技术管理。自我管理的核心是企业家精神。问题管理重在寻找问题的方法。寻找问题并非探求问题的答案，而是在于发现定义问题的元素。寻找问题属概念性质，呈现为“词”，即“成己”。技术管理重在解决问题的方法。问题管理用于提供解决问题的答案。解决问题在本质上主要是技术性质，呈现为“物”，即“成物”。问题管理和技术管理相统一，即“管理无知”，重在人文知识考古和意义世界生成。管理无知说到底就是词与物的互文。正是在这个意义上，人是管理的尺度。如果自我管理内在的企业家精神向目标管理中的愿景行动冲击，整个管理过程就会呈现良性循环；如果自我管理中内在的企业家精神向创新管理中的偏执偏见冲击，整个管理过程就会呈现恶性循环，因为伟大不能被计划。

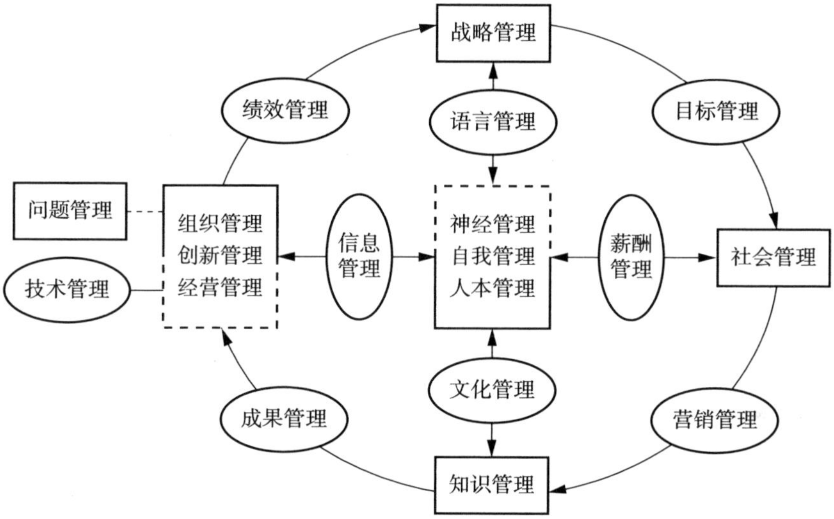

图 0–1　管理循环

这张管理知识地图告诉我们：管理从人生的高度来说就是生命之学，就人生的广度而言就是社会生态之学。这是我人生的最深感悟。人是管理的尺度。

我目视我的管理知识地图，来深圳大学从事管理教育工作 26 年，回溯性分析自己的学术生命历史，我的学术生命就好像是从井底之蛙到大海中的金枪鱼的演化史，尽量远离井底之蛙，尽量靠近金枪鱼，我的管理知识地图就是这样自然形成的。

我现在要做的事就是将这段话凝缩成英文单词，以做书名“管理心语”的英译。这件事我思考了很久，但没有最终实现。2023 年 4 月 28 日上午，我到学院教务办公室，询问学院请我做管理学导读讲座的安排，同宋宜诺老师闲聊起脑中的困惑，宋宜诺笑着告诉我，可用新开发的软件查一下，新软件根据我写作成文的过程，提供了两种译法，“management mantras”和“management epiphanies”，前者意为“管理学术生涯中的重要经验和信条”，后者指“管理学术生涯中的领悟和顿悟”。我是一个有深度怀疑理性的人，我对“management epiphanies”产生了天真的喜悦，“notes”“thoughts”“inspirations”“insights”等英语单词渐渐游出我的脑海。我实在是太幸运，《管理心语》的英译书名在我的心中最终落定下来。这是我一生中同现代最前沿的信息技术靠得最近的一次。

我的学术生命呈现出来的五条“曲径”，像光束一样，聚焦在一个共同的终结之点，这就是最基本的意义问题，即人的意义问题。这个意义问题分开来说就是我大学时代母校华东师范大学的著名哲学家杨国荣教授所说“成己与成物”。杨国荣教授所说的“成己与成物”是意义生成问题，这是一个受到世界哲学界高度关注的大问题。从全方位角度来看，这个问题的正面就是知识和权力，背面是法治与民主，侧面是信息与财富。说到底，这个问题是我们每个生命中固有的最大的无知问题。这是“文明”和“文化”的终极问题。

我的学术生命永远不可能排除偶遇、幸运和自由。

这就是初学者微光，这就是凡人微光。

我永远是一位书生专业主义者，

百无一用是书生。

走到人生边上，

从身边理解世界。

杨龙芳

2023 年 6 月 1 日于深圳

附：

本书收录的19篇论文按时间排序

1.《20世纪全球化概念的演变》

2.《理论创新的知识形态与实现理论创新的基本条件》

3.《曲径通幽乃自由》

4.《论开放市场经济中的开放政府》

5.《〈柬埔寨经济评论〉序》

6.《解放思想的根本是尊重实践》

7.《解放思想永远根植于平凡人日常工作的自然行为》

8.《管理知识自然演进论》

9.《论企业管理帝国主义》

10.《慎终追远》

11.《青年人的自我管理》

12.《没有心灵的折磨，就不会有创作的冲动
——苏东斌经济思想的知识价值》

13.《经济学家苏东斌的思想贡献》

14.《不确定性之美》

15.《话语的天穹》

16.《管理解放法律》

17.《商学院前行路上弥漫出来的“大管理味”》

18.《知识体系的立体结构》

19.《“诚”与“思诚”之间》

目 录 CONTENTS

序言　初学者微光　/ 001

第一部分　政治与经济

第一章　20 世纪全球化概念的演变　/ 003
第二章　论开放市场经济中的开放政府　/ 007

第二部分　思想与知识

第三章　理论创新的知识形态与实现理论创新的基本条件　/ 015
第四章　解放思想的根本是尊重实践　/ 019
第五章　解放思想永远根植于平凡人日常工作的自然行为　/ 021
第六章　没有心灵的折磨，就不会有创作的冲动
——苏东斌经济思想的知识价值　/ 024
第七章　经济学家苏东斌的思想贡献　/ 030
第八章　知识体系的立体结构　/ 037

第三部分　个人与社会

第九章　曲径通幽乃自由　/ 045
第十章　青年人的自我管理　/ 051

第十一章　管理解放法律 / 078

第四部分　无知与信息

第十二章　管理知识自然演进论 / 085
第十三章　论企业管理帝国主义 / 095
第十四章　慎终追远 / 104

第五部分　身份与场域

第十五章　不确定性之美 / 111
第十六章　话语的天穹 / 116
第十七章　商学院前行路上弥漫出来的“大管理味” / 127

第六部分　生命与言辞

第十八章 《柬埔寨经济评论》序 / 165
第十九章　“诚”与“思诚”之间 / 167

后记　平凡者微笑 / 244

第一部分

政治与经济

第一章　20 世纪全球化概念的演变

在国际经济学中，全球化概念是从“一体化”转变而来的。

国际政治学中的全球化概念是从“相互依存”概念演化而来的。

国际文化学中的全球化概念是同关于“世界文化”的争论紧密相关的。

在百年之交和千年之交的交汇点上，全球化作为“百年问题”或“千年问题”的重要论题，是世界各国学术界普遍关注的学术问题，也是近几年中国理论界最热门的学术研究热点之一。

20 世纪 60 年代末 70 年代初，全球化概念开始在国际经济学、国际政治学和国际文化学中得到普遍使用，并逐渐规范化。到 20 世纪 80 年代，全球化概念演变成一个概括未来时代特征的基本概念。

英语中的“globalization”，意即“全球化”或“全球性”，它是由形容词“global”（全球的，全世界的）派生而来的。而“global”又来自拉丁语中的“地球”观念。俄罗斯著名的全球性问题专家阿·丘马科夫经过考证后指出，“在词源学上，‘全球性的’这一术语源自拉丁语‘地球’”。

到 20 世纪 60 年代，世界出现大动荡、大分化和大改组，特别是 20 世纪 70 年代石油危机的冲击，世界经济、政治、文化中的全球因素，成为社会科学普遍关注的焦点。全球化术语开始在重建的社会科学中得到普遍使用。

在国际经济学中，全球化概念是从“一体化”转变而来的。早在 20 世纪 50 年代，由欧洲统一的现实所触发，西方经济学家提出了“经济一体化”理论。1951 年荷兰经济学家简·丁伯根出版《论经济政策》一书，第一次正式提出了“经济一体化”这个概念，对世界经济一体化问题作了初步分析。1954 年简·丁伯根又出版了《国际经济一体化》，该著作进一步对世界经济一体化做了较为系统而深入的理论分析。丁伯根认为，世界经济一体化不是取消经济交流壁垒的“消极统一”，而是在保证参加国福利和利益增长的高起点上谋求经济政策协调的“积极统一”，进而达到政治上的统一，形成和平维持主权国家间关系的新结构。贝拉·巴拉萨在《经济一体化理论》中对经济一体化做了更广泛的解释，认为“一体化既是一种进程，又是一种状态”“经济一体化就是指产品和生产要素的流动不受政府的任何限制”。

20世纪70年代的国际经济学进一步发展了“经济一体化”的概念，特别是通过对跨国公司的研究，更加突出了经济的全球化特征。美国经济学家理查德·库珀享有“国际合作理论之父”的美称，他在1968年明确指出：各国经济以“物品”交流的增长为媒介而联结得更加紧密，以此大大加强了世界经济发展中经济因素的连带性，各国不可能独立地通过宏观经济调节实现各国的经济目标。英国的经济学家苏珊·斯特兰奇在1970年的《国际事务》杂志发表《相互忽视的国际经济和国际关系》的文章，明确提出要从政治与经济相互影响的视角研究国际政治经济问题，致力于寻求一种新的分析世界的方法。该文引发了学术界的热烈讨论，催生了国际政治经济学的诞生。美国经济学家西蒙·约翰逊在谈到跨国公司时指出：“我们已超越对外贸易走向一个世界。在这个世界里，大公司的基本决策是把整个国际社会而不是一个单一的国家看作它们的活动范围。”国内的生产活动完全与全球战略结为一体，并服从于全球战略。跨国企业之间的资金流动，商品交易和市场争夺，把各个国家联结起来，冲击着国家的主权。

到了20世纪80年代末，东欧剧变，苏联解体，两极体制崩溃。在英国《经济学杂志》创刊100周年纪念周刊上，著名经济学家詹姆斯·布坎南正确指出了国际经济学概念规范化是一个大趋势。哥伦比亚大学教授贾格迪什·巴格沃蒂指出正在发展中的世界经济的一体化趋势，要求经济学放弃在封闭经济假设下建立模型的方法。“将来商品、资本和劳动的国际流动将成为经济研究中的前沿性核心问题。”这就预示着国际经济学中“无国界”的一体化概念会以新的形式而发展。

到了20世纪90年代，国际经济学家们都注意到全球市场，保罗·艾尔里奇认为，“全球市场——这一无国界的经济——就在我们身边，并且是一个在我们周围的信息革命现象”。但对于企业、资本市场和政府而言，这些压力导致的一体化程度各不相同。这一变形始料未及的方面正是全球经济一体化出现的方式。“简而言之，划时代的信息技术已‘拆散’或‘非一体化’了我们的企业，使它们能做全球性活动，而不必达到全球性规模。”

国际政治学中的“全球化”概念是从“相互依存”概念演化而来的。传统的国际政治学认为，国际政治是主权国家之间的关系，国际政策管理体制体现为主权国家之间的军事协调和军事竞赛。1959 年约翰·赫茨在《核时代的国际政治》一书中预言领土国家作为国际社会政治单位会衰落，因为国家不可能保护其国民免遭核武器的打击。国家一旦不能履行保护国民的社会职责，就必然成为过时的东西。国际政治学开始用“相互依存”取代“主权”。

美国著名政治学家罗伯特·基欧汉和约瑟夫·奈在 1977 年出版了《权力与相互依赖》，这部著作集相互依存理论之大成。他们认为，相互依存的最一般定义是彼此相互依赖，国际政治中的相互依存是国家之间，或者不同国家中行为体之间的相互影响的情形，这些相互影响往往是国际交往所产生的结果，例如，货币、商品、人员以及信息等跨国界的交流。相互依存有两个方面：敏感性和脆弱性。敏感性涉及在某种政策框架内做出反应的程度，即某国发生变化导致另一国有代价的变化的速度有多快，所付代价有多大；脆弱性被定义为行为体因外部事件所强加的代价而受损失的程度，甚至包括政策变化后的情况。敏感性和脆弱性都会有社会政治、经济、军事和意识形态的性质。罗伯特·基欧汉和约瑟夫·奈所阐述的“相互依存”的含义，在国际政治学中具有重大的方法论意义。国际关系理论史学家詹姆斯·多尔蒂和小罗伯特·普法尔茨格拉夫评述说：“相互依存这个名词被用来表示全球性体系中各种关系的特点。根据这一概念，一个真正全球性体系在历史上的首次出现，要求人们在对国际关系进行研究时采用‘地球中心’的方法，而不是采取‘民族中心’的方法。”著名的国际政治学家乔治·莫德尔斯基说得更明白：“整个地球上日益增多的问题再不能靠从 19 世纪继承下来的民族中心主义概念方法加以解决，这对于所有社会科学都是如此，而且所有社会科学都要改变民族中心主义的方向，但是最迫切需要这种改变的莫过于政治科学领域。”

美国国际政治学家詹姆斯·罗西瑙在 1990 年出版的《世界政治的涡流：一种变革和连续理论》中指出，喷气飞机、计算机、卫星以及许多其他的发明和技术极大地缩短了地理的社会的距离，比以往更迅捷和安全地跨越空间和时间传输着人员、商品和观念，并深刻地改变了人类事务发生的规模。“一句话，正是技术促进了地区、民族和国际共同性的相互依赖。这种相互依赖性是空前的。”

全球化的概念除了通过国际经济学和国际政治学进行规范外，国际文化学对它的规范化也是一条重要的途径。国际文化学中的全球化概念是同关于“世界文化”的争论紧密相关的，并在20世纪80年代晚期作为一个批评概念而出现。国际文化学者认为，全球化是指在世界范围内起作用的文化的生长与加速发展的复杂的整体过程，特别是世界整体意识的形成过程，马歇尔·麦克卢汉在1964年出版的《理解媒介：人的延伸》一书中提出的“地球村”概念是这种观点的反映。麦克卢汉认为，地球村犹如一个村庄，它既统一又存在矛盾，并经历过种种误解和敌对。世界各国文化在“世界化市场”的基础上正在经历重大的转型，这种转型既表现在各国文化的交流和合作上，也表现在媒介技术上。全球文化不是世界各国文化的大杂烩，而是正在趋向并逐渐形成世界统一化的“国际文化”或“地球文化”。世界各国的民族文化不断地受到全球交流技术和媒介网络的冲击，它逐渐通过并在这种冲击中进行跨国综合或全球综合。

“地球文化”理论的杰出代表、文化人类学专家玛格丽特·米德于1970年出版《地球时代的文化理论——文化与承诺》。玛格丽特·米德把人类文化的历史分成三种形态：过去取向型、现代取向型和未来取向型。地球文化是未来取向型的文化，它是以年轻人为主导的文化，通过文化方面的国际交流，全球青年人的观念与意识也将不断国际化和全球化。到了20世纪90年代，美国社会学家罗兰·罗伯逊教授进一步发展了国际文化中全球化概念。世界各国文化既保留自己独有的特性，又是全球意识支配的世界文化单元。换句话说，全球化社会首先是一个多元社会化构成的全球文化系统。

通过以上的回顾和分析，我们可以看出全球化概念的学术规范化过程不是某一社会科学单纯发展的产物，而是经济学、政治学和文化学综合意识影响的结果。全球化作为一个描述时代性的概念，它强调20世纪末世界经济、政治、文化和社会特征。正如英国学者詹姆斯·米特尔曼在《全球化的挑战：在边际上的生存》一文中所指出的：“全球化的概念是相互渗透的，包括经济、政治、文化、意识形态等。”

本章内容源自《深圳特区报》1999年10月3日刊登的文章《20世纪全球化概念的演变》；人大复印报刊资料《世界经济理论研究》2000年第1期转载。

第二章　论开放市场经济中的开放政府

现代市场经济是传统市场经济发展的产物，其基本标志是一个有限政府的出现。这个有限政府同经济人一道是现代市场经济的重要主体，关键在于它本身应受法律“硬约束”，并以此为基础，为现代市场经济的持续良性发展和创新活力提供必要条件。

在中国，“市场经济”是一个理解当今这个时代的高频率词汇，对它的理解更多是从“计划经济”的“否定”意义上来理解，强调从计划经济向市场经济“转轨”。这样理解“市场经济”是有一定意义的，但这种理解方式至少不全面，甚至会对市场经济与政府角色关系发生误解。从制度变迁角度来看，市场经济是一个从传统市场经济“生长”到现代市场经济的开放过程，伴随这个过程的关键环节是有限政府的开放过程，即有限政府从受法律“软约束”到“硬约束”的开放式过程。换句话来说，政府角色是评判市场经济开放程度的重要标准。

一、有限政府的出现是传统市场经济成长到现代市场经济的基本标志

传统市场经济是规模较小的商品经济，它有两个制度性特点，即人格化交易和执政者受约束程度低。

传统市场经济的第一个特点是人格化交易，它是一种缺乏作为第三方“国家”（执政者）的现货市场交易，经济人（企业或个人）交易双方当场一手交钱一手交货，其交易行为的实现主要依靠交易双方的声誉，也就是取决于交易双方经济人私人之间的合作和信任。这种人格化交易的市场生存空间是极其有限的，它活动的范围仅限制在小社区，特别适宜于熟人圈子。一旦超出熟人圈子和社区，其局限性必定会明显地表现出来，造成经济人双方交易成本急剧上升，甚至会造成交易无法实现。

传统市场经济的第二个特点是执政者受法律约束程度低。国家可随意采取增加税种、提高税率、限制交易等行为干预经济活动，任意侵犯经济人的经济实体和产权。法律对执政者的“软约束”并不意味着其不受约束。执政者主要受生产技术、信息、交通、地理等制度性因素和执政者声誉、意识形态等非制度性因素制约。在制度因素约束中，生产技术的约束显得特别重要，不发达的生产技术只能勉强维持经济人温饱，执政者横征暴敛就会动摇执政根基。执政者声誉考虑是制约执政者的主要非制度性因素。执政者出于对长期执政的理性预期，会以放松对经济人的经济干预来换取长期的利益，这就是人们常说的“让步政策”。但这种声誉制约的效果是极其有限的，是一种“软约束”。

现代市场经济是传统市场经济的生长和突破，这主要表现在有限政府的出现和完善上。在现代市场经济下，经济人交易双方的交易方式主要是非人格化交易，双方交易不是以“相互熟悉”和“相互认识”为基础的，而是取决于作为第三方的政府主导下公平制定的法律以及交易双方经济人遵守合同的行为。作为第三方政府的出现，打破了交易双方经济人的时空限制，改变了社会进化之中政治与经济的结构关系，执政者与经济人的关系从政治经济高度一体“成长”到政治与经济保持“距离”和“空间”。在从传统市场经济发展到现代市场经济的真正转变和根本突破过程中，最重要的是通过法治造就一个有限的政府，即一个受法律约束的政府。

二、法律“硬约束”的有限政府是现代市场经济的重要主体条件

现代市场经济是以独立自主的企业为主体的自由交易经济，但它是不会“自我维持”的经济，它的运行、发展和创新有赖于经济人交易双方之外的第三者，即一个受法律“硬约束”的政府。经济人和政府都在法治框架内运转，两者都受法治约束。法治主要通过双重经济作用来为市场经济提供制度保障。一方面是约束政府，主要约束政府对经济的任意干涉行为；另一方面是约束经济人的行为，这包括产权界定和保护、合同和法律的执行、公平裁判、维护市场竞争。

政府受约束和经济人受约束是一个矛盾有机体，存在一种相反相成的关系。法律约束政府是法律约束经济人的前提条件。这个条件有两层含义：第

一，政府行为受到有效约束，并同经济保持一定空间距离，以保证政府不偏向经济人交易双方中的任何一方来支持和推进市场的有效运作；第二，政府经济行为受约束程度较低或无效，政府干预市场就有可能滥用权力，结果反而降低市场运行效率。但这种双重约束还存在矛盾，这种矛盾也有两层含义：第一，赋予政府过大的权力去约束经济人往往会导致政府滥用其权力；第二，过度约束政府又可能会削弱其支持和推进市场有效运作的积极作用。这样，如何约束政府就成为现代市场经济体制中带有“根本性的两难问题”。

如何处理法律对政府约束这个两难问题？关键是要确立对政府的“硬约束”，以保政府与经济人之间的距离关系。只有偏重约束政府的法治约束，才会有经济人的经济自主权、经济实体的独立、市场经济的持续发展。独立的经济人的存在和独立的企业是形成市场竞争环境并高效率运作的关键。现代市场经济偏重法治约束政府，对市场经济持续发展至关重要。只有偏重约束政府的法治约束，经济发展才会持续发展。在没有法治保障条件下，市场很难长期持久地保持自由开放。

现代市场经济是受法治约束的经济，而法治经济就是严格约束政府权力的经济。政府在经济行为上受约束是由 4 个主要因素决定的。

第一，政府的垄断性强制权力。政府拥有社会没有的手段，诸如军队、警察和征税，使得政府的权力大于经济人的权力。

第二，政府有强烈的难以自我抑制倾向。

第三，经济人对政府的理性预期行为。

第四，政府的执政者构成。政府并不是由一个人组成的，而是一个庞大的、有不同层次的集团组织，即使不少官员有可能服从公共利益，但也不可能保证所有官员都谋求公共利益。执政者的层次性使最高决策者和地方官员对政府声誉的考虑有别和对公共利益的诉求不一致。

现代市场经济偏重法律约束政府，不仅仅体现为对政府本身的法律约束，还体现在法律对经济人的约束之中。法律对经济人的约束主要是要界定政府的角色，也就是用法律把政府界定为经济人交易双方之外的第三者。政府不应偏向经济人交易中的任何一方，它应依照法律发挥其支持和推进市场有效运作的作用。

法治对政府的约束和法治对经济人的约束是缺一不可的，这是因为现代市场经济内在的“不可信承诺”。首先，“不可信承诺”存在于政府同经济人之间。在政府行为不受法律约束的状态下，经济人和政府遵循“零和博弈”规则，其最终结局是“双输”局面。因为不受法律约束的政府对经济人的承诺很有可能发生政策多变，朝令夕改，政策变得极不可信，这就直接导致政府税收减少，进而导致对经济人的激励下降，经济最终丧失活力，出现社会紧张和不稳定。这说明政府不受法律约束的最终结果有损政府自身利益。在政府行为受法律约束状态下，经济人和政府进行“非零和博弈”，最终结局是“双赢”局面。这是因为政府受法律约束，政府就不可任意干预经济和随意收费，更不可政策多变。政府受法律约束，经济人有可能理性地预期到稳定的政策环境，放心地选择投资。经济人进而产生经济活力，政府也有可能收取更多的税，甚至出现降低税率反而增加税收总额的情况。其次，经济人交易双方可以通过各自的声誉和社会非正式习俗进行相互约束，但这两种约束总是有限的，不可能消除经济人交易双方之间的“不可信承诺”。经济人交易双方的天性是“机会主义”，会尽可能谋求自己利益最大化。如采取不付钱、不交货，或者以假乱真、以次充好，甚至发生抢劫和偷盗行为，最终经济人双方减少交易，互相伤害，甚至不发生交易行为。这就是经济人之间的“不可信承诺”。这种“不可信承诺”的结果是“双输”局面。正是由于经济人交易双方存在“不可信承诺”，特别是经济人进行寻租，福利提高就更不可能，这就需要政府作为第三者，充当好裁判角色，明确界定产权，保护产权，确保合同的执行，确定竞争规则，为经济人双方的交易创造沟通渠道，并进而创造“双赢”结局。

法治对政府和经济人的双重约束还有其深层的根源，即政府“权力悖论”和经济人“自由悖论”。政府“承诺可信不可信”是同政府“权力悖论”相关的。政府权力越大，政府就越可能我行我素，就使得它的许诺变得不可信。当经济人不相信政府承诺的政策时，他们就没有生产积极性，最终反而使政府自身利益受损。反过来，通过法治限制政府权力，约束政府行为，就会使政府承诺变得可信，结果老百姓积极性提升，不仅老百姓受益，政府也受益。经济人“承诺可信不可信”是同经济人“自由悖论”相联系的。经济人根据自己掌握的信息，做出有利于自己的决策，不可能自然而然地将个人的自利行为转化为共同的福利行为。亚当·斯密认为这种转化是“看不见的手”的神秘结果，但市场并不是总能实现这种转化的。要实现市场“看不见的手”的效果是一件不简单的事，这就需要条件。换言之，一个自由的市场要靠政府来创造条件。

三、“有效的”有限政府是好的市场经济创新活力的必要条件

市场经济的成长过程是一个曲折的发展过程，其中存在退化的可能，结果出现好坏市场经济之分。市场经济变好或变坏取决于是否有一个能够促进经济持续发展的有限政府。政府权力过强，不利于经济发展；政府权力过弱，也不利于经济发展。政府权力的“有效性”的偏离往往始于限制经济人活动空间的法律不能太多和限制政府任意权力的法律不能太少。限制经济人活动空间的法律过多，会造就一个整体寻租的社会，窒息市场经济的活力，阻碍经济人进入生产领域，迫使企业家转入地下。限制政府权力的法律过少，会造成政府执法权的恶性膨胀，其极端是政府被企业所“俘获”，企业目标成为政府目标。

好的市场经济并不一定是一个完美的市场经济，而是一个有可能改革的市场经济。在这里，“转变政府职能”起到关键性作用。这就是将一个无限政府转变为一个受法律“硬约束”的有限政府。有限政府是有效政府的必要条件。一个无限政府是一个全能政府，是一个无所不管的政府，其主要功能是压抑经济人的活力和市场经济的生命力。因此，只有一个有限的政府才有可能成为有效的政府。但一个有限的政府并不一定自动成为有效的政府。这是因为有限的权力必须受到法律约束，确保政府与经济之间存在一定的距离。凭借这个法定的距离，政府作为第三方在经济人双方交易行为中要有所作为，应该充分发挥其支持和推进市场有效运作的积极作用。这说明好的市场经济是一个主要靠政府在不直接干预经济的前提下以经济交易中第三方的角色来操作的经济，是一个以法律为边界并受其“硬约束”的经济。

现代市场经济活动是一个高度分化的活动网络系统，它涉及企业、财税、金融、外贸、社会保障、市场流通等各方面的活动。法治是这个高度分化复杂的系统网络中的“联结”或“纽带”。换言之，法治在这个复杂的大系统中起着“纲”的作用，同时还要在经济活动的子系统中发挥“目”的功能。此外，根据不同的历史、国情、民情和世界态势，需要具体考虑法治对政府行为的具体约束，特别是在经济活动的不同领域内对政府行为的约束。法律对政府任意干涉行为的约束是对政府“任性”的约束，其约束指向是政府应在经济活动中放松规制；对经济人行为的约束是对政府的“不为”进行约束，

其约束指向是政府应在经济活动中引入规则。这样问题就转换成政府在什么情况下可规制或不可规制，或者是政府支持和推进市场有效运作的内容和程度问题。在回答这个问题前，我们首先应弄清楚这个问题不是空谈的价值判断问题。不需要回答是政府管得越少越好，还是政府管得越宽越好。这样泛泛地讨论问题是没有意义的。

认识到这个问题不是一个抽象问题，这有助于我们认清这个问题是一个具体的问题。有了对问题性质的正确把握，我们就有可能将这个问题的思维路径指向对这个问题的回答，就是回答政府支持和推进市场有效运作的内容和程度，其核心是维护市场秩序问题。一般认为政府有三方面的功能：第一是政府的“守夜人”作用，包括定义产权、保护主权、执行合同；第二是有关垄断、人体健康、环境保护、金融市场、金融机构、公司治理结构等相关的政府规制功能；第三是价格（房租、工资、股价、汇率等）管制、贸易管制、产业倾斜政策等政府规制功能。这 3 个方面的功能在社会认识上并不是一致的，第一方面的功能是社会认知程度较高的，几乎是一致认同，第二方面的功能在社会认知程度上有所减弱，但至少保持着原则上认同，第三方面的功能是社会认知程度较弱的，认识的分歧较大。

根据共识程度高低，可以检测政府积极与否。如果一个政府主要在第一、二方面起作用，这个政府就是积极的政府，为“消极自由”留下巨大的埋性选择空间；如果政府在 3 个方面，特别是在第三方面也起主要作用，这个政府就是一个消极的政府，为“积极自由”播下大量的心智衰竭的种子。积极的政府的“有效性”较强，消极的政府的“有效性”较弱。

总而言之，开放的经济，既是开放的市场和开放的政府的统一，也是市场组织和政府组织的分离。市场组织和政府组织之间是有距离的组织体系。

本章内容源自《理论前沿》2004 年第 7 期（中共中央党校邓小平理论和“三个代表”重要思想研究中心主办，独立）；人大复印报刊资料《公共行政》2004 年索引。

第二部分

思想与知识

第三章　理论创新的知识形态与实现理论创新的基本条件

理论创新作为一种知识存在的方式，它的知识形态问题和实现理论创新的基本条件问题，是研究理论创新问题不可回避的两个基本问题。

自美国经济学家约瑟夫·熊彼特在其经济学著作中提出“创新”概念以来，“创新”开始成为流行的学术用语，在管理学、政治学、社会学等学科领域中不断地得到传播，到今天，“创新”在事实上成为一个基本的价值观。创新价值转用到理论问题上进行应用研究，创新再也不是在理论演化意义上相对于理论的“继承”来讲的，理论创新的真正内涵是知识存在的一种常态。

理论创新在知识形态上有两种表现形式。

首先，理论创新是人们对“慢性问题”认识的模式变革。人类社会的认识问题有两种类型，一是“急性问题”，二是“慢性问题”。在人类社会认识问题活动中，大量存在的是慢性问题，而不是急性问题。人类在思维的定式中往往只注意解决急性问题而忽视解决慢性问题。急性问题是经常产生的，可迅速地、直接地影响人类社会组织运行的日常问题，对组织中的多数人的活动和利益会产生显而易见的影响，人们容易发现它、承认它和解决它。慢性问题是影响人类社会组织演化的质性问题，是在人类活动中逐渐形成的长期问题。人们往往用一种思维定式去看待这种问题，形成一种固定的认识模式。而这种模式随着时间的流逝，人们对其“习以为常”，甚至被动地适应其存在。理论创新就在于摆脱人类解决慢性问题上的思维定式，用一种全新的开放的思维模式去取代旧的僵化的理论模式。

其次，理论创新是对未知领域的一种理性冒险。人类社会中的任何个体和群体都受各种条件的制约，这些条件或是自然的，或是社会的，或是生理的，这些条件的综合影响使个体和群体会在不同程度上显示出其认识的极限。

庄子说“吾生也有涯，而知也无涯”。这就是说，人类社会中任何理性思考者的个体的生命都是短暂的，而知识的存在却是无限的。这种有限与无限的相对矛盾决定了人类生存过程中必然存在一种未知的知识领域。这个未知的领域对于理性化的个体和群体来说，是一个陌生的领域，既无前人经验和知识的积累，也无个人经历和阅历的丰富体验。人类社会中的个体和群体只能承认其内在的局限性，以“试错”的方式体现其存在。正是在这种意义上，人类对未知领域的认识是一种理性的创新，是一场艰辛的理性探险。

理论创新的内涵规定了理论创新的本质是人类理性成长过程中的认识质变，是对僵化认识模式的变革，是对未知领域的发现。在明白理论创新的内涵之后，接着而来的是寻找理论创新的有效途径。在探索理论创新的有效途径问题上，人们往往遵循理论与实践依存关系的路径，这种路径是在知与行的关系的思维大框架下的具体运作，它过分地强调理论与实践的依赖关系，把实践归结为理论的源头，把理论的功能简化为对实践的指导，进而把人类的认识过程概括为“实践—认识—再实践”的过程。理论和实践依存关系路径有四点是致命的。

一是忽视了人的活动的复杂性。人的活动是复杂的、多样的，而实践和理论仅仅是人类活动整体世界中多样性中同时存在的两个独立的部分。它们无法代表人类社会活动的整体和全部。

二是忽视了理论活动和实践活动之间的分离关系。理论和实践有依存的一面，但在现代社会条件下，两者更重要的是分离的一面，但它们绝不能是分立的关系。

三是忽视了理论活动发展独立性。随着人类社会的发展，人类社会中的主观认识活动越来越重要。理性认识活动不仅成为人类社会中理性思考者个人或群体的职业活动，而且在人类历史整体构成中的含量也日益提高。用美国著名历史学家赫伯特·乔治·威尔斯的话来说，“人类的历史越来越成为灾难和教育的历史”，这就是说人类历史本身的未来发展取决于人类社会理性的思考活动本身。

四是忽视了人类理性个体差异和多样化的内在的潜在能力。任何个人和群体的理性都是有限的，这是毫无疑义的，甚至可以说这是毫无疑问的。但仅看到这一点是不够的。如果只看到这一点，不仅会抹杀人类理性的价值，也会导致人类的悲观或自损。实际上，个体和群体的理性充满着无限的潜力，但这种潜力只有相对于人类社会个体差异和多样化才有可能存在和不断发掘出来。理论演变的历史事实多次证明，重大的理论创新和理论发现并不一定出自人类社会的实践活动，而是出自人类社会中理性思考者个体所拥有的聪明的大脑。爱因斯坦的相对论无疑是一项重大的理论创新，但它并不是现代航天工业实践活动的产物，而是爱因斯坦聪明的大脑运用数学思维而开出来的智慧之花。

抛开理论与实践相互依存的路径，就为探索理论创新的有效途径开辟了道路。能否实现理论创新取决于思想自由、批判精神、公开而自由地交流意见与经验、“爱智慧”的哲学时尚 4 个基本条件。

一、思想自由

思想自由是人类追求的最古老的自由之一。这种自由是理性创新的根本保障。任何形式的权力都可凭借其拥有的资源对任何个人施加影响，而这种影响都有可能转化为暴力，个人在这种暴力面前是极其脆弱的。为了从根本上保护弱小的个人，思想的自由是一种有力的武器。维护思想解放这个基本的自由，是理论创新的必要条件之一。只有思想自由，才有可能保证对权力说真话，也才有可能真正摆脱大多数偏见。

二、批判精神

批判精神在辩证法看来是一种重要的理论创新品质，它力主用发展的、联系的眼光观察问题。近现代西方方法论思潮演变的历史轨迹证明批判精神是重要的理论研究品质，从逻辑实证主义演进而来的批判性复合主义仍保有这种强烈的批判精神。多维定位是批判性复合主义的方法论的基本原则，“它从值得知道的和已知的内容出发，从多种角度观察和认识事物。运用这种批判性的多维定位过程，能使人们逐渐向本不知道的终极真理迈进”。批判性复合主义是对大量研究和分析实践的一种创造性的综合，它重在通过归纳而得出可信性，而非确定性。可信性是批判性复合主义解释知识的主要特点。批判复合主义从多种角度运用两种或两种以上的方法对同一对象进行分析，从而加强和提高知识观点的合理性。批判复合主义反对使用不切实际的单一量化分析，而是把量化分析与定性观察有机地整合在一起。

三、公开而自由地交流意见与经验

任何社会都不可能是铁板一块。戈特弗里德·威廉·莱布尼茨曾说过："世界上没有相同的两片树叶。"任何社会也不可能有完全相同的两个个人。任何个人都有可能因利益定位、个性异彩等而不同，他们在观察事物和识别问题时会有不同。任何个人都唯有在相对开放和自由的社会中进行意见与经验的交流。任何个人都必须小心设计自己的研究，以免支持一个既定的观点。任何个人都可以通过对自己论题的不同的观点来减少误差，不把自己完全局限于一个特定的观点或理论之内，而是承认自己的观点是众多观点中的一个。

四、"爱智慧"的哲学时尚

客观事物是存在于人之外的一种独立存在，人类社会中的理性个体会对其独有的外在形态和内在构成表示不同形式的惊异、赞叹或恐惧。在这种惊异的基础上，人类社会中理性个体会形成一种对真、善、美的追求，用古希腊哲学的说法，这就是形成一种"爱智慧"的哲学式的理性时尚。一旦人类社会中形成这种理性时尚，人类社会中的理性个体就不可避免地会出现真正的个性化和群体化，一批有鲜明个性的理性思考者和有独特地域文化的知识阶层也就由此而成长起来。个性化的理性思考者个人和群体凭借其拥有一定的闲暇时间和相对优越的物质生活保障，便可专注于对人类社会活动之内或之外的客观事物进行分析，从而启动人类社会对客观事物内在关系思考的智慧之阀，还不可避免地开启人类社会对外界客观事物理性认识的积累过程。这种现象达到一定的程度和一定量的水平，人类社会对外界客观事物的分析就会有一定的突破，也就是相对意义上的理论创新。"爱智慧"的理性时尚有助于推动个人和群体对自然和社会环境形成原因和结果的关注，引发人们对理论问题的思考。

唯有一个社会是思想自由、十分宽容、弘扬理性的社会，个体是富有批判选择精神的人，才有可能为作为知识常态的理论创新社会提供肥沃的土壤。

本章内容源自《深圳大学学报》2003 年第 1 期，第 36—39 页；《新华文摘》2003 年第 5 期全文转载；2004 年 5 月，中共广东省委宣传部颁发了奖励证书，并奖励人民币 5000 元。

第四章　解放思想的根本是尊重实践

改革开放总是离不开思想解放，思想解放也往往同改革开放结合在一起。人们在谈改革开放时总是联想到思想解放，以至于谈论改革开放就言必称思想解放，思想解放就开始变为人们的语言时尚，最终由此演化成一种宏观叙事的方式。这几乎成为一种新时代的话语崇拜。

改革开放总是离不开思想解放。改革开放前的中国，由于对中国社会结构变化复杂性认识不充分，从战略高度上对社会主义各种基本制度建设的长期性严重估计不足，其结果是公民生活质量提高幅度不太明显，国家经济生活中心地位难以确立，个人职业流动选择空间较小，公共权力的公信力受到影响。面对这样一种现实，邓小平坚定地支持了实践是检验真理标准的大讨论，提出了“解放思想，实事求是，团结一致向前看”，勇于承担转变中国社会主义建设指导思想的历史重任。

解放思想，犹如黑暗中的光明，让迷茫的世人重新找到希望，将人们的注意力引向了社会主义现代化的实践之上。中国这场带有自上而下色彩的改革开放也就这样同思想解放分不开了，思想解放也就同中国取得成功的改革开放结合在一起了。中国的改革开放越是成功，思想解放就越是同中国的改革开放历史进程联系在一起。在今天，中国和平崛起终于成了全世界不得不面对的事实，这是一个极具传奇色彩的成功故事，这个故事给人们留下了一个清醒的感觉：思想解放是中国经历过 30 年改革开放而得出的一条新的基本经验。这个故事也给人们铭刻下一个深深的印记：思想解放是中国在改革开放中寻找到的一个新的真理。

思想解放是中国经历过 30 年改革开放而得出的一条新的基本经验，是中国在改革开放中寻找到的一个新的真理。这样的观点应该说是对中国改革开放历史现象的一种观察，也是对中国改革开放历史经验教训的总结。但这样的观点是一种历史的叙事，一种宏观叙事的方式。一旦思想解放成为历史的宏观叙事方式，人们就越是应该警醒并反省更多的东西，不得不往深处思考，认识到发现问题和解决问题之间的关系绝不是一对一的线性关系，彻底走出唯一真理观。这就提出了一个更基本的问题，那就是思想解放的精神是什么？对于这样一个问题的回答，是极其简单明了，也是再清楚不过了。一个最直接的思考路径就是回到包含了产生思想解放这个智慧之果的实践检验真理标准大讨论上来。实践检验真理标准大讨论，是中华民族在付出极大代价的基础上面对生活的拷问，也是以邓小平同志为代表的中国共产党人的集体沉思，更是中华民族每个个体的心灵向往。实践检验真理标准大讨论告诉我们：它不仅仅是一场大讨论，它本身就是一场富有深远历史意义的思想解放运动。实践检验真理标准大讨论还告诉我们：思想解放是从结果中汲取思想，特别是从可验证的结果中纠正认知偏差，而尊重实践更是思想解放本身固有的精神信仰。

改革开放总是离不开思想解放，思想解放也往往同改革开放结合在一起。“总是”和“往往”不是常言所说的“一个萝卜一个坑”，在这两者之间存在一个合理的空白，任何夸大解放思想的宏大叙事都无益于理性的守望。这个合理的空白就是，实践是检验真理的标准，但实践更在真理之外。中国改革开放是思想解放的象征，但中国改革开放更在思想解放之外。这个空白就是哲人所说：生活之树常青。面对思想解放的宏观叙事方式，人们更应该说：中国改革开放的生活之树常青。这是思想解放的精神。换句话来说，遵循绝对真理和相对真理之间的辩证关系，走出唯一真理观。有了思想解放的精神，人们会更勇敢地面对和笃诚地尊重中国改革开放的实践和生活；有了思想解放的精神，人们才有可能摆脱话语崇拜的困惑和危险。

本章内容源自《晶报》（深圳报业集团，2008 年 2 月 21 日）。

第五章　解放思想永远根植于平凡人日常工作的自然行为

实践固然是检验真理的标准，但实践总是在真理之外。中国改革开放离不开思想解放，但中国改革开放更在思想解放之外。这就要求我们从对真理的追逐中回到实践理性上来，特别是两者之间的“后果评价”，极为迫切的是要我们从对思想解放的梦想中回到身处中国改革开放之中的公民日常工作行为上来。

回馈到中国每个个体工作行为上来，这是极其重要的。之所以重要，在于它是最艰难的漫长回馈之路的真正开始。回馈到中国改革开放之上来的“回馈”，不应该是一种直线回馈，也不可能是一种简单回馈，更不可能是一种对称式的回馈。这种回馈是基于人类易于迷信真理而提出的一种反省，这种回馈也是鉴于思想解放已成为一种语言时尚和崇拜而提出的一种反思。

思想解放本身需要回馈到中国改革开放之上来，但更要求回馈到中国每个个体日常工作之中去。回馈到中国每个个体日常工作中去的“回馈”，是一种深邃的回馈，也是一种更精细的回馈，更是一种生命演化的回馈。这是一种真正意义上的回馈，它是不断相互应对过程中的偶然相遇。

意识到思想解放所需要的真正回馈的表现形式之后，还有一个不得不直接面对的大问题。这个大问题就是回馈中国改革开放之中去的“回馈”是一种什么样的回馈。这种回馈是极其复杂的，是一种没有终点的回馈。对于这样一种复杂而无终点的回馈，好在人们还可以从根本意义上进行大致描绘。这种回馈可简单地描述为：是回馈到真理本身所需要的回馈到实践之中去的回馈，是回馈到中华民族正在进行的改革开放之中去的回馈。说到底，思想解放所需要的回馈是最终回馈到作为实践结构内核的公民个体的本职工作和工作行为之中的回馈。

思想解放所需要的真正回馈的本质意义是一种隐含在人类实践结构内核之中的工作和工作行为。进一步说，人类生命个体的工作和工作行为本来就是一种日常生活实践。这种实践具有普遍性、平常性和纯粹性。普遍性是说工作和工作行为是每一个身体健康的人都拥有的行为。平常性是指工作和工作行为是每个人每天都要不断重复的行为。纯粹性是要表明工作和工作行为是一种只要付之应用就可以的行为。工作和工作行为说到底意味着人类生命个体同天才没有必然的固有的内在联系。说得明白些，这就是说日常生活实践同人类生命个体的才能、个性或态度没有必然的固有的联系。

人类工作和工作行为具有普遍性、平常性和纯粹性，往往导致人们极易低估人类日常生活实践的重要性，甚至忽视人类日常生活实践在人类实践结构中的固有重要地位，更为严重的是对人类生命个体所从事的工作和其工作行为视而不见。人类生命个体的工作和工作行为，是人类生命个体的衣食之源，也是人类生命个体机会之所在，还是人类生命个体获得社会地位并发挥作用的阶梯，更是人类生命个体实现自我和个人成就的场所。人类生命个体的工作和工作行为，不仅在于它在人类实践结构中居于内核位置，而更主要的还在于它是以无数个分散的点的形式而存在的。正是在这些零星的点内，人类每个公民个体都有可能最终建构属于各自行为的基地。有了这些无数的行为基地，人类生命的个体在各自的基地中重复着相同的工作和工作行为，将人类的基本注意力聚焦在各自的工作和工作行为之内，日复一日地打磨着人类个体生命的灵魂，并从根本上确保了人类生命个体的超越和人类社会的整体进步。在这个意义上，工作就是看得见的爱，工作就是小爱大德。

人类工作和工作行为这种人类日常生活实践是极其重要的，这一点对于解放思想来说是至关重要的，这种重要性怎样强调都不过分。思想解放是需要回馈到中国改革开放之中去的“回馈”，说到底，它最终应该回馈到中华民族每个个体的工作和工作行为这样一个日常生活实践内核的中心点之内。中华民族每个个人都应该以各自的不断重复的工作和工作行为，将中国改革开放实践内化为各自的日常生活实践，并不断建构属于中华民族每个个体各自所拥有的五彩缤纷的精神世界。有了这样一种立足于中华民族每个个人所拥有的工作和工作行为的日常生活实践，才有可能最终为中国改革开放所需要的思想解放撬开无数个小小的窗口。通过这些窗口折射出来的思想解放之光，会是真理之光。它会照亮整个宇宙，它会显示出中华民族对人类永不磨灭的巨大贡献。

本章内容是原计划探讨思想解放问题系列短论之一，写于2008年2月，是一篇尚未发表的短论。

附：

2008年2月26日四爸读《解放思想永远根植于平凡人日常工作的自然行为》一文。

龙芳：辛苦了！

第二篇《解放思想永远根植于平凡人日常工作的自然行为》悉读，我喜欢“……永远根植于平凡人……”的字眼。这样很好，好读、好懂、好记，朴实而境界深远高尚。也许，这就是平民学者与经典作家之别。其实，读者多在凡夫俗子中，虽然他们是弱势群体，平时静若秋水，但春风乍起时，他们才是真正的弄潮儿。平民化好！平民学者更好！

读你的文章能治我“老年痴呆”，很高兴！得“有感”一首。

读龙芳君有感

水浒山寨大碗酒，
红楼梦里满眼花，
雅俗皆有好文章，
深入浅出乃方家。

握手！

四爸于小白楼
2008年2月26日

第六章　没有心灵的折磨，就不会有创作的冲动

——苏东斌经济思想的知识价值

“一，没有在鸡西读书时期打下的基础，没有在鸡西一段工作期间所受的磨炼，就没有后来的学术之路，更得不到后来的人生体验。”

苏东斌，这个来自黑龙江鸡西的深圳人走了，这个以思想为追求志向的经济学家让我们因他的学术研究而没有感觉到他的离开。

苏东斌的经济研究源于他的故乡鸡西，这是一个地处中国东北的小城市，它是苏东斌经济研究的原点。苏东斌在自我小传中承认“没有在鸡西读书时期打下的基础，没有在鸡西一段工作期间所受的磨炼，就没有后来的学术之路，更得不到后来的人生体检。是那里，真正地养育了我，我永远忘不了鸡西那块土地和那里的人们，因为那是我所有一切的出发之地”（苏东斌，《鸡西——我的出发之地——苏东斌自我小传》）。这是苏东斌对自己生命的自我总结，具有“慎终追远”的意义。正是在这个意义上，苏东斌将鸡西称为“我的出发之地”。

鸡西是苏东斌记事的童年、青年和他最初工作的生命寄居地。

首先，苏东斌在鸡西得到的人生体验是人的尊严。他因有一个在国民政府中任过文职少将军官的生父而受到牵连，从大城市哈尔滨迁移到鸡西的煤矿小村，“失去了家庭的温馨”，不能参加共青团，目睹老师被批斗，感到“很害怕”。他在北京大学读书期间因喜欢读《安娜·卡列尼娜》而遭到同室同学批判与痛斥，没有资格去天安门广场欢迎西哈努克访华，“自尊心受到极大损伤和羞辱”。“文化大革命”一开始，他被学校工作组列为班上的两名“反动学生”之一，并被军宣队分配到黑龙江驻军 23 军 69 师嫩江农场进行长达一年零四个月的劳动改造，随后又被带有惩罚性地分配回鸡西。苏东斌在回忆这段日子时说：“这下子我全明白了，他们（军宣队）把我分回鸡西，并不是

为了照顾我回家，而是为了羞辱我。顿时一下子，亲属木然了，朋友犹豫了，未婚妻困惑了，使我真正看到人性中最丑恶的东西。”

其次，苏东斌在鸡西得到的人生体验是对自由的全面向往。他从小喜欢文艺活动，是学校的文艺骨干，参加过学校舞蹈队和诗歌朗诵会，参加过话剧《同甘共苦》和《同志，你走错了路》的表演。这些文艺活动使苏东斌享受到了真正的自由。这些文艺活动似乎暗示着苏东斌有可能走上文艺大道。随着高中毕业来临，苏东斌并没有选择走文艺之路，而选择了进入北京大学读经济学，他从此深深地意识到自由的“选择”意义。苏东斌在追忆中写道：“可见历史的规律性也同时意味着选择的非唯一性与偶然性。”在嫩江农场进行劳动改造，苏东斌还认识到思想自由的重要：“我并不痛苦牙刷冻在杯子里、睡觉还要戴上皮帽子的兵营，也不惧怕扛上 180 斤麻袋走上三级跳板，夜半三更迎着暴风雪抢收小麦的皮肉之苦，但受不了在‘清理阶级队伍’中‘战友们’大兴文字狱灾难。……当时委屈，绝望，甚至想到了投井自杀。”苏东斌保持着为人的诚实，从而赋予自由以抗争意义。从 1970 年到 1979 年，他做过三班倒、打铁钎放炸药的铁矿工人，干过材料员，当过讲语文、讲历史的中学教员，做过有千人吃饭的食堂管理员，当过仅二十人上学的小学教导主任。“那时，我这个文科的呆子虽然还不懂‘机电厂’和‘电机厂’到底有什么区别，但爽快的性格使师傅们深信‘他不是反革命分子’。他们虽然无权解脱我的政治锁链，却给了实际上的自由与温暖。”

最后，苏东斌在鸡西得到的人生体验是难以消解的贫困体验。苏东斌的童年在饥饿中度过，几乎每个晚上都将分给他母亲的晚餐吃去一大半。他曾送给他中学体育老师潘广裕二两粮票，潘老师很感激，这“可见在当时一个馒头是多么珍贵”。在学校组织的一次“支农劳动”，有一天晚上宣布让文艺宣传队成员可以不定量敞开喝粥，苏东斌一连喝了七大碗。

人的尊严、对自由的全面向往和对贫困的切身之感，这些是苏东斌在鸡西获得的人生体验，它们是一个相对完整的体验世界，并使苏东斌过早地寻找到了一个值得终生思考的大主题，即“人”。正是“人”这个大主题，决定了苏东斌经济研究来源的多样性。

“二，苏东斌的经济研究是由他的观点和学说构成的，包括经济学研究、比较体制经济学研究、改革经济学研究和政策经济学研究等。”

苏东斌的经济研究是丰富的，不能因他一生从事理论经济学研究，就将他的经济学思想等同于理论经济学，更不能拿他的理论经济学和特区经济学两个亮点来概括他的经济研究。苏东斌的经济研究是由他的观点和学说构成的，包括经济学研究、比较体制经济学研究、改革经济学研究和政策经济学研究等。

在理论经济研究方面，苏东斌最鲜明的贡献就是“人的经济学”思想。“人的经济学”首先是针对“经济决定论”，“这个结论就是：有什么样的人类创造力，就有什么样的社会经济形态”。这真是观点对观点，犹如针尖对麦芒。“人的经济学”其次还将“历史的人们都具有创造精神”上升为“一条最重要的规律”，这个规律重在“强调人的创造力，其实就是在强调社会生产力”。这两层含义是苏东斌对“人的经济学”的最初表述。苏东斌在《走出贫困》一书中再次重申“有什么样的人，就有什么样的经济社会”。他后来在《苏东斌集》中说得更明白些，“以人为中心，为目的，以‘生活力标准’衡量实现程度”。“人的经济学”最终开创了经济学的新的价值取向和新的认知路径。沿着这个路径，他将自己的毕生精力倾注在“人”及“人的行为”之上，先后考察了企业的行为、政府的行为和个人的行为。特别需要指出的是，苏东斌并没有将人的“主体”停留在企业、政府和个人层面，还将人的“主体”延伸到“人类本身”。

在“人的经济学”思路的基础上，苏东斌先后写出了《社会主义经济学导论》《人与市场》《人与制度》《“制度人”假设——从计划经济到市场经济》，构建了一个比较经济学的分析框架。

《社会主义经济学导论》重在结合苏联和中国的社会主义实践，探讨了社会主义的经济制度、经济体制、经济结构、经济实体、经济调节和经济实现，提出了“不认为社会主义的经济已经进入一个典型的发展形态”的论断，这是一个涉及社会主义经济比较体制的基本结论。《人与市场》力求对发达国家的当代变化做出分析。在苏东斌看来，当代资本主义发生了新变化，“资本社会化”弱化了资本的私人占有，“市场全球化”弱化了运行的供求失衡，“调控宏观化”弱化了周期性的危机，“利润社会化”弱化了尖锐的阶级矛盾。基于这些新变化，他得出基本结论，即“虽然具体的体制上的变迁在相当程度上挽救了基本制度的危机，但它毕竟只是社会发展中一个特定的阶段。所以，对于人类历史来讲，资本主义既谈不上是本源，更不能说是永恒”。

如果说《社会主义经济学导论》和《人与市场》是分论，那么可以说

《人与制度》是从方法论的高度上对“分论”进行“理论综合”。《人与制度》标志着苏东斌比较经济体制观点的最终形成。在《人与制度》中，苏东斌从“史论”的高度，基于“制度人”假设，对“计划经济”和“市场经济”进行了综合性的比较研究，对人与制度的关系做了新概括。“如果我们再追问，人和制度到底是一种什么关系？答案也便一目了然了，那就是，制度绝对是人制造的，而人又绝对不能随心所欲。”制度是极为理性的，但个人的理性是放荡的，这就是问题的根本。

苏东斌比较经济体制思想内部还深深地隐含着另一个独立的经济研究，即改革经济学研究。苏东斌改革经济学研究集中体现为新社会主义论。在苏东斌看来，新社会主义的目的功能是通过宏观调控的自由经济、自由思想与民主政治来实现的，商品经济权力化就是商品经济封建化，社会主义改革绝不是搞一场新的洋务运动，民主政治的要求要通过民主的方式去实现。这意味着新社会主义是一种整体演化意义上的社会主义。针对“有计划的商品经济论”，苏东斌的观点是“严格地讲，商品经济是不能计划的，如果仅指国家宏观调节，那么现代经济都具有这种功能”。在这里，苏东斌以否定思维的方式表达了中国经济改革的方向绝不是“有计划的商品经济”。我们可以说苏东斌在内心的深处是认定中国的改革是以市场取向改革为导向的改革。1992 年，苏东斌多次重申：“从根本讲，‘改革’就是要把计划经济体制改为市场经济体制，而‘开放’也不过是市场经济的延伸罢了。”

苏东斌在经济研究的过程中总是极为关心改革开放的现实，从而形成了他经济研究中密不可分的一个独立部分，我们称之为政策经济学研究。这些政策经济学研究按时间的先后顺序主要有：“三级授权经营制过渡论”（1995 年）、“税收大于利润”（1996 年）、“激励创造供给论”（1999 年）、“以开放促改革”（2000 年）、“从中国的经济特区走向世界的经济特区”（2001 年）、“公正创造和谐”（2004 年）。这些政策主张带有鲜明的战略性，显示出了苏东斌的经济学智慧，或多或少地影响了决策者的视野，启迪了学者们的思考。

“三，从‘劳动者价值’到‘选择经济’的思想超越，意味着没有什么绝对的经济研究体系，更意味着‘经济学知识的不确定性’。”

苏东斌的经济研究，是以“劳动者价值”为基本概念的思想体系和以“选择经济”为概念的知识体系。

苏东斌不是停留在研究社会主义生产目的之上，而是深入地研究了社会主义劳动者的目的。正是在这样一个与众不同的研究切入点上，苏东斌走出了一条自己的经济学研究道路。1987年5月，苏东斌在北京大学的《经济科学》上发表了题为《社会主义政治经济学的一个基本范畴——劳动者价值》的论文，公开提出“劳动者价值”概念。同年12月，苏东斌在《社会主义经济学导论》中全面地阐释了“劳动者价值”概念。劳动者价值就是社会主义商品经济中劳动者所应当充分实现的经济需要。劳动者价值的内涵由经济质量、经济身份、经济需要和经济确认构成，劳动者价值的外延就是劳动者所应当获得的全部经济收入。

“劳动者价值概念”唤醒了苏东斌心中构建经济学理论的“理论自觉”。1988年，苏东斌出版《走出贫困》，这是一部经过四次修改而成的著作，“一本关于‘人的经济’研究的假设”。在这部著作中，阐释了劳动价值论的“个人选择”“企业实现”“社会调节”。1992年出版《现代政府的经济行为》，分析了“劳动者价值实现的宏观条件”。

但事实证明，苏东斌在这里发生了“思想的断裂”。苏东斌在总结与回忆自己重构经济学理论的艰辛历程时说：“坦白地说，自那以后，我一直想了却的一个夙愿，就是去揭示出其中的理论背景，但是当时眼前一片茫然。”直到1999年出版《选择经济述要》，即后来的名为《选择经济》的名著。“我是在尽力地实践着在人的经济中弹拨起企业、政府与个人的经济行为的三部曲的心中许诺。”

苏东斌经济研究演化并不像他自己所说的是一个“三部曲”的过程，而是一个从“劳动者价值”跳跃到“人”，从“人的经济”跳跃到“选择经济”的“突变过程”。苏东斌对这个“突变”应该是有所意识的，这从他的《苏东斌集》及其后来的“修订本”的序言中可以得到佐证。在1988年版的《苏东斌集》中，他在列举自己的理论观点和学术主张时，将“人的经济学”列在首位，而在“修订本”中却将其删掉了。这样一个重大的变化在苏东斌的心灵深处是不可低估的。这表明苏东斌经济思想内在的超越精神。

这样一个“思想断裂”和“思想突变”，集中体现在《选择经济》的著作中。在这里，苏东斌提出了一个经济学的基本命题，即“自由而负责的个人选择是劳动者价值创造与实现的基础与条件”，我们可将这个命题称为“苏东斌命题”。对于这一命题进行解释而得出的“基本结论”，即“来自选择的幸福”，我们可称之为“苏东斌的经济学精髓”。“具体地说，第一，古典经济学所追求的是国家财富的增长，新古典经济学所迷恋的是资源配置的优化，而在这里，所探索的则是对个人在经济上幸福的提升。第二，传统经济学的使命是在给定的各种前提与假设条件下，如何进行及时而准确的计算，而这里的任务则是如何去创造与规范这些作为游戏规则的制度假设。”在这里，我们可以看到苏东斌经济学研究是对古典经济学、新古典经济学等传统经济学的“超越”，这是一种来自经济学内部深处的演化，也是经济学“目的”和“使命”的革命。经济学在这里获得了“新目的”和“新使命”。

“劳动者价值”和“选择经济”之间的断裂关系，表明了苏东斌经济研究内在的持续的超越性。“劳动者价值”宣告了“经济决定论”的破产，“选择经济”打开了马克思主义经济学同西方经济学的通道，结束了经济学中的实证主义传统和进步主义传统。换句话来说，从“劳动者价值”到“选择经济”的超越，表明了苏东斌在经济学的方法论高度完成了实证主义、科学主义、进步主义和人文主义的“方法论的新综合”，显现出了未来经济学知识体系的新景象。

从“劳动者价值”到“选择经济”的思想超越，意味着没有什么绝对的经济研究体系，更意味着“经济学知识的不确定性”。苏东斌在《人与制度》一书中谈道，选择经济的原理也适用于“人类本身的存在”。“至少提出了一个发人深思的可能性，即这门令人乏味的学科的真正含义甚至超越了斯密和李嘉图对它的厚望。我想，这正是‘春风又绿江南岸’。”这就是说苏东斌的经济学显示出来的是“未来的经济学”，是“一种可能意义上的经济学”。这就是苏东斌经济研究的灵魂，这也是苏东斌赠送给我们的最大的精神遗产。

苏东斌的经济研究，就是这样从故乡的“人生体验”中来，就是这样以“一种可能的经济学”到人类经济学思想史的滚滚长河中去。用苏东斌的话来说，“没有心灵的折磨，就不会有创作的冲动”，这就是“思想的张力”。

本章内容源自《深圳特区报》2012年10月30日理论周刊的“专论”。

第七章　经济学家苏东斌的思想贡献

苏东斌教授离开我们一周年了，他那向死而生的人生总是昭示着我们，写作是他的天职，自由是他的天性，思想是他的贡献。

一、龙江学派的集大成者

苏东斌 1945 年出生于哈尔滨，6 岁随母亲迁至鸡西的煤矿小村，度过了少年和青年时期。随后他以优异的成绩考入北京大学，学习经济学，求学年代遭遇“文化大革命”，蒙受冤屈，被定为“反动学生”，并被惩罚性地分配回鸡西，经历艰辛苦难。1978 年“文化大革命”终于结束了，苏东斌就在鸡西的夜空下开始对经济问题进行深层思考，这是苏东斌的业余爱好。1978 年至 1979 年 12 月，苏东斌公开发表了《经济建设中的一条根本规律》《对“发展马克思主义”的再认识》《要十分重视社会消费问题》3 篇重要论文。在 3 篇论文中，苏东斌直面现实，提出了如何估计价值规律在社会主义制度下的作用、如何发展真正的马克思主义、到底应该如何衡量社会主义经济等基本问题，苏东斌分别提出了价值规律是“经济建设中的一条根本规律”；“社会主义改革的理论基础，说到底，还要从马克思主义初始结论的核心去寻找指导思想，从当代社会主义运动的现实中去寻找具体根据”；“检验社会主义经济效果的根本标准是社会消费水平”。这些观点在今天看来仍是充满智慧的警句名言，具有极强的思想震撼力。苏东斌在谈到经济学时呐喊道：“经济学说到底就是节约学，价值学；否则就是浪费学。”

苏东斌的经济学研究成就很快得到学术界的承认，被正式调入黑龙江省社会科学院，开始了他经济学研究的职业之路。改革开放之初，黑龙江地处边缘，当地学者思想却异常活跃，以熊映梧为代表的龙江学人，极为重视社会主义政治经济的基础理论研究。苏东斌是这个学派中较年轻的学者之一，他思维敏锐、分析娴熟、立论高远，很快崭露头角，成为龙江学派的集大成者。苏东斌以社会主义生产的个人目的为突破口，独辟蹊径，走出了一条自己的经济学成长之路。苏东斌最有价值的贡献就是 1987 年 5 月在北京大学的《经济科学》上发表了题为《社会主义政治经济学的一个基本范畴——劳动者价值》的论文，公开提出“劳动者价值”概念。同年 12 月，苏东斌在《社会主义经济学导论》中全面地阐释了“劳动者价值”概念。劳动者价值就是社会主义商品经济中劳动者所应当充分实现的经济需要。劳动者价值的内涵由经济质量、经济身份、经济需要和经济确认构成，劳动者价值的外延就是劳动者所应当获得的全部经济收入。苏东斌作为龙江学派的集大成者的另一贡献就是提出了新社会主义论。“新社会主义论”是对“社会主义初级阶段论”的超越。“我的观点是：严格地讲，不是初级阶段，而是一种新的社会主义。”[①]在苏东斌看来，中国正处于由“国家社会主义”走向“公民社会主义”的新社会主义历史阶段。新社会主义的目的功能是通过宏观调控的自由经济、自由思想与民主政治来实现的，商品经济权力化就是商品经济封建化，社会主义改革绝不是搞一场新的洋务运动，民主政治的要求要通过民主的方式去实现。这意味着新社会主义是一种整体演化意义上的社会主义。苏东斌的新社会主义论对龙江学派的影响是深远的，熊映梧先生在世纪之交展望中国发展时就曾大谈苏东斌的新社会主义论。

二、政治经济学的守望者

30 多年的改革开放深深地影响了每个中国人的命运，特别是影响了中国学者的命运。经济学可能是同中国改革开放粘连最紧的学科，可以说是同呼吸共命运。特别是 1992 年以后中国经济改革的市场化改革方向尘埃落定，绝大多数从事社会主义政治经济学研究的学者纷纷转向西方经济学，并最终远离了社会主义政治经济学的队伍，能够坚持到底并一生守望的政治经济学者几乎是微乎其微，但我们可以说苏东斌坚守了终生。

苏东斌总是能赋予政治经济学以鲜明的时代特色。1988 年苏东斌在《学习与探索》上发表了一篇名为《时代对传统政治经济学的再批判》的论文，这是一篇仅 7 页的论文。2002 年，苏东斌主编《政治经济学的现代形态》，再一次以《时代对传统政治经济学的再批判》为篇名，将 7 页的学术论文演变

---

① 苏东斌 . 苏东斌集［M］. 哈尔滨：黑龙江人民出版社，1989.

为长达98页的长文。2003年4月，苏东斌以“制度的魅力”为题，将长达98页的长文变成178页的长篇宏论。2006年，苏东斌将《制度的魅力》一文演化为长达1436页的巨著《人与制度》。这篇文章的变化表明苏东斌对同一问题连续思考的时间跨度长达18年，这意味着苏东斌对政治经济学的坚守是多么执着。

首先，苏东斌对政治经济的贡献体现在他以马克思的劳动价值论发展为价值三论，即“概念论”“决定论”“实现论”。从概念上看，应从“价值论”转化为“财富论”；从决定上看，应从“劳动价值论”转化为“要素贡献论”；从实现上看，应从“价值论”转化为“价格论”，而“价格论”的实质是要素所有权的实现，剥削应视为超经济收入。[①] 其次，苏东斌对政治经济学的贡献还体现在他从史论的高度论述人与自然的关系、中国现代化道路与世界文明的关系、中国与市场经济的关系、国有经济和私有经济的关系、资本与劳动的关系、民主政治与市场经济的关系、思想多元与观念变革的关系等重大关系。在这些关系的认知上，苏东斌提出了一系列富有远见卓识的思想。对人的轻视和对自然的践踏是全部不和谐因素的终极原因；中国经济建设要关注“中国特色”，更应高度注意“市场经济本色”，特别是市场经济的规范要求。国有经济是一种国家现象，它与任何“主义信仰”和“基本制度”无关，私有经济是一种经济形式，它既不是生产力低下的产物，也不是向国有经济的过渡趋势；从“资本雇佣劳动”到“劳动雇佣资本”是世界经济的大趋势；民主政治同市场经济一样，只有程度与方式的不同，没有阶级与主义的区别；市场经济总是离不开个体的自由选择，而选择的理性总是有限的。人类难以存在最优的全面理性，理性最终会转化为合理性，并受知识的不确定性所制约，最终呈现可能意义上的多重选择。人类的思想本来就是因为多元化而动荡的，其正确性需要超越和证明，但这不排斥对人类观念变革的认同。

三、特区经济学的开拓者

苏东斌在守望政治经济学常识的同时还常常关注着中国改革开放的进程，特别是他于1993年的秋天来到了改革开放的前沿阵地——深圳，经济特区作为一个主体就进入苏东斌的精神世界。苏东斌写了大量关于特区发展的学术

---

① 苏东斌，钟若愚．劳动价值学说史略［M］．北京：中国经济出版社，2002.

论文，出版了《中国经济特区的前沿专题》《中国经济特区导论》，主编了《中国经济特区史略》和《曾经沧海：深圳经济体制创新考察》。

在这些论著中，苏东斌有力地驳斥了“有计划的商品经济论”。“严格地讲，商品经济是不能计划的，如果仅指国家宏观调节，那么现代经济都具有这功能。”[①] 在这里，苏东斌以否定思维的方式表达了中国经济改革的方向绝不是“有计划的商品经济”。同其他经济学家不同，苏东斌特别强调社会主义市场经济体系中绝不可缺少的劳动力市场，这足以显示出苏东斌内心深处的中国市场化改革信仰。特别需要指出的是苏东斌后来的“改革”“开放”一元论。1992 年，苏东斌多次重申他这个著名的论断。“从根本讲，‘改革’就是要把计划经济体制改为市场经济体制，而‘开放’也不过是市场经济的延伸罢了。”[②] 基于这个根本结论，苏东斌全面地探讨了经济特区存在的根本原因、时代使命、现实基础、发展要义、成功因素、历史性贡献、深层动力等重大理论问题。苏东斌在解释和分析中赋予经济特区以自由的要义，他在《中国经济特区导论》的序言中就深圳未来建设一个什么样的国际性现代化大都市时谈道：“我们必须借鉴英美在城市化进程中的经验，对城市与自然环境的冲突，‘城市与道德文化的冲突，城市与阶级阶层的冲突及政府与市民的冲突等’‘城市病’给予充分的社会预警。但是，毋庸置疑的是，真正的幸福只能存在于法治社会的大环境中……这也许就是‘君自故乡来，应知故乡事’吧！”[③] 苏东斌赋予未来经济特区发展的自由价值导向是何等深刻，值得我们深思。

苏东斌的经济特区研究贡献还体现在他拓宽了经济特区研究的范围，主编了《台湾　香港　澳门经济史略》《共享的价值：澳门外向型经济与泛珠三角区域合作》。在这些著作中，苏东斌将经济特区的研究范围拓展到将我国台湾、香港、澳门包括在内，这是一个极富有智慧的学术远见，随着中国开放的深入，这个见解会更加充满智慧的光芒，它极大地丰富了中华民族的集体记忆。

四、理论经济学的探险者

经济学有悠久的历史和传统，但其发展也充盈着无数的糟粕。经济学在

---

① 苏东斌 . 苏东斌集［M］. 哈尔滨：黑龙江人民出版社，1989.

② 苏东斌 . 毕竟走出来了［M］. 哈尔滨：黑龙江人民出版社，1995.

③ 苏东斌，钟若愚 . 中国经济特区导论［M］. 北京：商务印书馆，2010.

发展的历史进程中一直存在偏离人的传统，这在李嘉图的经济著述中已经很明显，而这种旧传统在苏联式的经济学中最为严重。中国的经济学在很大程度上是受苏联经济学影响形成的，不仅保留了这种偏离人的传统，从理论基础到基本结论还都带有极强的独断论色彩。面对这样一个经济学遗产，苏东斌从一开始就不是满足于对“极‘左’思潮”的批判，而是上升到“文化批判”，最终走向“经济学的自我批判”。这是苏东斌理论经济学理性探险的基本轨迹。

基于经济学理论基础的深层文化批判，唤醒了苏东斌心中构建经济学理论的“理论自觉”。1985 年苏东斌《社会主义经济学导论》中对历史唯物主义进行人道主义重构，提出了人的经济学假设。“有什么样的人类创造力，就有什么样的社会经济形态。”[①]“历史的人们都具有创造精神”，“人的创造力，其实就是在强调社会生产力”，[②]这是“一条最重要的规律”，[③]这就是苏东斌先生对“人的经济学”的最初表述。1988 年，苏东斌在《走出贫困》中进一步阐释了“人的经济假设”，重申“有什么样的人，就有什么样的经济社会”。[④]并指出了劳动价值论的“个人选择”“企业实现”“社会调节”。1992 年，苏东斌出版《现代政府的经济行为》，分析了“劳动者价值实现的宏观条件”。这似乎意味着苏东斌完成了重构经济理论的全部任务。但这仅仅是一个表象。

苏东斌的理论经济学批判并没有半途中止，而上升到彻底的经济学批判，最后回归到个人主义这个经济学的原点之上，并超越了古典经济学和新古典经济学。苏东斌从早期的“人的经济”跳跃到晚期的“选择经济”，这是他自己的思想超越，也是一次真正的“思想突变”。1999 年北京大学出版社出版了《选择经济考察述要》，这是苏东斌著述的精华，这本著作经过修订，人民出版社以《选择经济》为书名再版两次。在这本著作中，苏东斌提出了一个经济学的基本命题，即“自由而负责的个人选择是劳动者价值创造与实现的基础与条件”，我们可将这个命题称为“苏东斌命题”。对于这一命题进行解释而得出的“基本结论”，即“来自选择的幸福”，我们可称之为“苏东斌的

① 苏东斌 . 社会主义经济学导论［M］. 北京：北京大学出版社，1987.

② 同上。

③ 同上。

④ 苏东斌 . 走出贫困［M］. 哈尔滨：黑龙江人民出版社，1988.

经济学的精髓”[①]。“具体地说，第一，古典经济学所追求的是国家财富的增长，新古典经济学所迷恋的是资源配置的优化，而在这里，所探索的则是对个人在经济上幸福的提升；第二，传统经济学的使命是在给定的各种前提与假设条件下，如何进行及时而准确的计算，而这里的任务则是如何去创造与规范这些作为游戏规则的制度假设。”[②]在这里，我们可以清楚地看到苏东斌的理论经济学回到了个人主义精神之上。如果说人的经济学假设是以“经济人道主义”为“基石”[③]，那么“选择经济”则是以个人主义为理论前提。苏东斌认为，“差别性与多样性是宇宙间普遍适用的自然法则，也就是选择经济的最终依据”。[④]“文化和文明的多样性来自宇宙的本性和天理，应得到充分肯定和尊重。由于差别性与多样性的最基本单位并不是国家和民族而是个人，尊重每个人的经济自由，即尊重每个人的经济选择，也理应构成人类的天性。那么，一个重要的结论就是，人类的多样性存在就是选择经济的基石。”[⑤]概而言之，“选择经济”的理论基石就是“个人主义”。正是在经济学这棵大树的生长原点上，苏东斌的理论经济学实现了对古典经济学、新古典经济学的“总体超越”，这是一种来自经济学内部深处的演化，是经济学“目的”和“使命”的革命。经济学在这里获得了“新目的”和“新使命”。这正是苏东斌理论经济学的真正贡献。

苏东斌的经济思想，是他作为思想者的智慧结晶，它对于我们来说，不是追忆，而是常在。人类的思想可能是短缺的，但思想本身不可能是孤独的，思想总是在交流中得到延续，并升华为精神，直到永远。历史不会熔断。

本章内容源自深圳大学校长办公室编印的《深大通讯》，2013 年第 3 期，癸巳·秋季校庆特刊。

---

① 苏东斌 . 选择经济考察述要［M］. 北京：北京大学出版社，1999.

② 苏东斌 . 选择经济考察述要［M］. 北京：北京大学出版社，1999.

③ 苏东斌 . 苏东斌集［M］. 哈尔滨：黑龙江人民出版社，1989.

④ 苏东斌 . 人与经济［M］. 北京：北京大学出版社，2002.

⑤ 同③。

深大通訊
SHENDATONGXUN
2013年 第3期（总第99期）
癸巳·秋季 校庆特刊
深圳大学建校30周年庆典暨2013

第八章 知识体系的立体结构

“知识体系”可英译为“body of knowledge”，意指“源于知识的身体”。英语意义类似于汉语意义上的“修身养性”，近似于苏轼的诗句“腹有诗书气自华”，它形象地说明了知识体系的结构性变化和“源”“流”间流动的过程。本章从宏观层面将知识体系分解为知识体系资源化、知识体系科学化、知识体系民主化、知识体系制度化和知识体系时代化 5 个问题，从中解析出意义、胆识、学识、常识和智识等知识体系内在的 5 个结构元素，勾画出资源、文品、学风、信念和信心等知识体系的 5 个生长机制。

一、知识体系资源化问题

这是一个可称之为“意义”的问题，它直接涉及知识体系问题的逻辑前提，隐含了知识与文明之间的深层联系。知识是基本的社会资源，也是信息的存在方式。知识意义的发现是同工业革命、生产力革命和管理革命的文明转型分不开的。第二次世界大战结束后，知识开始运用于知识本身，即知识运用于系统创新之中。这种新的知识运用方式引发了管理革命，并持续至今。知识运用于知识本身还表明生产要素的结构性变化，除了资本与劳动力之外，知识现在已经成为一项最重要的生产要素，知识资源流动直接影响土地、劳动力和资本流动。资源结构的历史从以土地为中心转变为以知识为中心。

知识成为核心资源，是后现代文明社会之所以被称为知识社会的根本原因。资源意义的变化带来知识存在方式的变化，知识变成一种资源、一种实用的利器。先前所谓的知识是传统性、统合性和一般性的知识，其极力推崇宗教、哲学、历史和艺术。而现在所讲的知识是现代性、开放性和专门性的知识，细化为对实际结果有效用的知识。

知识意义和存在方式的双重变化表明：知识原本一直被视为属于个人层

面的东西，而在后现代文明转型中逐渐变成社会层面的东西。从统合性知识到专门性知识的巨变，赋予了知识一种推动社会创新的新力量。

二、知识体系科学化问题

这是一个可称之为“胆识”的问题。胆识是知识体系结构的第二个元素和知识流动的源头，折射出了知识和心智之间的关系。在这个意义上，胆识和精神密不可分。

文品是言为心声的习性，胆识是文品撞击出来的呐喊。文品源于人的敬畏之心、真诚之心和自由之心。无知是人最绝对不可转移的日常风险。求真求知永远是一个“无知—有知—无知”无限循环的知识黑洞。真诚之心就是一颗平常心，它总是拥抱苦难，守望淡泊。自由之心的基本特征就是天趣，包含“怀疑主义”和“科学精神”。文品是普通人的心灵习性，恪守“言为心声”，奉行“文以载道”。文品绝不是俗人嘴上的“人品”，更不是天才和圣贤的代名词。文品远不是“德”“才”之争，而是生命成长的精神浓缩和自我成长的经验印证。“自以为是”地将言说等同于真理，这是文品的天敌。基于自以为是的无知，是一种获知后的狂妄，是一种自我神秘主义，它绝对会成为“疑问理性”和“怀疑主义”的“坟场”。

胆识是文品撞击而发出的呐喊。胆识是“想说”和“可以说”之间的“不让说”之处的“更要说”。“想说”是人的固有权利，“可以说”是“话语权”内在权力化的合理边界的理由，“不让说”是“话语权”外在化过程中产生的权力的滥用或误用,“更要说”是自我尊严的真情流露。“‘不让说’的‘更要说’”是“言为心声”的对撞，它是发自内心的一声呐喊，是穿过理论之门之前的阵阵叩门声。如果离开这一声呐喊，“言说”就一定不能继续前行，其生命会戛然而止，理论就不可能超越实践，成为快“半拍”的理论，起到它应有的“引领”作用。[①]胆识是指向事实本身的探索，重在求真，反射出来的知识就是广义的学科取向。胆识的核心结构是事件验证，即将“经验”嵌入“结果”中。历事炼心，境由心生，形成“悟”和“语”之间的张力，保持“意会”和“言传”的活力，最终确保“独白”转向“对话”。

① 黄宗良．从苏联模式到中国道路［M］．北京：北京大学出版社，2014.

三、知识体系民主化问题

这是一个可称之为“学识”的问题。学识是知识体系的第三个元素和知识流动中分散过程的中介环节，反映出知识与公共权力的关系。学风是实事求是，学识是学风弥漫出来的思想。学风是日常生活民主、决策民主和信息民主的集成，始于日常生活民主中的自由意志。学风难免会受到公共决策民主中公共权力影响。任何公共决策民主都不可能是完全意义上的直接民主，这恰好是学风存在的土壤。公共选择应是公共决策过程中固有的含义，是个人特别是学者们神圣的责任。学风还受信息民主化中“理性”的制约。人绝对不可能是完全理性的人，更不可能成为全知全能的“上帝”；相反，人总是受信息无知和不对称的制约。来自日常生活民主、决策民主和信息民主的学风，说明任何政治社会都不可离开思想市场。

学风体现为从理论研究到形而上学问题转向以及从观念冒险到思想市场的转变。从思想市场来说，任何社会都可缩影为读者与作者之间的关系。思想本身是稀缺资源，思想市场更是容易遭遇公共权力影响，它显得极其脆弱，往往出现市场失灵，甚至人的缺场和集体失语。个人自然只是沧海一粟，微不足道，而无数的沧海一粟则可以汇成滔天巨浪，形成学术思想共同体。后现代意义上的学术思想共同体主要是一个跨学科的、开放的和会通的知识共同体。后现代意义上的知识共同体有利于推动形成没有固守学科知识边界的知识演化体系。

学风的自由空气会弥漫出“学识”。学识实际上就是开放的思想。历史事实证明：形成开放思想永远是人类政治生活中的巨大挑战。开放思想内在地隐含一种必要的近乎“殉道”的精神，也公开要求一种政治宽容精神。首先，学识承认人人都有了解和被了解的权利，这是任何有现代文明意识的人的基本常识。其次，学识必然包含思想自由、思想解放和开放精神。学识以信息自由为前提。“信息的垄断是权力集中的前提条件，是关键环节。”[①] 个人见解和判断永远是学识流动的血液。学识的核心结构是情景确认，即将“目标”嵌入“情景”中。

---

① 黄宗良．从苏联模式到中国道路［M］．北京：北京大学出版社，2014.

四、知识体系制度化问题

这是一个可称之为“常识”的大问题。常识是知识体系的第四个元素和知识流动中整合过程的中介环节，流露出知识与社会制度的关系。信念是理性的天然合成，常识是信念的集中反映。信念是由经济理性、实践理性和试错理性综合作用而形成的。

首先，信念同人们常说的实践理性有联系，其核心是承认人的社会主体意识。布迪厄指出：“实践是在主体之间传递社会承认的意义的行为，它是个体背景知识的外化，也是社会性背景知识的内化。”[①]

其次，信念离不开试错理性，人总是身处在自觉和自发的矛盾之中。每个人的信念总是有真信、假信、半信、不信和无信之分，真信不应绝对化，假信也不应低估其存在，正确地看待信念之间的变化相当重要。信念还同经济理性相联系。经济理性缩小来说就是安居乐业，放大来讲就是国富民强。基于实践理性、试错理性和经济理性的信念，集中体现了公民、国家和社会之间的制度联系。平等和人权是实践理性本身固有的含义，生态公平是国际社会必需的公共产品，这是社会制度存在的基本前提。自由和开放是试错理性内在的根本要求，公平与效率结合成为社会制度自然演化的支点。

经济理性兼容爱国主义，安居乐业是后现代政治中的“大政治”。这是社会制度发展的基石，信念最终会成为公民的奉献精神。信念的自然流露就是常识，自由企业、开放教育和大众传播是常识发展的三大关键组织系统。自由企业是大众知识的前沿地带，高等教育机构是知识资源总部，大众媒体是自由思想的港湾。常识承认人是实践主体，尊重人的实践。常识遵循“专业主义”逻辑，有效遏制“官僚主义”，大大促进财富创造，部分缓解社会贫富分化。常识可升华为法治主义，防范正当性萎缩为合法性，极大地彰显宪法精神。常识的核心结构是社会论证，即将“管理”嵌入“制度”之中，这是常识存在的目标意义。正是这种意义，常识成为后现代社会制度生长的原点。

五、知识体系时代化问题

知识体系时代化问题，是一个可称之为“智识”的问题。智识是知识体

---

① 冯凡. 布迪厄议题的实践转向：背景、逻辑与概念［EB/OL］.（2019-10-17）.https：//www.sohu.com/a/347592489_ 806115.

系的终极元素和知识流动的最终归宿。智识显露出知识与文化的关系。信心是精神的合一，智识是信心的天然结晶。信心是思维路径、分析方法和时空意象综合作用的结果。信心源于整合思维。整合思维包括历史与理论相结合、历史与思想相结合、事实与价值相结合。历史与理论相结合是将历史事件化，找出历史发展的影响因素，寻找真理与启示之间的微弱联系。历史与思想相结合是以学科内部思想家之间的思想联系为主线，发现社会发展和社会行动之间的公共问题，剥离出公共问题背后的元问题。事实与价值相结合是将个体融入灵魂之中，成为一个开放的自我，进而促进社会解放，最终实现文化超越。

信心来自基本的分析方法，包括观察、思考和研究。观察就是从事实中磨砺信念，其基本特征是外在性，是一个通向观察自然世界，打开自我的经验之门。思考就是从结果中汲取思想，是一种深度学习，以此走上规范之路。研究是从分析中归纳观点，重在正反之间的辩证。信心最终离不开时空意象。

从空间上来说，知识体系应是一种全球化思考和本土化行动。观念、学术研究领域和学术思想都带鲜明的全球性。市场、信息和财产是知识体系的用武之地。从时间意象来看，知识体系是进行时意义的知识变迁，永远走在人类实践的征途中。整合思维、分析方法和时空意象的综合作用形成信心。整合思维的有机统一，形成民族精神，包括变革精神、竞争精神和合作精神。分析方法的相互作用，产生民族文化传统，其由宗教精神、历史精神和人文精神组成。时空意象会促成一种“念兹在兹”的时代精神，超越观念、制度和利益的多重制约，促成社会创新，推动产业演化，实现财富创造，形成后现代意义上的公民志愿者文化，最终凝结成企业家精神。

信心的自然扩张，融化为智识。典型的智识是一种社会无意识，是一种“日用而不知”的知识。智识包括世界观、方法论，调查研究，跨学科研究和历史经验反思。智识的核心结构是社会选择，文化生产绝对离不开自由的沟通和交流。智识成为后现代文化发展基因，这也是智识内在的价值之所在。

综合来看，知识的意义昭示出知识是人类社会最天然的公共资源，知识的结构和过程则证实了知识是人类社会最显然的私有财产，这就是知识体系问题隐含的悖论，也是知识体系内在的元问题。这个问题恰似树木年轮，穿透人的心扉，会通人的灵犀，道出知识再生产的逻辑。

本章内容源自《探索与争鸣》，2020 年第 9 期。

第三部分

个人与社会

第九章　曲径通幽乃自由

当我坐在深圳皇岗口岸益田村居家的小阁楼里，用手在电脑键盘上敲出最后一章的最后一个字时，我的心并没有慢慢地平静下来，也没有感到丝毫的轻松。我的心情处于一种复杂交织的状态，经过稍加梳理，至少存在四种心境。

首先，我深深地意识到，波兰、匈牙利、捷克斯洛伐克三国非苏联模式思潮仅仅是 20 世纪非苏联模式思潮中露出于外的冰山一角，而要揭示出 20 世纪非苏联模式思潮的全貌，重要的是要挖掘出冰山之下的激流，这就有许多新的研究领域值得研究者去开拓，诸如欧洲共产主义对苏联模式的批判而形成的非苏联模式思潮、民主社会主义对苏联模式的批判而形成的非苏联模式思潮、比较经济体制研究对苏联模式的批判而形成的非苏联模式思潮、苏联国内对苏联模式的批判而形成的非苏联模式思潮等，它们性质不一定完全相同，但毕竟是 20 世纪人类认知和思想发展过程中沉淀下来的宝贵财富。

其次，我怀着无限感激之情，真诚地感谢我的硕士、博士导师黄宗良教授和北京大学国际关系学院张汉清教授、曹长盛教授、林勋健教授、叶自成教授，是他们点燃了我内心从事科学研究工作的理想之火。

1986 年，迫于“哪里来到哪里去”的原则，我伤心地从现代文明的国际性大都市上海回到了稍微逊色的长江上游的大都市重庆，在绿树成荫的、山水交织的、日月相映的西南师范大学（2005 年 7 月 17 日同西南农业大学合并组建西南大学）与“无所事事的生活”进行抗争，等待“工作五年才能离校”规定的最后时刻的来临。我抱着学术的尊严，走进了碧瓦红门、湖光塔影、林木丛茂、水光天色、交相辉映的北京大学校园。在北京大学的 6 年里，黄宗良教授、张汉清教授、曹长盛教授、林勋健教授、叶自成教授，不仅传授给我专业理论，还潜移默化地塑造了我的治学精神，把我引进神圣的科学殿堂，了解学术规范，品味学术生活的酸甜苦辣，体验学术生活中攀登险峰的喜悦和跌入低谷的忧伤，顺利地完成我的研究生阶段的学习和论文写作，更重要的是我的成长凝聚着他们的无限心血，他们给了我智慧的激励，培养了我理性冒险的能力，使我在这个殿堂中终身受益。特别是导师黄宗良教授哲学式的语言风格，清新的逻辑思维，令我终生敬仰；他对我的谆谆教诲和无微不至的关怀，我必将铭记于心，使它成为我积极人生的动力。

一句话，他们是经常成为我智慧源泉的人。

再次，我清醒地认识到社会对我的厚爱，但我也确确实实地感受到社会之大和世间亲情真诚之间的不可替代的关系，世人之爱的博大虽是无边的，但它难以有世间亲情的真切之感。我的成长、我的学业、我的事业、我的人生，离不开我生命源泉的"父母之家"和我同我妻子二人共同经营的"小家"。我每时每刻都感谢我的父母，是他们养育了我；我还感谢我的兄弟姐妹，是他们帮助了我；我更需要感谢我的妻子，是她鼓励和支持了我。

最后，我在北京大学度过了 6 年的光阴，这 6 年似乎是可以用时间来计算的，但又确实是不能用时间来衡量的，这是在我生命流程中永不消逝的"6 年"，是将与我生命终身为伴的"6 年"。北京大学"6 年"培养了我钻研学问的"勤奋"精神，使我领会了创造性学术研究中的"艰难"。"勤奋"和"艰难"是我 1997 年 7 月 11 日离开母校所"得到"和"带走"的精神资产。

在北京大学的日子虽不说是有日月如梭之感，但太快是有所体味，更为痛心的是我很快陷入无权逃避而必须面对的选择问题，这就是要勇于承担生存无奈的压力还不能放弃学术理想的激情。这种选择是一种"没有选择的选择"，即使在当时社会已经大大开放的情况下要做出一个相当令人满意的选择也是十分困难的。为了解开这种选择困境之结和消解远离母校的痛苦之感，我徘徊在北京大学灵气氤氲的未名湖边，极力发掘一种深层的价值，寻找一根自我安慰的精神支柱，"高薪养神"很自然地成了我追寻到的精神安慰剂。它总是抚摸我痛苦的心灵。

我带着这种精神安慰剂，告别了那充满自由主义传统的北京大学，来到了深圳大学管理学院，但北京大学留给我的自由情节常常显现于外。一个唯有进取而缺少自由的生存环境，对于社会是不利的，特别是对于社会中孤独的生命个体是不友善的。我内心的深处希望每一个人都生活在一个自由而富有进取精神的环境之中，特别是成为这种环境中的自由因子，并由衷地期望这种有助于创造知识的土壤成为一种不可缺少的传统深入中国社会日常生活的民主之中，一直留存到永远、永远……

母校北京大学的自由传统在内心深处永远地激励着我，但这些年来我灵魂的深处也有愧对母校之感。我忙于知识转型，还出于对生存的无奈，穿梭在教室与教室之间，进行不同层次的教学工作，在一定的意义上有对科研重视不够之嫌。幸运的是，我开始认识到这一点，这可能为时不晚，或许还是人生的新动力。

2003 年 8 月于深圳益田村 111 栋 24D 新晴阁。

本章内容源自《非苏联模式思潮研究——以波匈捷三国为例》的“后记”，人民出版社，2004 年 5 月。

附：

北京大学国际关系学院黄宗良教授为我博士论文出版所写的书评，这是我的第一部学术著作。

《非苏联模式思潮研究——以波匈捷三国为例》书评

反法西斯战争结束以后，波兰、匈牙利、捷克斯洛伐克三个人民民主国家都面临着“在适合于各国的情况下通向社会主义的道路问题”。三国的改革领导者、经济学家对这个问题进行了有益的理论探索，形成一股有深远影响的非苏联模式社会主义思潮。它们是当代社会主义思想发展史上值得高度关注的现象。

研究东欧非苏联模式思潮是研究东欧国家社会主义制度演变的一个极为重要的方面。人民出版社出版了杨龙芳同志的专著《非苏联模式思潮研究——以波匈捷三国为例》，著作以波兰、匈牙利、捷克斯洛伐克三国非苏联模式思潮为题，从其起因、发展到独成理论体系，从经济理论到政治理论，到历史文化根源，依据丰富翔实的资料，进行了较为系统和深入的分析。

著作描绘了三国非苏联模式思潮演变的历史轨迹。作为 20 世纪一股重要的社会思潮，它有自己独立的发展过程，具体体现为三国“改革经济学家或领导者的思想变迁及其所关注问题的变化”。这股思潮萌芽于反法西斯战争及其结束后不太长的历史时期，它主要表现为各国独自走向社会主义道路的理论构想。20 世纪 50 年代中期，这股思潮发展到一个新的阶段，同三国政治经济体制改革密切相关，逐渐演变成社会主义改革理论思潮。到 20 世纪 80 年代初，三国非苏联模式思潮进入一个关键的时期，这几乎是一个理论的重构时期，带有鲜明的理论反思性，也带有理论质变性。但质变因素远远大于反思的因素，这股思潮的主流迅速转向社会民主主义和新自由主义。

在阐述三国非苏联模式思潮演变的历史轨迹后，著作特别重视三国的政治家、改革理论家“立足现代工业文明基础上”所提出的反映了社会主义建设中最普遍的具有规律性的理论。著作的第二章主要评述经济理论。从狭窄意义而言，波、匈、捷三国非苏联模式思潮主要是经济思潮，它是由生产资料社会所有制与私有制的关系理论、计划经济与市场经济的关系理论、收入分配理论、经济模式划分和选择的理论构成的。这些理论展示出一种不同于苏联模式社会主义的经济形式。作者认为，三国关于所有制结构的多元化，国家所有制变革形式，恢复计划的指导性和预测性，提出商品市场经济理论，论证计划与市场相结合，注重效率原则，强化市场取向等理论，构建了一个以计划和市场相结合为核心的不同于苏联模式的社会主义经济形式。作者认为否认国有制的社会主义性质，忽视私有制和市场机制的消极作用等观点是片面的，但不能不承认市场在现代经济社会建构中的基本地位。第三章重点考察非苏联模式思潮的政治理论，这是非苏联模式思潮的重要组成部分。同经济理论相比，三国非苏联模式政治理论有它的特点：党内改革领导者的理论观点同经济学家的政治理论观点有较大差别；非苏联模式政治理论隐含在经济理论之中，而不像经济理论那样构成完善的理论体系。作者主要探讨了这些政治改革家、理论家有关国家，政党制度，社会主义民主和自治，党、国家和社会之间的关系等四个有关政治体制和政治制度的理论观点。这些理论和构想，构成了一种不同于苏联模式社会主义政治体制的新形式。作者认为，三国关于完善党内民主，转换国家职能，强化民主和自治，实现党、国家和社会分权，勾画了一个以民主和自治为中心的非苏联模式的政治形式。作者指出，这种思潮把共产党的领导等同于官僚垄断、极权主义、专制独裁的观点是错误的，但也不能把政党制度选择，机械地同历史、国情联系起来。实际上，政党制度是一个变化的动态发展过程。

著作对波、匈、捷三国非苏联模式思潮的历史文化根源进行了分析。这一社会思潮不是某个短暂时期的、单一因素作用的产物，而是各种历史因素综合作用的结果。作者分析了伴随波、匈、捷三国非苏联模式思潮生长的“根源”。在这些根源中，作者强调这一思潮无疑受到西方资本主义政治经济发展态势、资产阶级意识形态强烈而持久的影响，特别是在非苏联模式思潮最后阶段发生质变过程中受到影响。但为了从更深层次思考非苏联模式思潮为什么在波、匈、捷三国发生、发展，并在“剧变”中起了不可忽视的作用，作者把主要精力和分析重点放在对三国非苏联模式思潮有着直接影响的国内根源上。作者主要从三国同西方文化的渊源关系、民族主义传统和民主社会主义影响三个方面来研究其国内根源。作者指出，三国文化同西方文化的内在一体化关系、民族主义传统和民主社会主义影响是排斥苏联模式的三个基本因素。

著作最后从非苏联模式思潮的实质、特色和中欧道路等多层面对非苏联模式思潮做了基本评价。作者把三国在批判苏联模式中发展起来的社会思潮区分为具有科学社会主义倾向、具有民主社会主义倾向和具有自由主义倾向的三大流派，进而指出三国非苏联模式思潮的理论旨意、基本特征，总结了非苏联模式思潮的经验教训，并论述了非苏联模式思潮理论的贡献和局限。作者认为，波、匈、捷三国非苏联模式社会主义思潮，既是一种不同于苏联模式社会主义的新社会主义，也是一种不同于传统社会主义意义上的“现代社会主义”。波、匈、捷改革领导者、改革经济学家在世界社会主义思想史上起着理论“拓荒者”的作用，他们的理论探索具有创新性、反思性和多倾向性三个鲜明的特色。作者还指出，波、匈、捷三国非苏联模式思潮为社会主义理论创新提供了三条基本的经验教训。这就是正确对待和处理社会主义改革发展过程中学术观点的极端性、多样性与折中性，增强社会主义改革意识的科学性和理论共识；充分认识教条主义的危害，正确处理理论发展过程中改革领导者和改革经济学家之间的关系，保证党的理论思维的开放性和丰富的人才资源；正确处理社会主义理论创新过程中社会的理论需要，将社会主义理论具体化为行之有效的社会公共政策。作者还结合波、匈、捷三国剧变及其剧变后的社会转型的历史进程，考察思想社会体制三者之间的关系，进一步分析非苏联模式思潮对这些国家剧变后的社会转型独有的“中欧道路”的历史影响。作者指出，波、捷、匈、斯洛伐克剧变后转型的“中欧道路”的实质就是建立一个面向市场导向的生产体制、平衡的经济结构、融入欧洲和世界的全球化经济以及多党民主政治。“中欧道路”的关键问题是如何建立一个立足于多样性基础上的社会经济政治体制。这个问题同非苏联模式思潮的主题惊人地相似，但其理论的重点是不同的。非苏联模式思潮强调的是国情、民族特色、传统因素，而关注的是普遍性、多样性和当代因素。

选自黄宗良《〈非苏联模式思潮研究〉介绍》。中华人民共和国教育部主管、山东大学当代社会主义研究所主办《当代世界社会主义问题》，2005 年第 2 期第 98—99 页。

第十章　青年人的自我管理

这篇小小文章的文思总算是从笔尖上开始流动了，这不仅直接关系到3个女孩子的成长，还涉及下一代的成长，更触及一个根本的问题，这就是“人的成长”。人的成长靠什么呢？或者说人心灵的成长的动力是什么？这就是这篇小小文章中始终思考的主题。

一般说来，人的成长就是人的变化。这仅仅是在一般意义上言说的。在谈论人的变化时，人们总是习惯于谈论人的意义、人的使命、人的责任、人的目的、人的决策、人的兴趣。关于这些主题呈现出的看法、观点和思想似乎有高度的一致性，人们似乎早就达成了某种共识，甚至好像流芳百世了。但细而观察之，这实际上是一种自我欺骗的幻觉。这就不得不深入到这些看法、观点和思想话语世界背后隐含的思维世界，对这个隐含的思维世界的揭示会剥离出其内在的前提，进而构建近似于现实的新前提或者新假设，最后对人的成长的心灵结构进行透视和剖析。

深而思之，有关人的成长话题有两种不同的话语体系。一种是所谓的教养话语体系，可称之“关于人生有常的话语体系”；另一种是有效性话语体系，可名之为“关于人生无常的话语体系”。这两种话语体系同时存在，并相互交织。在这种交织中，谎言、谬误、真理、启示共存，实在难以分离。万分幸运的是，每个人都是体验意义上的人、观察意义上的人、经验意义上的人，任何话语都存在可被人证实的一面。从人的自证自明性来说，这两种话语中必有某些可验证的看法、观点和思想，这足以成为构建有关人的成长的新话语的新前提。

一、必要的前提

关于人生有常的话语体系，集中体现为教养论话语体系。教养论话语体系有其基本的研究方法，这就是分类法。可以说司马迁以人物传记为中心的史学体系就是这种研究方法的典型。这种分析方法将现实中某个个体生命夸大为某种类型，进而将某个个体生命的个性因素夸大为人性因素，并以此为教育的基点，进而建构人的行为规范。这种方法在本质上是一种本体论的泛化，表现为过分抽象，或过分概括，它就难免有概括之谬，或归纳之谬，进而滋生出理性之谬。在这种方法之上形成的一种话语体系是一种宏大的话语体系。

基于类型方法的话语体系总是夸大“人的兴趣”（特别是人的乐趣），并以此为人之分类的标准，集中体现为将兴趣同“理想”联系在一起。这就是说人的兴趣就是人的本身。事实上，兴趣在人的个体生命之中是最具变化性、不可持续性，最易流逝的因素。这意味着兴趣是人生命意义中最不具有可验证性的因素。人们之所以夸大人的兴趣，最为根本的原因在于对个体生命的死亡持绝对虚无主义的态度。除了这个根本原因外，还有一个原因就是否定“人生活中的审美因素”。生活绝对是个体生命不可否认的重要因素，但它难以证实个体生命内在的超越性及其超越精神。否定“人生活中的审美因素”的结果或是将人限定为一种生物意义上的人，或是得出人就是玩物、人生来就是为了享受的结论。这在个体生命中都是经不起验证的。作为人的分类标准，兴趣泛化本质就是自我正当的泛化。这是观念上的圣化主义和制度上的皇权主义的终极根源。

基于夸大兴趣的浪漫主义，这种宏大话语体系极力美化被称为“教养”或“素养”的文化因素，也就是无限美化“知识”“智慧”“想象力”。从人类历史来看，前现代历史主要美化的是“智慧”，现代和后现代历史主要美化的是“知识”。沿着这条路径，这种宏大的话语体系将这些文化因素附加到个体的人之上，导致将活生生的个人看成是神、天才、伟人、英雄、能人，实现了个体生命的神化和圣化。这是类型分析最明显、最典型的错误。这种宏大叙事衍生出来的是关于神、天才、伟人、英雄的神话。这种神化和圣化潜藏着不同形态的意识形态基因。

这种宏大话语体系还表现为一种教育万能论，认为教育是人类问题的一种总解决。这种总解决往往表现为各种形态的意识体系。它将个人的成长特别是后来人的成长笼罩在布满了“有师阴魂”的天空之下，出现不同版本的“教师神话”。“学高为师，身正为范”“一日为师，终身为父”“天地君亲师”“能者为师”“一字师”“万世师”等都是这种“有师阴魂”的描述。正是这种“师者迷信”，这种神话般的话语体系标榜自己找到了人不变化的一面，即“有常之面”，也就是人们所说的“人生有常”。这直接带来了人在行为上的消极、被动和沉重的幻灭感。

以兴趣为基准，以教养为核心和教育万能的宏观话语体系是一种关于人的成长的宏大叙事，它存在是有其合理性的，至少警示并有助于人们探索一种关于人的成长的可体验的、可验证性话语体系。

除了关于人生有常的话语体系之外，可能还存在另外一种关于人生无常的话语体系，我们姑且称之为效用论话语体系，它是一种较为具体化的话语体系。

效用论话语体系建立在模型分析基础之上，它不是对个体的整体夸大，而是立足于对个体生命中极端现象的真切观察之上，具体分析人的真性情，并对人的心灵习性进行透视。这种分析方法在本质上是存在论，是具体的、描述性的。

效用论话语体系承认个体生命存在的根本意义。也就是说生存是人存在的第一法则。生存之所以重要在于它对个体生命的积极承认。人绝对需要勇敢地面对死亡这个根本事实，从“向死而生”转向“向善而生”。人活着至少是要做到“好死不如赖活”。这是人存在的基点，所有关于人类美好的故事都可验证这一点。从第一法则出发，人的工作在人的生存意义上有首要性的、绝对性的重要意义。工作嵌入生活之中，并将生活中的审美因素纳入工作之中。正是在这种嵌入和纳入互动过程中，兴趣成为其中最美丽的昙花，往往是瞬间消逝。

在这种话语体系里，所谓的“有效性”，是由“效能”和“效率”构成的良性循环。“效能”就是“做正确的事”，“效率”就是“正确地做事”，“创新”就是绝不做重复的事。用中国话来说，“有效性”就是“善行”。这是这种话语体系精华之所在。基于这一点，有效性的话语体系所观察到的人绝不是神、天才、伟人、英雄或能人，活生生的人就是平凡人、普通人、专业人、先精而后博的人，都是小人物。这些人是比较优势意义上的人，他们是长处和短处兼而有之的人。

有效性的话语体系承认人的学习能力的重要。它认为有效性是人人可以学习，人人可以训练的，这是一种无师自通的现象。这是一条“无师之道”。这就显示出“人的变化”中的“无常之面”，也就是人们常说的“人生无常”。

这就打开了通向人的主体性的入口。人是可学习的、可体验的、可感觉的，也就是说人会感到真理是存在的、正义是存在的、美德是有生命的。真正的美德就是敬畏无知。人的成长，不仅是一个不断演化的过程，也是一个不断超越发展的过程。也就是说，人的成长归根结底是心灵的成长。

两种谈论人的变化的话语体系都有存在的合理性。但从心灵成长的角度来说，精细释义路径远比宏大释义路径更为重要。展开来说，可能存在 3 个有共识性的结论。

第一，“生存”远比“兴趣”更重要。也就是说，生存总是抗争并优化命运。

第二，“有效性”远比“教养”更重要。也就是说“效能和效率”优先于“知识、技能和智慧”。因为“有效性”就是禅宗所说的“去智成真”，也就是人们常说的“梦想成真”“心想事成”。这些都表明“有效性”能将“知识”“技能”“智慧”“想象力”转化为“人的成就”。

第三，“学习”远比“教育”更重要。也就是说“自学”远比“传授”更重要。

这 3 个共识性的结论，可归结为一个根本的命题。这就是“心灵习性”、就是“有效性”。“心灵习性”的成长是人成长的核心，也是“有效性”的展现。也就是说“心灵习性”是“本质”，“有效性”是“实质”。用隐喻来说，也许会说得透彻些，“心灵习性”像“种子”，有效性像“果实”。

心灵成长是人成长的出发点，也是人成长的归宿。说白了，心灵的成长是真正的人的生存。心灵的成长就是让人更好地生存。一旦明白这一点，就会深深地认识到“心灵习性”是“心灵成长”的关键。“心灵习性”是人的本质，是人的一致性，它是由自觉、自省、自尊、自信、自见等构成的一个可组合变化的复杂结构。这就要求对“心灵习性”有一个剖析，并做一个结构分析，“心灵习性”是心灵成长的基本要素，也是心灵成长的基本过程，还包含心灵训练的基本操作步骤。这就是青年人的自我管理。

在谈到心灵习性时，对于一个青年人来，最为重要的不是谈兴趣，而是以生存为中心，不断自问一个根本的问题：“为了我自己更好地生存，我内心的根本动力在哪里？”这绝对不是一个兴趣或爱好的问题！

二、自觉的极限

首先从自觉说起。

当今中国社会有个怪现象，就是在体制选择上，计划成为一个不好的词，但在人的成长上，计划是一个极为正面的词，似乎等于人生的全部。人生规划在大学几乎成为一种教义，似乎成为当代青年人的思想迷信。这种“有常”意义上的“计划”绝不是我在这里要表述的“自知”。本文所言的“自知”是“有常”意义上的“计划”的天敌。

这里的“自觉”不是苏格拉底说的“认识你自己”，也不是司马迁所言的“通天人之际”，而是孔子所说的“人贵有自知之明”。这里的“自觉”是在自知的极限意义上使用，它表明人的自知是有发展的最大可能性，也表明人的自知不可能达到最高水平，也没有最高水平。自觉是一种敬畏无知的美德。也就是说“自觉”是“后知觉后觉”，或许是“后知后觉”，绝不可能是“先知先觉”。这种意义上的“自觉”的前提是承认“人总是活在无知之中”。这是人成长过程中的基本生存困境。这在人与时间的竞相关系中表现得最为明白。

人的认知难以像苏格拉底那样以认识自己为导向，也难以像哈贝马斯所说的以兴趣为导向，很可能是以时间为导向，准确地说是以生存为导向。

生存在时间中的人，时间对于人来说，是难以记忆的，也是最难把握的，甚至可以说是最难以感觉到的。面对外在的时间困境，时间资源是每个个体生命必须面对的现实难题，或者说是一个人有所成就的“硬约束”。时间是一种最稀缺的资源，具有根本不可替代的属性，不可租用，不可买卖。因此，对于人来说，时间就是一种最无感觉的东西，它对人来说就是一种无奈、一种诅咒、一种浪费。请注意刚才从笔尖上冒出来的这句话，正是这种意义，人是难以全面认识自己的，但人是可以认识自己的时间的。

一旦有这个认识，我们有可能触及人的心灵习性的第一个问题，也就是认识时间的问题，这个问题就是通向有效性的心灵曲径。或者说是通向有效性的心灵入口，这样说，可能更准确些，更有意义些。如何安排时间应是青年人生存的原点的焦点之所在。

认识自己的时间是有效性的基础。第一个学习和养成的心灵习性就是认识时间。认识自己的时间活动始于记录自己利用时间的情况，这个记录可叫“时间实录”。这是任何人只要肯做就可以做到的事。了解了自己利用时间的实际情况后，人就有可能获得一种根本意义上的现实感。这是人心灵成长的原点。这是精神成长的飞地。这是通向人生的出发地。

有了这样一个基于时间实录的现实感，就会找到自己有必要做的事，在很大意义上就等于找到了自由人的活路，也就是找到了人的基本归宿。

第一，找到根本不必要做的事，并从心灵的深处放弃这些无意义的事。

第二，找到别人能替代的事，这一点对于青年人来说极为重要。这涉及青年人之间的差异，这涉及青年人的本色。也就是说一个有活力的青年人是一个同他人相比较而存在的青年人，绝不可能是一个随大溜的青年人。只有这样，这个青年人才有可能是一个有生命意义的青年人、一个活出了自己的青年人、一个有独立人格的青年人，是人世间一个独一无二的人。

第三，寻找他人影响自己的时间。在这一点上，家长、社团法人代表、教师和学校管理者往往是影响青年人时间的主要因素。

找到了影响时间的事，还得清除影响时间的活动。这些活动是组织管理不良、人数众多和信息系统失灵等因素造成的时间。

这三点对当代中国的青年人来说相当重要。原因在于中国高校的管理水平有待提升，青年人的合理规范意识较淡薄，易产生随大溜的行为，人数众多又强化了这种随大溜趋势。极需要重视的这种随大溜的习性往往以世界潮流或社会发展趋势的名义自我正当化和合理化。

消除了浪费的时间等于腾出了时间，这就意味着时间还可以聚集和整合，也就是说将零星的时间整合成整块的时间，时间成为一个集成物。充分利用这种集成的时间于自己人生归宿的终极意义之上，这就是人生命的启程，这就是青年人成长的开端，这就是生存优化的开始，这就是人生的自由意义。在这里，青年人更应该思考自己生命的归宿的终极意义是什么。说得更有感觉些，这个不断的自问是："自己的大学母校当初为什么录取了我？"思考这样一个正面的追问，一个青年人很可能就找到人生归宿的终极意义。这可能就是人们常说的"初心"。"不忘初心，方得始终。"

认识时间意义上的"自知"是"心灵习性"的"出发地"。在这片出发地上，人可以成为一个有技术的人，人可以成为一个有专长的人，人可以成为一个有组织的人。特别是人可以成为一个精于专业的人，这可以说是青年人心灵成长中最有活力的因素。在这片出发地上，人的工作很可能是机械性的工作，工作中的人总是逃避现实，崇尚问题总会解决（人们所言的"意识形态"），特别重视"方法"（人们常说的"术"），信仰成功神话（人们所信奉的"成则为王，败则为寇"或"以成败论英雄"的英雄主义），这些不良现象很可能是青年人心灵成长中隐含的退化基因。成功神话最容易转化为社会态度，演化为一种极为严重的历史后果，“落草为寇”所产生的社会恶习，潜伏为一种极为深远的历史影响，这是中国社会发展大历史过程中出现周期性恶性循环的根本原因所在。在今天，我们更要重视“成王败寇”思想的深远的历史影响。信仰成功神话会给青年人的成长带来极为严重的恶果，“落草为寇”也会对青年人的身心健康造成极为恶劣的消极影响。这说明青年人的心灵习性的成长潜伏着脆弱的、有缺陷的历史面，这也说明青年人的心灵习性的成长是极易夭折的。

人在认知时间的过程中，一个青年人最为重要的就是寻找“最短的整合时间”，并思考如何用“最短的整合时间”来做最有意义、最有价值的事，这就是面对或走进社会的青年人不得不思考的大问题。

三、自省的天空

自觉同时间间隙相关，说明人就是时间中的人。自省同空间相关，意味着人是空间中的人。人与空间之间的联系并不是一种内在与外在的关系，即心灵不是一种内在之物，空间也不是外在环境因素集成的总称。用禅宗所言来说，人与空间的联系是一种“境由心生”，也就是说心灵是环境的土壤。维克多·雨果在《悲惨世界》一书中指出“胸怀”是“心灵世界”的形象表达。他说得太直白了：“世界上最宽阔的是海洋，比海洋更宽阔的是天空，比天空更宽阔的是人的胸怀。”

人类历史上一直流行一种天赋管理的观念，这是值得高度警惕的。这种观念将“心”绝对化，对人类的社会学、政治学产生了极为深远的历史影响，形成绝对的美德伦理主义、权责对等的职权主义和非理性主义。这些主义在当今社会主要表现为勤劳观念、权力镜像、美德观念和服务至上等思想时尚。“心”绝对化必然会带来对“眼”的消解，进而造成个人的盲动、官本主义和奴化现象，最终影响到青年人的世界观的养成和社会的开放发展。“心”绝对化必然消解“眼”的“天窗”意义。人们常说：“眼睛是心灵的窗户。”但现实中的人极为容易关闭作为“心灵窗户”的“眼睛”。基于“心”绝对化观念的管理观念，管理就是非理性的观念，谈不上承诺，谈不上责任，也谈不上管理制度。

人类一直对天赋管理观念视而不见，并没有从思想上进行深刻的理论批判，这是一个值得深思的思想现象。但这也没有妨碍新思考的形成。面对这个难题，人的自省问题越来越成为人的心灵习性的重要问题。如果说自觉是一个正向问题，那么自省就是一个反向问题。也就是说自觉是睁眼看世界，自省就是通过他人之眼、他乡之眼和世界之眼观看自己。在这种反向之看中看自己，我们就不得不经常自问一个总体性的问题：“我能做什么贡献？”这就是说自省问题是一个明显的形式问题，也就是说自省问题是一个极为典型的形而上学的问题。这个问题对青年人来说更为重要。因为它公开挑战的是天赋管理之说。

自省应直面“贡献”。在这里，“贡献”是一种心灵成长过程中呈现出来的超越精神。这些超越精神包括从机械性工作到分析性工作，从技术到观念，从方法到学理，从专长到协作，从圈子中的人到公共意义上的人，从问题解决到问题发现，从效率到成果，从成功到目标和成果等的超越。集中到一点，这就是从成功到成就。在人的成长中，只有成就没有成功。成功有终结之物，也就是说成功是人生的坟墓。这就是人们常说的“成功陷阱现象”。成就也称为成果，是一种没有终结的现象，它会产生无限的影响。

正是在这种成就的无限延伸之中，贡献精神将人同“工作”“人际关系”“信息”联系起来。

基于人与工作的关系来说，贡献精神和职业精神密切相关，两者统一于工作之中。贡献精神是一种嵌入工作之中的职业精神。一旦一个人不断地追问：“我能做什么贡献？”他就会找到工作中的职业精神，并以工作关系为原点，不断增强对自己、他人、组织、社会和世界的“责任”。这种责任有一个从小到大的递进增长过程，即从挖掘“潜在的贡献”到寻找工作中的远大目标。人都有“王婆卖瓜自卖自夸”的致命弱点，往往过高估计自己的成绩，从而遮掩“潜在的贡献”。所以挖掘“工作中尚未发挥的潜力”是一件极为有意义的事情。以此为基点寻找远大目标，将自己置于某一种组织之中，并延续组织的生命。组织目标从绩效意义上来说是一个由直接成果、价值承诺和未来发展三大因素组合而成的结构。在寻找远大目标的过程中，一个人应对组织的直接成果做贡献，对组织的价值观做贡献，还要对组织未来的人力资源做贡献。特别需要指出的是，一个青年人能重视贡献是一个青年人能力发展的最大动力。因为人可以随外加的要求不断调整自己。总而言之，对贡献的承诺就是对有效性的承诺。正是在这种互动的承诺过程中，责任找到了生长的起点，人与人之间滋生出一种不可或缺的共生关系，形成了命运共同体。

一个重视贡献的人必定是一个有所作为的人、一个不断向自己提出新挑战的人、一个会看到需要改变努力方向的人。用《道德经》的话来说，“胜人者有力，自胜者强”。一个重视贡献的青年人说到底就是一个能战胜自己的人。

一个受过良好教育并有一定自学经验的现代青年人应该是一个极其重视贡献的人。人们通常认为，一个受过大学训练的人是一位专业人员。这种说法可能并不准确，也不可能对青年人具有指导意义。一个受过大学训练的人只不过是一个从“先精”转向“后博”过程中的人。这种过渡性理应引起青年人的高度重视。所谓“先精”，其实就是专长。这意味着一个青年人只有当自己掌握了某种专门知识时，他或她才有某种专长，这才保证其在后来的工作中卓有成效。但仅有“先精”还不够，还需“后博”。这是因为所谓专长本身就是片面的、孤立的。一个青年人不得不克服专长本身固有的缺点。这就是提出“后博”的必要性，但“后博”指的并不是“通才”，更不是人们常说的“复合型人才”。事实上，所谓的“通才”仍应该是一位专家，只不过是一位能将其所专的一个小领域与其他广大知识领域联系起来的专家。用今天流行的网络语言来说，“通才”可能是一些“跨界人士”而已。

今天社会组织的基础结构正在转向知识型组织，社会也正在转向知识型社会，青年人更需要认识到知识之间的联系，特别是在工作之间的联系，“价值链”“供应链”“经济链”等术语反映的就是这种深层的联系。因此，青年人面对越高的知识机动性，越需要成为一个有明显的“先精”而“后博”的人。当代大学生应高度注意“先精”与“后博”的关系，并增强两者之间机动性。基于经验来说，“精”是“博”的必要条件和基础，“博”是“精”的充分条件和延伸。这说明“先精”远比“后博”更重要。一个当代青年人特别是将进入社会的青年人更应重视这种重要性。但事实证明，青年人往往根本就没有意识到这种重要性。原因在于人本身有傲慢自大，或者说偏执的不良习气，而技能和专长不仅没有消除这种不良习气，反而随着知识之间整合的加强，这种习气往往还得到人为的强化和固化。这就极大地妨碍了技能、知识在工作过程中流动。

当代青年人应将贡献精神带进寻找工作的过程之中，加强工作过程中相关学科的知识联系，进而减少和消除傲慢自大和偏执的不良习气，这种习气会毁灭知识，也会损害知识的效用。特别需要指出的是，一个受过大学训练的人必须成为一个由“先精”向“后博”过渡的人，一个“先精”远比“后博”更重要的专业人。

来源于自省的贡献精神，不仅会渗透到工作之中，也会渗透到人际关系之中。在人际关系的无限延伸之中，沟通、制度和治理结构自然地演化出来了。

出自“我能做什么贡献”的自省之问，有助于形成上下级之间双向互动的有效沟通，也就是说上下级之间有相同的贡献期望，有相应的工作检讨制度，有权利和责任明晰的治理结构。

出自“我能做什么贡献”的自省之问，有助于横向的沟通，并促进团队合作。过分依赖他人是人的弱点，这意味着建立团队是相当困难的。认识到这一点对于知识型组织来说极为重要。在这种组织中，各路英雄不问出处，贵在自动自发地合作，贵在能依循情势的逻辑和任务的需要，而非仅依赖正式的组织结构。当代青年人进入的组织主要是知识型组织，在组织形态和人事管理上，他们属于某一专业职能部门，但在实际工作时，他们必须是某个团队中一位负责任的成员。他们的团队由全然不同领域的知识工作者组成，以当时的任务为中心。他们各自拥有对自己的工作负责的自主决策权利。这意味着青年人必须强化自己的专业优势。

出自“我能做什么贡献”的自省之问，有助于个人自我发展。一般说来，人都是根据自己设定的目标和要求成长起来的，当代青年人更是如此，他们自己认为应有怎样的成就，就会有怎样的成长。人类历史的经验也表明，青年人对于自己要求是否严格，导致最终的成长往往有很大的差别。

出自“我能做什么贡献”的自省之问，自我会得到良好的发展，不同自我之间的发展也就会实现良性循环。特别需要指出的是，不同自我之间的发展滋生出一种可名为“相互启示”的因素，这些“相互启示”进而演化为“标准需求”，这些“标准需求”最终成为“制度规范”。

正是基于贡献精神，人的自省将人同工作、人际关系联系起来了。在工作关系与人际关系相互比较的情况下，工作关系远比人际关系更基础。这是良好人际关系的根本之所在。所谓良好的人际关系的真义是正确良好的人际关系必定以富有成效的工作关系为前提。用洛克菲勒给儿子的第 23 封信中讨论合作精神的话来说，“宁要工作之上的友谊，勿要友谊之上的工作”。这在以工作或任务为主的环境下极为重要。

正是基于贡献精神，人的自省还将人同信息联系起来了。这一点对于青年人来说易于理解，这里就不展开来说了。

无论是工作、人际关系和信息，还是共同体、制度和治理，都是人的自省这种心灵习性的自然演化。它像沃土一样，期待着优良的种子，而人的长处就是沃土所希望的优良种子。

四、自尊的强音

人总是生存于人世之间的人。人与人之间的联系是一种相互竞争的联系，不仅涉及人的任务和人的责任，还涉及权力、利益，更涉及人的基本定位和社会风险。正是这种复杂性，说明自尊是一个行为态度问题。也就是说，对人要有一个基本的认识。

正如我们前面已经提到的，人们并没有从思想上对天赋管理思想进行过理论上的清算，这也影响到对这个问题的态度。长期以来，人被想象成“天才”和“完美的人”，这种观念是极其不正确的，也没有验证的可能性。这种观念在现代社会心理学的新浪漫主义流派的“成熟个性说”包装之下大行其道。这种浪漫主义学说的存在同人类历史上的宗教批判的不彻底有着深远的历史联系。这就是说，这种浪漫主义学说在人类思想演化意义上隐含神学论证，默默地认同“上帝”观念。近代启蒙运动的宗教批判是有成就的，但神人二分论思维框架没有被根本动摇。人们总是借助于“上帝”来谈人，往往将“天才”和“完美的人”看成是“上帝”的折射。“天才”和“完美的人”的观念也有可能潜藏在古老军事话语“敌—我二分思想框架”之中，它们成为组织中上级美化或正当化自己的语言符号。多重语言困境，意味着人的认知存在严重的批判精神缺失，形成一个庞杂的关于人的思想逻辑。展开来说，这就是用人目的虚无化，选人用人有时投上级所好；用人标准全能，人近乎“上帝”；用人政策消极，择人近乎寻找天才；职位设计成常人几乎不可能胜任；资格要求锁定目标群体；职位安排、考评制度虚设；晋升人选锁定唯一特定个人化。这套思想逻辑以“本我”的形式深深地潜藏在人们的头脑之中。这套思想逻辑恶果绝不是独立存在的“因人择事陷阱”，而是“人的积弱宿命”“组织平庸宿命”“社会退化宿命”的恶性循环。这套思想逻辑的核心在于将职位设计和分配看成固定不变的东西。这一点是一个青年人在短期内难以理解的，这对青年人的自尊之心伤害极大，还对青年人的成长极为不利。

青年人往往看到的是社会职业之分，想到的却是职位的神话。不是在社会职业演化中寻找发展开拓生命空间，而是在职位神话中找寄托暂时的心安。这是当代青年人生存中一个致命的生存困境。用一个时髦的词来说，这就是“躺平”。

认识人世间的问题，就不得不谈尊严。也就是说，谈人就得面对尊严。谈用人就更需要谈尊严。人的尊严，既包括尊重自己，也包括尊重他人。这是看人、知人、识人、用人的基本态度。正是这种相互尊重决定了人与人之间存在相互有效性。

人与人之间存在相互有效性，也就是主体性，这是由“人类精神遗产”决定的。一位伟大的学者曾经谈到了这一点，任何伟大的天才同人类精神的总和相比都是不及格的。这对历史和现实中的天才论是毁灭性的打击。但这是一个很难理解的观点。为了增强这个观点的可验证性，用隐喻来表达是最好不过的方式了。“人类精神的总和”是“一口深深的螺纹锅”，“伟大的天才”就很可能是这口锅中会彻底熔化的“小米粒”。这就是说“人类精神遗产”决定了“天才”是不可能存在的。也就是说“人类精神遗产”是人与人之间存在相互有效性的必要条件。

人的本能是人与人之间存在有效性的充分条件。在这个意义上，人可能有一种本能，可以说是人最特殊的天赋，这很可能是人性中的精华。这就是人的卓越性。所谓人的卓越性，也就是人本能地会将其一切资源都用于某项活动、某个领域，期待取得某个方面的成就。人的卓越性通常只能表现在某一个方面，最多也只能表现在个别的方面。人的卓越性意味着人的杰出造诣是不对称的。这说明人的卓越性是人之所以具有有效性的充分条件。

基于人的卓越性的人是比较优势意义上的人。这意味着每个人都有优点和缺点，每个人都有长处和短处。正是在这种比较优势意义上，任何人都不可能是完人或天才，任何人就更不可能是“上帝”。正是在这种比较优势意义上，任何人都可能是犯错误的人，任何人都可能是做出杰出成就的人。这就是“常人的逻辑”。

“常人的逻辑”是人的使命、人的责任和人的角色三者的统一。人的使命将“我能做什么贡献”具体化为“我能做什么”，也就是将自省和自尊统一起来。人的责任将人的成败统一起来。人的角色就是将人的长处和绩效统一起来，即“挖掘人的长处”优先于“苛求人的绩效”。这从根本意义表达了人之为人的标准和原则。

人的长处是人与人之间联系的基本纽带。这是“常人的逻辑”明确表达的人之为人的基本规范，是人的贡献精神的直接延伸。进一步来说，重视人的长处意味着重视人的工作绩效，重视人的长处等于承认人的多样性。重视人的长处培养和兼容了人的宽容美德。

人与人之间的相互效用本质上是人的长处与长处的强强联合，是“常人的逻辑”的实践归宿。首先，“常人的逻辑”从自尊意义上昭示出人的主动性。其次，“常人的逻辑”证明了充分发挥每个人的长处会形成一种力量倍增效应。个人的长处与他人的长处强强联合是组织生长的自然因素。组织存在的唯一目的就是发挥人的长处。这就直接消除了用人双方的积弱效应，还增强了组织的活力。特别需要指出的是，“常人的逻辑”强调因事设人，但不拘束于因事设人，打破了职位设计和分配的僵化，摆脱了“因人设事的陷阱”。在“常人的逻辑”看来，职位应该是根据客观需要而设定，应该由任务而定，绝不应因人而定。这样的职位就是一个开放的良性循环系统。职位从设计、说明、择人、升迁等重要环节上充分保障了制度的活力。从设计来说，职位绝不能设计为常人无法胜任的职位，这就终结了天分和气质的标准和原则。从根本上来说，职位设计绝对要求较严和涵盖较宽，这就终结了职位锁定于目标群体的不良选择。从择人来说，职位绝对优先考察个人能力，这就终结了职位要求的形式化；从升迁来说，职位绝对以完成具体任务为硬道理，这就终结了能人的符号化。

总而言之，基于“常人的逻辑”是向人际、未来、个人和能力的深度开放，它会创造出长处、机会、团队和组织。

“常人的逻辑”对于当代青年人来说是极其重要的。青年人在通向社会之路上，往往被职位所迷惑，这是可以原谅的。青年人与职位之间的联系是青年人心中一个深层次的未知问题，也就是说青年人绝不能将自己和社会之间的联系看成是“一个萝卜”与“一个坑”的对号入座关系，而应看成一个无限探索的关系。在这个探索过程中，青年人应立足于自己是一个常人，按常人的逻辑，深度思考和发现自己的长处，不受目前职位上的人的光环所笼罩，紧紧盯住新变化中的新转向、新环境中的新气象和新需求中的新体验，挖掘自己能力的新的增长点，提升自己能力以达到完成具体任务的新成就。

在这里，最需要特别指出的是，当代社会是一个极有张力的社会，是一个有一定理性预期的社会。今天的青年人极为幸运，有可能找到最适合自己的工作领域，而不必迁就工作，更不太可能找不到工作。但工作和个人之间的联系是极为精细的信息联系，青年人不一定就能得到有关自己和有关工作机会的信息，这是青年人的根本生存困境。“萧红的悲剧”是20世纪的痛苦，逃婚到北京，找不到工作最后还得回到那个伤心的地方。当今的青年人不一定会重复“萧红的悲剧”，但不能逃避“萧红的痛苦”。当今的青年人千万不要将工作看成是兴趣的聚集地，而要看成生存抗争的主战场。这才是生命的本来意义。当今社会，每门学问都有广阔的天地，多种多样的组织最急需的是学有专精的人才。这就为青年人的生命本来意义提出了根本的要求，现代的青年人必须将“专精”看成“一本无字的大天书”，它意味着青年人有朝一日有可能写出“一篇有关自己的大文章”。

为此，我还得集中谈谈当代青年人如何自用其才。

青年人要从自己的长处出发，这是自尊最基本的要义，这也是一个青年人所认识到的年轻人的根本特征，这是充分发挥自己长处的根基。

我经常思考一个问题：何谓青年人？在我心中，所谓青年人，有可能是最不具有确定性的人。青年人往往自称很了解自己不能做什么，经常在无限委屈中浪费时间和精力。这是可以理解的。但青年人往往过多地关心自己所面临挑战的局限性，过高地估计自己改变环境的能力。这种认知上的悖论往往使青年人成为一个盲动的人，也就是说有勇无谋的人，还有可能成为一个有惰性的人，也就是一个逃避责任的人。“别人不让我干”最终成为青年人的“口头禅”。这是我绝对不想看到的青年人。因为这是一种告别了自由的青年人。

在我心中还有另一种青年人。在我心中，所谓的另外一种青年人，即最具有演化性的人。也就是说有一种青年人有可能在受到委屈后、受到打击后，依然勇敢地追问自己心灵深处那个有关自尊的问题，即“我到底能做什么”。正是这个有关自尊的问题标志着这个青年人还是一个自由意义上的人。一个青年人善于问“我到底能做什么”，证明这个青年人在追寻自己的长处。一个追寻自己长处的青年人，是一个在绝望中寻找希望之光的青年人，他对长处的追寻就等于发掘属于自己的机会。“我到底能做什么”理应成为青年人的“座右铭”。

一个善于寻找自己长处的青年人，发挥自己的长处，意味着提升自己的能力和培养自己的工作习惯。如果说人贵有自知之明，那么人最了解的就是自己的工作能力和习惯。一旦了解了自己的工作能力和习惯，也就摸索到了个性的入口，打开了通向价值世界深处的曲径。一个人的工作习惯同具体工作类型有着极其密切的联系，这已得到心理学上冰山模型的证实。

一个善于寻找自己长处的青年人会顺应自己的个性特点这个内在之“势”，不会勉强自己，更不会委屈自己，也不会难为自己。

一个善于寻找长处的青年人总是注意自己的绩效、自己的成果，从而发展出自己的工作方式，成为“一个有真性情的人”。“至诚为道，至仁为德。”

一个有真性情的人就是一个真诚的人。在这里，真诚总会遇到真理，真相总是高于正义。正是在这种人生境界的高峰，一个人的真性情往往是事业成功的关键。

每个青年人都有可能了解自己的性情。这就要求青年人以了解自己能做什么为基础，以最适合自己的方式做下去。这对于青年人的职业主义精神成长最为重要。这可能是来自青年人心灵深处自尊所发出的强音。

五、自信的血性

在第二部分中，我谈到了时间资源，这是在未来意义上谈的，强调了时间间隙是可以分散的、集中的、整合的。在这里，时间是比较恒定的，是指同一时期之内。这就意味着我们由一个更广阔的可变化的时间进入一个相对静止的时间状态，这表明人的生存困境难度在加剧。这还不是这部分的关键，这部分的关键主要还在于风险因素和绩效因素。这说明人处于一种无可奈何的处境之中，但它潜藏着人生的转折。关键在于如何走出这种无可奈何的困境。

对于自信来说，一般人形成了一套有关毅力、大事、破旧立新、赶超战略、争创第一的逻辑思想体系。这套思想体系的影响是极其深远的，远远超乎我们的想象。对这套思想体系进行剥离远远不是这篇小小的论文能完成的事，更不能企图用三言两语来概括，这可是一件巨大的思想研究任务。但人类所有欲速则不达的历史事件确实是这套思想体系宿命的绝佳注释。

在我看来，人不仅生存在时间、空间和人间之中，人还生长于“事间”之中。也就是说人与同事之间是一种竞相关系。说更形象些，这种竞相关系就是“心宽手长”的关系。

谈事间间隙，就必须面对绩效来说。绩效有着完全不同于功效的意义。说得透彻些，在这里，绩效就是“速度”的代名词，特指“工作速度”。

基于绩效的路径，“要务”成为我们思考的重心。人的能力虽然有限，但人的能力仍可能多种多样，能显示出不同的长处。人的能力中的精华，也就是人们常说的人的才能。“一个人的能力”和“一个人的才能”的区别何在？一个人的能力同体力工作相关，而一个人的才能与脑力工作相连。一个人的才能不可能像人的能力那样游动在已知的世界之中。人的才能远比人的能力更需要集中，集中在未知的世界之中，特别是集中于一件要务之上。这就是说要务是人的才能的归宿之地，是人的能力的新家园。

基于绩效的路径，“专心”就是绩效中最重要的因素。什么是专心？其实很简单。“大道至简。”专心就是一心一意地做好一件事。专心恰恰就是加快工作速度的最好方法。在这里，将专心表示为“心速”，就会理解得更明白些。“心速”表明一个人应走进自己心灵的深处，应开始漫长的心灵旅行，这是“专心”的深层次意义。用杨绛的话来说，“走在人生边上”，也就是说“心速”表达了“速度快”，也表达了“距离长”。特别是后者，可用中国人的“忍”字来注释。专心是加快工作速度的最好方法，就是说时间是以“心速”带动“工作长度”，这是真正意义上的节约时间。在这个意义上，时间就真正属于你了。这样看来，要务就是基础。也就是说要务就是绩效形成的出发点。

“要务”特指在同一时间内应把主要精力集中于当前正在进行的探索性工作上，不再分心或过多去兼办其他工作。但要指出的是，当前正在进行的工作本身就是动态的事情。换言之，要务是类似佛语中所说的“当下”。对待这种当下的工作的原则，可以说是一种极端的现实主义原则，即推陈出新原则。这个原则绝不是破旧立新。也就是说推陈出新是一种自然演化的意义。推陈出新是一个合二为一的统一体。也就是说推陈出新包含了“推陈”和“出新”两个方面，“推陈”就是“摆脱过去”，呈现为空间上的开放；“出新”就是“开拓未来”，呈现为时间上的变革。在这两方面之间，“推陈”优先于“出新”。也就是以“空间”换“时间”，以“开放”促“改革”。人往往不可能完全摆脱过去，这就是人生存中的无可奈何的处境。

正是在这种无可奈何的处境中，人开始触及真正意义上的历史。这就是延续性和变革性的统一。未来在本质上是不可预测的，人绝对不能过高估计自己的预知能力。也可以说人必须承认自己在未来面前的无知。人类仅能做的事就是从今天中剥离出昨天决策和行动的结果和影响，进而触摸今天的困难和危机，并深深地感知通向未来的方向和转折点。在这个意义上，今天是昨天的结果，今天可能是明天的原因，明天极有可能是今天的造化。这样的今天在本质上就是一个因果之结的自然化解，具有交叉迭代效应。对于已经发生的昨天，就是人生命中成长的巨大漏洞，甚至可以说是一个天文学中所说“黑洞”。面对这个“黑洞”，人能做些什么？最好就是放弃昨天的决策和行动，或者搁置昨天的决策和行动，或者弥补昨天的决策和行动，但绝对不可能修复昨天的决策和行动。正是在这个意义上，“推陈”优先于“出新”。沿着这个方向，人可以寻找到可逆性变化和趋势性变化，这是通向未来的“曲径”。

集中精力做好当下正在做的工作，可以是人心灵深处的炼狱之门。在这里，人面对昨天带来的成功会滋生出功成名就之感，并居功自傲，进而自我化为法理天条，这就是个人之恶、行政之恶和权力之恶的起源之地。这说明“推陈”往往是极其困难的。这也进一步说明“推陈”优先于“出新”的必要性。只有“推陈”才能“出新”。

“推陈”优先于“出新”，这个原则容易得到青年人的认同。这是一种表面的看法。青年人确实没有得到什么，也没有失掉什么，这是相对来说，但青年人毕竟是一个有一定社会经历的人了，得失早就进入青年人的心灵世界。更何况青年人难免人性的弱点和罪恶。所以，青年人更要重视“推陈”，更要摆脱昨天。

青年人在成长过程中绝对要学会自问一个问题，这就是“我该不该开始做这件事”。面对这个问题，青年人往往不做更多的思考，缺乏自觉、自省和自尊的青年人更是不太思考这个问题。但这个问题是回到理性的原点问题。这是一个想要有绩效的青年人绝对不能逃避的问题。只有思考过这个问题，这个青年人才能成为一个历史意义上的人。只有思考过这个问题，这个青年人才能成为一个有理性的人。只有思考过这个问题，这个青年人才能成为一个沉淀过去成就的人。只有思考过这个问题，这个青年人才能成为一个开拓未来的人。考虑到“出新”是一件风险性极大的事情，或者说是一场“人生成长大博弈”。特别需要指出的是，“出新”内在的风险还因为青年人缺少持续的执行力而有加大的危险。因此，在面对“出新”时，青年人更要重视从昨天中沉淀，并将这种沉淀转化为人生成长中的“遗产”，但绝不能成为私有化的“资产”。否则，这将有可能酝酿出个人之恶。

除了当前正在做的工作之意义外，要务还有一个意义，这就是在完成当前正在做的工作之后，还要决定下一步的优先事项。识别事业的优先顺序选择确实是一个复杂问题，但还是可以寻找一些指导性原则的。

首先，排列优先顺序不等于罗列第一的清单。这就是说第一并不是确定优先顺序的标准，考虑到人都爱皆大欢喜的局面，这个错误是人最易犯的错误。这个错误是极其明显的，但是难以纠正。这是因为人们最不易意识到这个错误的存在。神化决策权力的青年人往往忽视这个错误的存在，更不可能认识到这个错误现象。对于这一点，青年人要高度警觉，这也是青年人成长过程中有可能积累的经验认知。今天的中国高等教育有明显的进步，但也存在工程思维，如“985工程”“211工程”，将“高等教育标准”等同于“一流”，进而将高等教育组织管理演化为“标杆管理”和“最佳实践”。这些现象不仅不利于青年人形成独立的人格，也不益于青年人固守自由价值。自由价值是社会主义核心价值之一，自由对于青年人来说更为重要。

其次，压力和能人都不可能是确定优先顺序的标准。以压力为标准的代价是牺牲要务，以能人为标准往往难免出错误，甚至可能遭遇毁灭之灾。

最后，细分“推陈出新”总原则。优先顺序选择问题，绝不是一个绝对理性主义的问题，而是一个开放的选择问题。“推陈”优先于“出新”原则在这个问题的探寻过程中仍有适用性。更何况这个总原则还隐含了一个重要的原则，即勇气可贵的原则。这里的勇气有多层含义：重视将来、重视机会、重视自己的方向、重视目标的新义。这就是我所说的“自信的血性”之中的“血性”。

思考事项的优先选择顺序，对于青年人来说是极其重要的，也是有参考原则的。在权衡事项的优先性时，应集中精力于当前正在进行的专业学习，而不宜参与其他事务。特别是要分析当前专业学习会带来的结果和影响，并深思它在未来发展过程中有可能展现的巨大机会和广阔前景。除非所学专业所面临的社会因素有巨大的变化，否则当前的专业学习还是应当持续下去。不然就是过早地放弃当下的专业学习，这等于放弃了将来，放弃了机会，放弃了前途，这也等于绝对意义上的盲从。这也说明自己成了“时间和任务的奴隶”。

六、自见的魅力

说了时间间隙，讲了空间间隙，谈了人间间隙，论了事间间隙。现在，我们可以走进语言世界，谈谈言间间隙。人和语言的关系是一种竞相关系，即“语重心长”。

人和语言的关系集中体现在人同决策的关系之中。人同决策的关系是一种竞相关系，这是不太容易理解的。说得明白些，这涉及人之为人这个大问题。人之为人内在地隐含了一个“因”“果”关系命题。这对关系放大来说是“知”与“行”的关系，具体来说就是“知识”与“决策”的关系。人之为人，在于这个人拥有知识，并能同时做出满足于他人期望的决策。这集中体现为一个人的主见与决策之间的竞争。也可以说决策就是一个转化个人知识和见解的重要机制。

长期以来，人们关于决策问题形成一套由解决问题、搜集事实、决策技巧、巧妙决策、正反两方面的折中选择构成的逻辑思想体系。这套思想体系会陷入“过多决策陷阱”，即“头痛医头、脚痛医脚的决策陷阱”。因此，这是一个封闭的逻辑思想体系。如何避免这个封闭的思想体系，走出“头痛医头、脚痛医脚的决策陷阱”，是青年人培养良好决策行为的大问题。

谈到决策就必须面向“合理行动”。一项决策如果不能付诸行动，就称不上真正的决策，最多只是一种良好的意愿。这就是说，有效的决策在本质上是一种行动的规范。“合理行动”的意义还不完全停留在这点之上。有效的决策应高度重视决策的结果，有效的决策更是合乎情理的决策，有效的决策特别重视决策的实施。特别需要指出的是，有效的决策重在坚持“发现问题”。因此，这是一个开放的思想体系。这个开放的思想体系自始至终都坚守一条基本的准则：有效的决策绝不是标新立异，也绝不是争议不休。这是一个立足于无知理性之上的思想体系，这是一个极其尊重人的经验的思想体系。说得简单一点，在决策之中无特权和知识的高低，话语仅仅是言说，话语没有绝对意义上的权力。进一步说，这是一个以真诚为基石的思想体系。也就是说，它是以任何人提出不同意见必是出于真诚为假设的。这就是“诚则神”。

我就从发现问题谈起。因为这是决策过程的第一个阶段。什么是问题？一般说来，问题之根本在于问题本身是原生并具有归一性的事物。基于这一点，就可以发生的频率及其持续的时间长短来建构一个四分的分类框架。问题往往表现为长期性现象（类似于慢性病）；长期性偶然暴发现象（类似于流行性传染病急性暴发）；经常性偶然的特殊事件（类似于疑难杂症）；真正偶然的特殊事件，即例外事件（类似于 2003 年“非典”）。问题的复杂性还在于它们之间是一个相互之间有“因”“果”联系的结构之物。有的问题是表象的，有的问题是深层的。面对问题的复杂结构，人们应尽量深入问题的中心，这是问题的核心结构，它在问题界定中是根本因素。

问题发生的频率分布本身意味着人类经验频率的分布。也就是问题本身就隐含了问题的解决之道。这一点对于青年人来说具有指导性意义，也就是说，青年人的成长以触及问题的数量和基础问题的深度来衡量。在这一点上，爱因斯坦说得好：“正确地提出问题等于解决问题的一半。”

从经验来看，我们看到问题分类中的前三类现象需要一种“经常性的解决方法”，也就是说需要规则、政策或原则，这是人的经验证明能做得到的。历史制度主义学派的学术研究成就多次证明了这一点。这就是说问题再度发生时，按原则就可处理了。

在这里，我要特别指出：规则、政策和原则形成的历史经验是同人的理性相辅相成的。它们既建立在人的历史经验之上，也建立在彻底防范我前面所说的“头痛医头、脚痛医脚的决策陷阱”之上。防范“头痛医头、脚痛医脚的决策陷阱”，防范过多决策，特别是防范“临时办法”，这是理性主义生长的基点，这本身也是理性主义的最高价值。还需要提出的是：规则、政策和原则的形成往往是以观念表现出来的。这意味着基于问题本身的决策自然会解放观念和开放制度。

第四类问题，也就是说例外事件的处理没有先例可循，需要个别对待，具体问题具体分析、特殊情况特殊处理。

问题界定到此并没有结束，问题界定会贯彻决策过程的始终。问题的初步界定并没有阻碍决策的演进，反而带动了决策的自然生长。

在问题得到初步界定后，决策就进入预测阶段。这是决策过程的第二个阶段。在这个阶段，预测“预期的决策结果”重在寻找“边界条件”。值得注意的是，不符合边界条件的决策是难以补救的，符合错误边界条件的决策还有修正的余地。这种区分表明在这里已经触及风险判断。在找到边界条件后，就进入决策的第三个阶段，即决策的行动方案。影响决策的行动方案产生的关键是道德的制约，这种制约往往表现为正反两个方面的折中。当今中国青年人应充分认识到这一点，因为中国的中庸思维的影响太深远了。紧接着决策进入第四个阶段，即监测阶段，也就是“监测可观察到的结果”。这个阶段被人们常说成决策的执行阶段。这是一个化决策为行动的阶段，重在将行动的承诺纳入决策之中。否则决策就是纸上谈兵或者是一个良好的愿望。在这个阶段，决策主要受态度和责任约束。尽管人们难以做到决策执行融合于决策本身之中，但至少要做到决策承诺同工作划分和人事安排相匹配。这使决策带有鲜明的战略性。难怪人们常把“战略”同“决策”相连，美其名曰“战略决策”。决策的最后一个阶段就是评估决策，决策评估严格受人性条件制约（试错理性）、信息失灵、沟通失灵等因素限制。人总是会犯错误的，决策总是要过时的，但事实表明有很多决策过时了还长命百岁。这是人们值得深思的现象。柳宗元曾对“政亡”和“制亡”做过区分：前者指政策性死亡，以秦朝为代表；后者指制度性死亡，以周朝为代表。这说明政策和制度之间是有竞争和转化关系的。对于那些迷信制度的人来说，更要注意这里面隐含的真义。说白了，政策和制度之间的竞争和转化关系是决策问题最常见的矛盾。

从问题构建出发，经过预测预期的结果和构建行动方案，到监测可观察到的结果，最后达到决策评估。这是一个循环的过程，这是一个封闭的流程。其中每个环节都存在问题构建失败的风险，都有可能重新回到问题构建的原点上去。这个过程和流程，我将它称为大问题主义。也就是说决策就是一个问题中可能存在无数个问题群，任何一个问题群都可能存在一些基础性问题，在这些基础性问题中还存在更基础性问题，这可继续挖掘下去，无穷地挖掘下去，这是一个无限的问题。这就是说决策就是寻找基本问题的无限过程，也可以说决策就是问题定位问题的问题。正是在这个过程中，观念、原则、标准、政策、制度产生了。也就是说决策过程解放了思想，解放了制度。

一旦明白决策的要素，也就明白了真正的决策是什么。真正的决策是重大的观念性决策。这是涉及人类理性水平高度的大决策。一个问题就自然显现出来，这就是如何做决策，也就是说通向观念性大决策的原点或者说基点在哪里。这就是人们常说的出发点。这个出发点绝不是人们常说的从搜集事实开始，这个原点只能是某个人的见解，可称之为“自见”，它是青年人的自我主张或者说自我意识。说到这里，中央电视台的《焦点访谈》常说的“让事实说话”，是一句值得警醒的话。在这种话语中成长的青年人更需要注意自我意识的重要性。

真正的自见绝不是“公说公有理，婆说婆有理”。真正的自见是基于观察从经验转化出来的独立判断。真正的自见是“言为心声”，是来自心灵深处的声音。真正的自见是人们常说的“你可欺骗别人但欺骗不了自己”，这就是说真正的自见是“天理良知”。这就是说自见就像做学问一样，它具有自明性。正是自明性形成了“语重”的基础。正是这种“语重”显示出了“心长”，正是这种“心长”滋生显示出魅力。这样“共识”有了生长的种子。特别需要指出的是，一个人不能以“良知”垄断“天理”，也就是说每个人都不应该过高地估计自己的判断，每个人都不能拿真理的名义来自以为是或自欺欺人。因为良知和天理之间没有直通车，也就是说并不是所有的良知都有可能转化为天理。更重要的是，良知往往禁锢在偏见之中。为了消除自我意识中的偏见，没有其他的选择，就是优先尊重反面的意见。这就像从别人眼中看到自己一样。这是一个简单明了的事实，是任何人都能明白的道理。尊重反面意见最大的好处就是激发想象力，就是超越个体经验的局限。这是理性主义存在的必要之处。人达到了这个境界，就是达到了自由人的境界。这可能就是自我意识释放出来的魅力。这一点对于青年人来说是极其幸运的，青年人总是最有机会和想象力相遇，但青年人也有不幸的一面，青年人也有可能遭遇到自己的偏见的左右，将自己封闭在偏见的牢笼之中。因此，青年人做决策更需要尊重他人的意见。这样，这个青年人就有可能成为一个自由的人。

写到这里，想写的越来越多，但我又不能不暂停下来。因为这篇小小的论文的主要观点都表达出来了，它已经有助于推出更重要的结论了。

七、重要的推论

这篇小小的论文自始至终都关注着人生存处境相关的“间”。从时间说起，讲了空间间隙、人间间隙、事间间隙，最后谈到了语言间隙。在《现代汉语词典》里，“间”有两种读音，第一种读“jiān”，有多种释义，有“中间”“特定时空”“特定居处”“量词”等意；第二种读“jiàn”，也有多种意义，“空隙”“隔开”“拔去或锄去”。本章所用为第四声的“间”。排在第一的释义是“空隙”，其次是“隔开”，再次是“拔去或锄去”。第一释义“空间”为基本意义，第二释义是基本释义的动态化，第三层含义实际上是第二层含义的延续性意义。这样看来，“间”主要有两层基本意义，但第二层意义的使用远远多于第一层意义。由于“空隙”与“间隙”相通，本章习惯用“间隙”。正是在这个意义上，“间隙”被看成是人生存困境的象征，并以此突显人的生存困境是全面性的、持续性的。这是当代青年人应有的观念。否则当代青年人根本不可能理解当代文明的重大转向，更不可能重视所谓的生态文明。正是

“间”就是“空隙”而非“间隙”的意义，使这篇小小的论文表达了“万物归于心”的思想。也就是说，“时间”“空间”“人间”“事间”“言间”说到底都归于个人的“心间”。

心灵是一个至大无外、至小无内的存在，放之则弥六合，卷之则退藏于密。“为天地立心，为生民立命，为往圣继绝学，为万世开太平。”“天地与我并生，而万物与我为一。”汉字中的“哲”原本就是从心的，金文写作“”。“自觉”“自省”“自信”“自尊”“自见”是个人心间流露出来的美好习惯，这可将它们称为“心灵习性”。“心灵习性”对于人的成长来说，无法用语言来表达，只能说它们像光一样。“心灵习性”是人的成长特别是青年人的成长不可离开的因素，离开了它们，是难以想象的。一个青年人一旦拥有这些“心灵习性”，这个青年人就会成就自己不平凡的生命。在这个意义上，本章标题“青年人的自我管理”所论实为“心灵习性之贵”。

这篇小小的文章表达的是自我管理成长是心灵成长的持续动力。也就是说，自我管理成就了人心灵成长，进而成就人的生活。人的成长呈现出来的是一个多样性成长现象，即身体成长、技能成长、能力成长、知识成长、智力成长、心灵成长。在这众多成长现象中，心灵成长是真正的成长，它是人成长过程中开出来的红色鲜花，是人生命力中的活力。在这朵红色鲜花旁边，教养的成长犹如绿叶，这些绿叶是最明显的技能成长、能力成长、知识成长、智力成长。在红花和绿叶之下，是大地。而自我管理就是大地。自我管理成长为教养成长和心灵成长提供了成长的养分。自我管理成长集中表现为系列善行。这是善于利用时间，善于做出贡献，善于发挥人的长处，善于做好要事和善于尊重他人的异见。自我管理也就是中国人常说的勿以恶小而为之，勿以善小而不为。“行善”是可以“积德”的。自我管理就是“小爱大德”。自我管理就是良好微习惯的集成。

这篇小小的文章自始至终在分析路径上贯穿“要素过程程序”的分析路径。“要素”是一个事物的构成因素，对它的分析就是一种透视和解剖的分析。“过程”指的是要素所隐含的人的经验和理性，是“问题发现”和“问题解决”的融合，但“问题发现”远远优先于“问题解决”。这就是说“问题发现之道”优先于“问题解决之道”。正因为是这样一个优先关系，“问题解决”往往隐含在“问题发现”之中。因此，“问题解决”绝对不能成为迷信。更不会有“问题总解决”的想法，这正是多种多样的意识形态的总根源。

“问题解决”往往体现为通则、原则、标准、规范。在这一点上，一个真正理性的人，既反对绝对理性主义，也反对绝对经验主义，并对“错觉”和“直觉”持高度警惕的态度。在过程分析中，既要对科学主义高度尊重，也要对科学主义高度警惕，这就显示出一种极度的紧张关系。“程序”主要是指通向要素整体结构的出发点，也就是“最基本的操作”。说得通俗些，就是“基本做法”。

“过程”还隐含了“拯救”。在这里，“拯救”不是“救星”的意义使用，而是在“补救”和“补充”意义上使用的。这来自我的学生黄世的小说《沙漠也不再有了》，他在小说中将我描述成一个补鞋的人。细细思考，人的成长就有这个因素。人的生存困境总得要有一定的缓解，这就不得不有些“补救”和“补充”。这可能更是人心灵成长最令人激动和最平凡的地方。从时间间隙来谈，人类面临的困境就是时间在人的生命里总是扮演“大盗”的角色，它往往偷走人生最宝贵的时间。一个卓有成效的人就是面向未来，将零碎的时间整合成整块时间，用以做最重要的事特别是解放思想，让自己成为一个认识自己的人，至少是一个认识自己时间的人。这可能就是人们常说的“天时”。从空间来说，人类面临的困境就是工作太多，无意义的工作总是存在于工作之中，往往显得无聊。卓有成效的人就是面向成就，整合工作，开阔眼界，让自己成为一个看外界的人、一个开放的人。这可能就是人们常说的“地利”。从人间来说，人类面临的困境是人气太旺，人总是易于居众，沦为平庸。一个卓有成效的人就是面向态度，整合人的长处，创造机会，让自己成为一个有领导力的人，至少是一个接纳自己的人。这可能就是人们常说的“人和”。从事间来说，人面临的困境是人总是易于把事放大，神化个人能力，或把大事化小、小事化了，自觉不自觉地逃避重要的工作，远离创新的世界。卓有成效的人就是面向绩效，专心做事，规避风险，让自己成为一个奋斗的人，至少成为一个磨炼自己的人。这可能就是人们常说的“事顺”。从言间来讲，人面临的困境就是人总是有自以为是和自欺欺人的人性之恶，极有可能丢失真诚，远离对真理的追求。卓有成效的人就是面向问题，尊重异见，创造想象力，让自己成为一个仁爱的人，至少是一个承认敬畏无知是美德的人。这就是人们常说的“心静”。

这是一篇以认识自己时间为导向的认识论，它可能让多元的精神镜像得到呈现，这些精神镜像包括宗教精神镜像、历史精神镜像、哲学精神镜像、科学精神镜像和艺术精神镜像。“哲学精神镜像”是以时间资源存在为价值取向的自由意志，它的价值意义近似于中国人所说的“仁”，重在培养自己的爱心和善良。这是自我管理的原点。“科学精神镜像”是在经验集成基础上激发想象力并形成独到见解，它的价值意义近似于中国人所信奉的“义”，重在培养自己的判断和选择能力。这是组织管理特别是经营管理的原点。也就是“齐家”和“治国”，但其要害在“诚意”。“历史精神镜像”是以认识自己能力为导向的事理之道，它的价值意义近似于中国人所说的“礼”，重在放弃和勇气。这是知识管理的原点。也就是“治国”，但其要害在“致知”。“宗教精神镜像”是以认识自己贡献为导向的信仰论，它的价值意义近似于中国人所言的“信”，重在培养人的承诺和坚守。这是战略管理的原点。也就是“平天下”，但其要害在“格物”。“艺术精神镜像”是寻找自己长处为人性优势的自由选择，它的基本价值近似于中国人所说的“智”，重在发现机会和风险，这是社会管理的原点。也就是“修身”，但其要害在“正心”。在这些精神镜像中，哲学精神镜像最为重要。哲学就是一个人的生活方式。“天地与我同心，万物与我共生。”“哲学精神镜像”将“认识自己”和“认识世界”统一于自我管理之中。也就是说哲学精神镜像将“诚意”“正心”“格物”“致知”建构成一个人生十字架。“诚意”“正心”是横轴，同“信息流”相关，触及的是“可见”和“不可见”两个极端，“格物”“致知”是纵轴，同“知识”相连，触及的是“未知”和“已知”两个极端。说到底，开放的人生就是“眼”与“心”之间的张力。眼界影响信息传递，心境制约决策制定。

每个青年人个体都会有这五种精神镜像，但不同的青年人个体精神镜像结构会有不同的匹配或组合，它们构成了管理学的精神世界。在这些精神镜像意义上，管理学就是德鲁克所说的博雅艺术。

结合青年人的成长来说，青年人必须经常思考这样一个带有根本性的问题，即人心灵的成长的动力是什么。青年人还要经常深思熟虑这个根本性问题隐含的5个基础性问题：我能整合零碎的时间吗？我能做出的贡献是什么？我能发挥的长处是什么？我能做好当下的事吗？我能言为心声吗？

一个经常追问这 5 个问题的青年人会成为一个自由的人、一个对人类有贡献的人、一个尊重人的尊严的人、一个有法治观念的人、一个有公共意识的人。总而言之，这意味着这个青年人是一个现代意义上的公民。

这篇小小的文章，是我到深圳大学从事管理学多年思考的心得体会的集成，是一篇深圳大学校训“自立、自律、自强”的理论建构。我一直在思考管理与人的关系问题，等到我为人父时，目睹下一代的成长，这个问题又裂变成管理与青年人的关系问题。我深感从孩子身上学习是好父亲的成长之路。下一代的成长来得太快，不知不觉，有的研究生都毕业了，有的准备继续求学。她们的存在，使我的大脑加速地思考着青年人的问题。基于此，我特别想为下一代做自己力所能及的事，但并没有想这么快形成文字。2012 年参加大学同学毕业 30 年聚会，大会的主题太好了，“同窗三十，缘结一生”。外加大学好友相聚和闲聊，谈及变化之中“有常”与“无常”，这使我有必要将多年的心得呈现成活的文字。

这篇小小的文章，原本是对自我管理中的两条管理学大思路做一个大扫除。这两条大思路，即有常路径和无常路径，两者之间似乎构建了一种自我批判性的逻辑联系。我在写作过程中发现，这种自我批判性是有局限的。这两条路径之间的联系有些类似于物理学中的牛顿物理学和爱因斯坦物理学之间的联系，它们之间不是对与错的关系，而是表明自我管理的思想还有可能存在另外一重思想境界。当我意识到管理学研究的主题实际上是“空白”意义上的“间隙现象”，又触及时间的分布、贡献的分布、人的长处的分布、要事的分布和问题的分布，我更加坚信管理可以在“分形意义”上有更好的表达。从这个意义上来说，这是我最大的收益，姑且称之为“分形管理学”。这种写作中的感悟足以证明“心灵习性”如“光”。青年人的自我管理就是探寻自己的心灵习性之光。

最后，祝愿我大学老同学的女儿、我姐姐的女儿、我的女儿健康成长，特别是心灵健康成长。这是我能为她们所做的力所能及的事。因为，百无一用是书生。我乃一介书生。我是一个书生职业主义者。

这是一篇写于 2012 年 8 月的文章，是我用心血凝结而成的作品，浓缩了长辈对后辈的爱。这是一篇为 3 位读者而写的文章，她们 3 位都是大学中正在进行人生探索的女大学生。这篇文章的目的不在于渲染“学以致用”，而在于强调“读者慎用”，最后突显达到“学而为己”。因为每个人都有独自探索自己生命意义的权利、义务和责任。说到底，每个青年人都应探寻真正的自我。

附:

我最喜欢的汕头大学毕业歌

大学问

填词：林夕　谱曲：黄家驹

知道什么叫天高地厚
内心的天空　也要懂得探究
知道什么是海市蜃楼
人海的感受　也要去进修
知识跟世界细水长流
智慧用思考照明宇宙
我们懂得学问没尽头
学会怎么做事　再学做人的操守
我们懂得学习的理由
吸收是为了奉献　才能承先启后
生命不止坚毅与奋斗
有梦想才是　有意义的追求
成功不止付出与拥有
有承担才是　最高的成就
知识跟世界细水长流
智慧用思考照明宇宙
我们懂得学问没尽头
学会怎么自救　再学做人的操守
我们懂得学习的理由
力量要用来分享　才能承先启后
我们懂得学问没尽头
学会终身学习　才没辜负一番造就
我们懂得学习的理由
活出生命的光彩　才无愧于春秋

第十一章　管理解放法律

我首先诚谢罗湖区委全面依法治区领导小组办公室的邀请，其举办的“法智汇”大型开放性交流活动，给我提供了一个宝贵的机会，让我——一个读书人——能讲一讲自己对法治问题的看法。

法治问题是一个大问题。从中央来说，法治问题是“四个全面推进”之一，即四分之一，排在第三位（协调推进全面建设社会主义现代化国家、全面深化改革、全面依法治国、全面从严治党）。从省委来谈，广东省委拟出台《广东省党政主要负责人履行推进法治建设第一责任人职责实施细则》。从深圳市委而言，深圳市委明确提出建设“法治中国示范城市”。从罗湖区而论，创立了“法智汇”这个公共论坛，为公共交流提供了一个平台。这些都说明，法治问题是一个大问题，但人们往往倾向于将这个大问题看成是一个独立的问题，过于注重“法治问题的解决”，认为法治建设就是一个独立的“公共工程”或一个管理项目。这种倾向可称为“技术主义倾向”，针对法治建设中的技术主义倾向，我倾向于多谈“法治问题的构建”，特别是“中国法治问题的界定”。也就是说“什么是真正的中国法治问题”。基于疑问理性的原点而论，问题大于答案。也就是说，问题本身隐含答案。借用中国的古话来说，“诗在功夫外”。在这个意义上，我将“中国真正的法治问题是什么”转化成“深圳法治问题本身的历史背景、社会结构基础、思想理念和基本途径”，这就兼顾法治建设这个主题，适度地倾向于法治建设的实践模式。因此，我今天讲的主题就明确为“法治外解”。也就是说，破解法治建设还需法治以外的因素。

在我看来，法治这个大问题可能分成 4 个分问题，即法治建设的历史背景问题、社会结构性基础问题、思想理念问题和生长空间问题。

一、万年中国与百年中国

中国法治建设的历史背景问题是中国法治建设的第一个分问题，这个问题展开来说，就是“万年中国与百年中国”。

“万年中国”重在指明中国是一个农业国度这个大历史事实。也就是说，中国是一个在万年前的农业革命中成长起来的国家，这种农业革命的基因一直贯穿中国历史过程的始终，中国人承续的历史大传统说到底是农民传统，这种传统集中体现为对土地、大陆和天下的依恋。这种传统是一种心智深处的依恋，而这种心智依恋往往凝聚成中国人的宗教精神镜像。这种宗教精神镜像在本质上是一种自然崇拜，即“厚德载物”“天人合一”“诚意正心”。在这种自然崇拜的深处深深地打上“权力”的印章，即天子、天下主义。特别需要指出的是：这种自然崇拜的宗教精神镜像还延伸到哲学精神镜像（“格物致知”“知行合一”）、历史精神镜像（爷孙之间、朝代竞赛）、艺术精神镜像（性别、书法、“文如其人”）和科学精神镜像（术、上智下愚、圣明）之中。后面的这些精神镜像对权力进行包装，并赋予无限的合法性。这是中国难以培育法治胚胎的根源。

“百年中国”意在说明中国是一个都市结构活力不足的现代国家这个历史事实。这是一个具有近现代断代史意义的事实。这就是说近现代中国处于都市结构转型之中，这是一个没有终结的正在展现的开放的历史进程。这个事实重在说明近现代中国是在全球工业革命特别是信息革命之中催生的一个新生的维新国家，并显示出资本的力量。这个事实还证明了城市空间的变化，都市结构的流动，具体而言就是北京、上海、香港、深圳之间的移动。都市结构流动是中国城乡关系巨变的缩影，是中国从古老农业社会进入现代工业社会再转入后现代知识社会的风向标。都市结构流动的确是一个值得深入研究的大问题。

万年中国和百年中国，意味着历史是时间之间的嵌入和流动，深圳处于万年中国的边缘和百年中国的中心，这就是深圳法治建设的具体历史背景。深圳的法治建设有可能是一条不寻常的旅程，但它的确有较少历史包袱和较多的现代气息。

二、企业社会与深圳本质

社会结构性基础问题是法治建设大问题的第二个分问题，也就是说企业社会与深圳本质。

对深圳社会结构的认识同我刚刚讲的都市结构流动相关。中国近现代都市结构的流动集中体现在北京、上海、香港、深圳之间，充分显示出中国城市的进化形态。北京是以军事重镇为中心的政治古都。上海是以贸易为中心的东方巴黎，香港是以金融为中心的全球城市，深圳是以企业为中心的新兴大都市。深圳以企业为中心这个事实说明企业在深圳发展过程中起了关键性作用，特别是高科技企业。深圳以企业为中心的事实说明企业是深圳社会组织结构的基础组织，深圳众多的企业集群造就了中国的就业高地，突显出了人与人之间的工作关系，这是深圳不同于中国其他城市的地方，这就是深圳社会的基本特征。这也是深圳社会本质之所在。

正是这一本质性因素决定了深圳法治建设可能存在深厚的社会基础。深圳以企业为中心的事实还昭示出深圳法治建设存在广泛的吸纳能力。北京位于古老运河的源头。“依山襟海帝王都，古风尚存广厦间。”上海从古老运河之城松江所辖之下的小县城一夜盖过历史古城松江，摇身一变，成为国际贸易之城。“十里洋场烟花地，风云际会上海滩。”广州是中国清朝时期唯一对外开放的商埠，香港和广州同处珠江三角洲地带，同西方有密切的商务往来。英国对中国发动第一次鸦片战争，强占香港岛。1842 年 8 月，清政府被迫同英国签订不平等的《南京条约》，割让香港岛给英国。“维多利亚港！当你扬帆远航，你是否还记得，那一片伶仃洋，那一条大珠江。”1980 年，中国在深圳建立经济特区，开始为改革开放探路。“南边打开窗，西边打开门，敞开大胸怀，东方风来满眼春。”香港城市发展在深圳城市成长过程中发挥了榜样作用。深圳是中国勇于向世界证明开放决心的窗口。深圳这个以企业为中心的社会沉淀了大量的海洋文明，似乎可以说海洋文明是深圳这个新兴城市的底色，这为深圳法治建设培育了广泛的吸纳能力。

三、司法试验与法治中国示范城市

思想理念问题是法治建设这个大问题的第三个分问题，具体来说就是司法试验与法治中国示范城市。

深圳社会的企业社会本质决定了深圳社会值得独立探讨的真正需求是什么。原生的深圳是一个以客家人为主要居民的深圳，它本身就具有一种独立的个人精神。“客”者，“家”中有“各”者也。改革开放之深圳是中国就业高地，人员流动是中国历史上绝无仅有的事实。“离土不离乡、进厂不进城”，这种人员流动事实上改变了中国的农民，来到深圳的农民在以企业为中心的组织中实现了从农民到产业工人进而到知识工作者的多重蝶变。正是中国农民的这种内在变化，可以说深圳是中国改革开放以来人口流动最大、最集中的地方，深圳人来自中国社会的乡间角落，会聚到粤港澳大湾区新生的深圳大都市。我们可以从深圳大都市中看到中华民族的复兴，可以看到中国知识社会的前景。正是这种前所未有的人员大流动，使深圳滋生了一种基于陌生人的公共精神，“来了就是深圳人”。正是中国农民的这种内在变化，每一个来到深圳的人都会怀揣一颗自由之心，这些自由之心相聚在一起，使深圳远比中国其他城市有更多的自由价值存量，它会让社会主义核心价值观中仅占十二分之一的自由价值散发出更多的心灵习性的光芒。这些都为深圳法治建设供给丰富的思想理念。它会让深圳的“教育—金融—司法”三条社会之腿发育得更加健康，特别有助于深圳法治建设成长，让深圳成为一个自由的社会。

无论是深圳的公共精神，还是深圳的自由价值存量，它们都说明深圳可以成为一个有意义的司法单元。每一个城市的传统都有可能赋予其自身以象征意义。深圳从开始就是一个被赋予象征意义的城市，改革开放早就成为深圳的一种传统，这种传统可以称为城市自治，也可以称为城市治理。正是在这个意义上，深圳已经有了自己独立的治理传统，深圳还拥有独立的立法权，从根本上保证深圳具有建设法治中国示范城市的基本条件。关注企业特别是企业破产立法，弘扬自由价值，注重人的基本权利，理应成为深圳法治建设的精神旨趣。

四、管理与法治

生长空间问题是法治建设这个大问题的第四个分问题，即管理与法治，这个问题关系到法治建设的基本途径。

深圳企业社会本质意味着深圳组织结构演化连续统一体的形成，这个演化连续统一体可称为跨部门化，即企业、政府、非营利部门之间的管理和协调关系，这是一种深层的组织结构转型。在这个结构转型过程中外包服务远比政府采购重要已成为新共识，这个新共识彰显出了工作关系流动远比商品流动重要，这个新共识还彰显出了合同和合作制约的重要性，更重要的是这个新共识还昭示了诚实的极端重要性。合同、竞争、诚信是这种新共识的标示符号。这些都涉及管理的核心，涉及伦理的高度，涉及民商法的形成。

随着深圳组织结构演化链条的形成，深圳政府间组织结构演化链条逐渐发生了变化。这种变化体现在对宪法精神的重视、对层级组织的调整、对功能区域认知的自觉，还有对社区的关注上。说得集中一点，在这个链条上宪法精神和社区政策高度关联。特别是社区，值得高度注意，将社工委合并到政法委本身就说明了这一点。中国共产党是马克思主义同中国工人运动相结合的产物，一方面具有极其鲜明的政治性，另一方面具有极强的社会性。中国共产党通过“农村包围城市”，建立工人阶级领导的以工农联盟为基础的人民民主专政的社会主义国家。中华人民共和国是一个具有社会性的国家，这是中华人民共和国突出的特征之一，党关注社区是党遵从宪法的逻辑归宿。社区、功能、权力是政府间变化的标示符。这些都关系到法治的要素，关系到宪法的精神。

如果部门发展是内部关系，那么管理会有较大的作用空间。如果政府部门间关系呈现为外部公共联系，那么权力制衡意义上的宪法就必定要成结构性的功能元素。简而言之，部门化关系同管理相关，政府间关系同法治粘连。管理和法治之间在时间上的优先顺序选择，会决定法治发育和生长的空间大小。基于深圳企业社会管理的历史存量，几乎同深圳相伴，有30多年的历史，这种历史具体来说就是蛇口精神的发扬和光大。但深圳的管理发展还不充分，仍有继续发展的余地。在这个意义上，管理还会为深圳的法治建设创造生长空间。也就是说，“管理”还会解放“法治”。

一旦法治寻找到或回归到自己应有的空间，法治就是一种简约主义意义上的法治，是一种超越了它本身不应承担之重负的法治，是一种精于治理公共权力滥用的法治。这就是法律本身的超越。

五、一个简短的总结

深圳是一个身处中国历史长河边缘或中心的城市，是一个以企业为中心的城市，是一个人员、工作和职业高度流动的自由存量最多的城市，是一个管理经验最丰富的城市，它们分别为深圳的法治建设提供了历史背景、社会基础、思想理念和基本途径。

2017年5月，罗湖区依法治区，启动“法智汇”活动，直面辖区法治建设热点。我是启动仪式邀请的学者之一，这篇文章是会议上的主题发言稿，也是一篇未发表的论文。罗湖区每季度举办一期“法智汇”活动，成为罗湖区法治建设的品牌性活动。活动以访谈、论坛、沙龙等形式，广邀资深学者、法律实务专家等，围绕当前罗湖区法治现状，开展各类主题公共讨论。

第四部分

无知与信息

第十二章　管理知识自然演进论

管理知识演进绝不是一个来自实践并指导实践的封闭过程。与通常人们习以为常的说法相反，本章提出了一个关于管理知识自然演进的分析框架。管理知识是由“无知”“学习”“应用”3个阶段构成的连续过程，而这三阶段又是一个不连续的过程，美的诉求、试错理性的存在和环境变化的不确定是这个不连续过程中的休止符，也是知识转化的生长点。这是每一个真正拥有管理知识的人应遵循的“自然之道”。

知识，特别是管理知识的生长过程，是一个自然的过程，这个过程可描述为“无知”“学习”“应用”3个阶段周而复始的超越过程。但人们往往割裂这3个环节及其相互之间所构成的复杂过程，仅仅注重“应用”阶段，这就人为地为管理知识的存在价值挖了一个无形的陷阱，也将每个个体深深地埋葬在这个陷阱之中。

无　知

人之平等的基础究竟是什么？是“上帝”、是法律，还是生命之来源。这些都不足以证明人之平等的终极基础。从终极意义上来说，人在“无知”面前有可能是最平等的，这种平等是人之平等中其他平等的基础，可直接称之为“无知”。“无知是理性的必要条件。”

“无知”是理性的原点。从这个原点出发，“善”的诉求和“真”的追寻都会显得极不重要，相反，它显示出人们在意识之中过分要求“善”和“真”，这是一种赤裸的低级功利主义，更不可能找到道德应有的意义和真理应有的归宿。道德极易堕落为“伪善”，真理极易变质为“狡智”。“伪善”和“狡智”常常联合，对“无知”进行“谋杀”，将“无知”摧残成“拒知”。正是在这个意义上，“拒知”成为“无知”的“反动”。卡尔·波普尔曾经深刻地认识到这一点，他警示人们说：“真正的无知是拒知。”更严重的是，“伪善”

和“狡智”对“无知”的“谋杀”往往演变为一种对“美”的“诛杀”。

对于“伪善”和“狡智”的残暴来说，“无知”和“美”简直成了难兄难弟。但这不足以表明“伪善”和“狡智”的残暴本质。事实上，“美”和“无知”的关系是一体关系，就像人的“身体”和“心脏”关系一样密不可分。“身体”不存，焉有“心脏”？“心脏”不存，焉有“身体”？这种密切关系可转喻到探讨“美”与“无知”的关系，“美”不存，焉有“无知”？“无知”不存，焉有“美”？基于“无知”和“美”的密切关系而言，“伪善”和“狡智”完全没有必要将对“无知”的“谋杀”演变为“诛杀”，它们细小的行动都足以轻而易举地实现其理想的目标。这足以显示出“伪善”和“狡智”的残暴效应。

幸运的是，“无知”与“美”之间存在一种常人难以想象的“默契”。正是这种“默契”，使“无知”与“美”艰难地摆脱了“伪善”和“狡智”的残暴。“美”（更可能是美的反面“丑”）暗示着人们心灵深处的向往，这就是人们常说的“爱美之心人皆有之”（或许“审丑之心人之更烈”更对）。随着“伪善”和“狡智”的残暴，“美”的呼吸会将人类固有的“无知”之心引发，并频频跳动。面对“伪善”和“狡智”的残暴，“美”和“无知”这对难兄难弟更是相互依赖，两者之间的“默契”程度呈几何级数增长。“美”将其潜藏的“对美的向往”传给“无知”，并将“无知”所在的精神荒原浇灌，最终向世人绽放出“管理的基本标准”这朵生长在人类理性原点深处的“理性之花”。可用“万绿丛中一点红”来形容之。管理的基本标准就是“有效性以及与目标相符合的功能性”。有了这个基本标准，“伪善”和“狡智”终于退缩了，“无知”获得了“绝对的价值中立”，并为人类知识的生长腾出了更为广阔的生长空间。这片空间几乎可以说是无限的。

管理知识是直接生成在“无知”（人类理性原点）之上的知识，它比其他知识更加固守着“有效性以及与目标相符合的功能性”。基于这一点，“管理内在差距”依照“效能”和“效率”两个根本标准自然而然地显现出来。在这里，“效能”意指“如何找到正确的事情”，“效率”是指“如何把事情做好”。“效能”显示出正确的管理和错误的管理之别，“效率”明示出好的管理和不好的管理之异。在这里，“效能”就是“有效性”的别称，“效率”就是“与目标相符合的功能性”的另一种说法。

根据“效能”和“效率”双重标准，“做正确的事”和“正确地做事”成为折射出管理行为选择的“基本面向”。

学 习

如果说“无知”昭示出“基本标准”，那么“学习”就显示出“通往效能、绩效、成功的最可靠、最平坦的捷径”。“效能”和“效率”的鲜明分辨性，如天上的“北斗星”一样，闪烁着魔幻般的光芒，为寻道途中常常迷失方向的人指出了明确的学习方向，并永远起着召唤的作用。

在寻找“通往效能、绩效、成功的最可靠、最平坦的捷径”过程中，最大的错误在于人们对“效率”的过分追求，将“效能”驱逐出“学习”之外，人为地割裂管理基本标准内在的统一性。事实上，“效能”和“效率”是缺一不可的，唯有两者同时存在，才有可能显露出学习的完整意义。

“效能”和“效率”存在四种基本组合。

“效能”和“效率”的最优组合是正确的管理得到了正确的执行，并创造出“效能”和“效率”，使两者实现有机整合。这类组合是“最有效的管理”，也是“好的正确的管理”。

效能失效式组合是错误的管理得到了正确的执行，即错误的管理理念被坚决、彻底、有力地推广实施。这类组合包含了“正确地做事”，却丧失了“做正确的事”。

效率失效式组合是正确的管理有可能被错误地执行而失去效率。这类组合兼容了“做正确的事”，却丢掉了“正确地做事”。

“效能”和“效率”的最差组合是错误的管理被错误地执行。既没有“做正确的事”，也没有“正确地做事”。这类组合算得上最无效的管理，是错上加错，带来了错误倍增效应。

效能和效率的不同组合会存在不同的“学习机会”和“学习收益”。

“效能”和“效率”的最优组合是“真正值得学习和借鉴的管理”。这种组合的学习收益最大，而学习机会是极其稀少的。这种两全其美、锦上添花的事固然好，但对于人的学习来说，近乎“天启”。

效率失效式组合极大地强化了“错误地做事”，这意味着滑进了“狡智”的深渊。

如果说效率失效式组合是滑进了“狡智”的深渊，那么效能失效式组合却是偷偷地溜进了“伪善”的魔窟。这是因为效能失效式组合极大地强化了

“做错误的事”。

“效能”和“效率”的最差组合是最不值得学习的管理，但人类真正的学习只能以此为基石。

考虑到一个基本的历史经验，即失败的经验多于成功的经验。这一点往往被人们所忽视。“效能”和“效率”的最优组合是一种既正确又好的管理，它从根本上保证了“学习正确的管理”的可能性，但它不能保证“正确的管理能不断地加以完善”。也就是说，“效能”和“效率”的最优组合可学习的机会是极稀少的，是最不易形成学习规模的，更谈不上学习习惯的养成。

“效能”和“效率”的最差组合对于“正确的管理能不断地加以完善”来说是极其重要的。“效能”和“效率”的最差组合的不良结果是显而易见的，这种显而易见的一面，对于常常有可能轻易陷入愚昧的人来说，是不幸之中的万幸。人们可以从“显而易见的结果”中得到明确的“反馈”，并给那些自作聪明的人当头一棒，加以警示。这就从根本上保证了正确的管理能不断完善。人们从失败的管理中学习的机会往往多于从成功的管理中学习的机会。“效能”和“效率”的最差组合给人们的学习留下转向学习的巨大空间，还为人们管理学习创造了“学习规模”，并最终演变为学习习惯。在这个意义上，“试错”是“真正的学习”，也是真正意义上的理性。这就是人们常说的“物极必反”“反者道之动”。

效能失效式组合的后果往往是灾难性的，不仅波及范围广，而且影响深远。最可怕的是人们很难将错误的事从错误地做事中剥离出来，这使得其灾难性的后果最不易被人们发现，这就从根本上否定了正确的管理不断完善的可能性。更何况在这种组合中，昂贵的学习代价是人类根本承担不了的。

效率失效式组合意味着有效能没效率，“做正确的事”被“错误地做事”所害。但这种组合总比效能失效式组合（错误的管理得到了正确的执行）所造成的负面影响要小，人们还能够从“错误地做事”中找回“做正确的事”。在这里，人们既可找回学习的因素，也能适度地承担学习的代价，不过代价还是有点偏大，但这总比付出灭顶之灾的代价要小得多。

总而言之，“学习正确的管理”重要，但“不断完善正确的管理”更重要。前者不可能构筑“通往效能、绩效、成功的最可靠、最平坦的捷径”，后者才真正是构筑“通往效能、绩效、成功的最可靠、最平坦的捷径”的关键。两者同时存在，最终才会显示出一条“真正的通往效能、绩效、成功的最可靠、最平坦的捷径”。

应　用

“效能”和“效率”之别，指明了“管理差距”，还暗含了“实施正确的管理”。这就是人们常说的“管理知识的应用问题”，但人们并没有认真思考“应用”的真正含义。

人们往往习惯于将管理知识的应用归结为“面对‘问题’—做出‘反应’”这样一个认知模式。这个模式认为，人们在现实的管理问题面前，“应用”就是不假思索地罗列出不同的管理类型。这种认知模式是错误的，将“管理知识的应用”等同于一种本能反应。这既无益于管理本身，也无利于解决实际问题。

人们往往还将学习而得的管理知识，直接通过教科书、课堂教育、研讨会等形式进行制度安排，注入了大量本不应该有的权力因素，将“管理在具体情况下的应用”变成“话语霸权”和“实践霸权”。“话语霸权”和“实践霸权”往往互为表里，“话语霸权”使管理知识成为“名义上的符号”，从而为“实践霸权”提供借口。“实践霸权”使管理知识成为一种“形式上的象征”，以此为“话语霸权”提供遮羞布。这种双重霸权彻底地颠覆了来自“无知”深处的“基本标准”——“有效性以及与目标相符合的功能性”，也直接摧毁了这个标准派生出来的“管理标准”，即“效能”和“效率”。

这种双重霸权式“应用”因意识形态、社会文化和管理思想时尚而强化。“理论与实践相统一”的意识形态因素过分强调“理论”对“实践”的“指导”，这在有理论的条件下是有道理的。但在没有理论的条件下，这就不完全是正确的了。“知行合一”的中国社会文化进而为“理论与实践相统一”的意识形态因素修筑一条护城河。特别是过分强调“执行力”将“管理在具体情况下的应用”变成一个简单的“执行”问题。意识形态、社会文化和管理思想时尚的强化作用带来了一个致命的结果，也就是“锁闭”管理知识的演化。

“管理知识的应用问题”的真正含义是“实施正确的管理”。这是“效能”和“效率”两个管理标准相统一的自然要求。基于“效能”和“效率”双重标准，人们识别出了“好的正确的管理”，还能分辨“好的正确的管理”与“管理在具体情况下的应用”。这种区分是一个古老的问题，即“一”与“多”的问题。这意味着“好的正确的管理”只有一个，“管理在具体情况下的应用”

有多种多样的存在方式。

“实施好的正确的管理”是一种正视“未知”而形成的现实妥协。正是这种妥协需要，“好的正确的管理”同“管理在具体情况下的应用”形成一种自然对比。这就是说“管理在具体情况下的应用”同“好的正确的管理”无关，而同“话语霸权”和“实践霸权”中的“管理”密切相关。从这个意义来说，“管理在具体情况下的应用”在很大程度上是挑战管理中的“话语霸权”和“实践霸权”，最终防范管理知识转化出现“知识锁闭”。

“管理在具体情况下的应用”集中体现在特定场域的动态化过程中的不确定性，这种不确定性是任何“话语霸权”和“实践霸权”中的“管理”知识都不可能预测出来的。正是这些未知因素揭穿了“话语霸权”和“实践霸权”中的“管理”知识神话的漏洞，将人的自由意志或者说责任深深吸入，从而使管理知识实现真正意义上的转化。

管理的具体场域的动态化的细分是一个极其复杂的无限可分的过程，对这个过程进行描述是一件极其困难的事情，几乎是一件不可能的事情。为了便于分析，动态化可简单地分成“动态中的静态”和“动态中的动态”，这是一种较为合理的简单化分析方式，它能使我们描述出动态化的两个极端形态。当然，这种简化方式牺牲了无数个中间状态，或者说忽视了无数个中间形态。因此，这个简单化分析方式是有局限性的。但这是必要的局限。

“动态中的静态”直接呈现为“已知事物”和“未知事物”两种存在状态，这是管理在具体情况下应用的两种常态。对于这两种具体的管理应用的常态，可分别称之为运营型管理和创新型管理。管理已知事物是运营型管理，管理未知事物是创新型管理。管理已知事物所要用到的管理知识同管理未知事物所用到的知识没有什么不同，管理都体现为一种职能，寻求共同的目标任务，使用相同的管理工具，遵循相同的基本规则。不同之处有两点：一是创新型管理所要用的管理知识远比运营型管理更精确、更全面；二是创新型管理要求管理者有更强的掌控能力和驾驭能力。

为了对“创新型管理”有一个比较直观的理解，可以用攀登新的高峰来比喻。对于那些决心挑战从未有人涉足过的未知高峰的人来说，对这座新的高峰的具体环境是一无所知的。面对这样一个完全未知的环境，他们不可能将原来积累的经验和有效的工具全部都弃置不用。这些人不仅要运用自己从先前登山经历中积累的知识和经验来制订详细的登山计划，还要用到以前所用过的绳索、雪锤、脚扣等攀爬器具。唯一不同的是，在攀登这座完全未知的新高峰时，他们会格外重视准备工作，他们在心灵的深处会问一系列的问题，诸如器械是否全备，安全措施是否周全，人员的体力是否充沛等。对这些问题的高度重视，意味着要确保自己处于最佳状态，为攀登新高峰创造一个最有利的氛围。这说明在攀登者的眼中不存在这座山或那座山的区别，更没有爬过的山或没有爬过的山的区别。这还说明新的高峰在他们心中就是向着更大难度、更高级别问题的无畏挑战而已。

“动态中的动态”是一个持续的动态过程，可用一个日常生活中的例子来说明。这个例子就是驾驶汽车。在这个例子中，管理从知识转化为技能，演变为系列的操作程序。司机一旦掌握了驾驶技术，这些操作程序在整个开车过程中就都是一样的。开车时间和地点不同都会影响汽车的前进速度。在周末下班的高峰时期，司机则被困在车流中龟速爬行。在大城市里交通不太拥堵的时候，司机会在马路上潇洒疾行。无论是开车时间不同，还是开车地点不同，司机在开车过程中所遵循的刹车、踩离合、加油、控制等驾驶汽车的具体步骤都没有任何改变。在开车过程中，发生变化的不仅是周围环境，还有周围环境的附带变化，这些附带变化有可能是事故、疲劳、压力、危险。周围环境变化及其所引发的附带变化，对于司机来说都是完全未知的，是不可预测的。这要求司机更需要高度的责任心，不仅要将注意力集中通往目的地的过程之中，也要注意紧急情况下的危机处理。

管理知识从“无知”开始，经历了“学习”，最终以“应用”结束，这意味着管理知识的演化是一个连续的过程，但管理知识的演化又是一个不连续的过程，对美的诉求、试错理性的存在和环境变化的不确定，是这个不连续过程中的休止符，也是知识转化的关键点。每个个体唯有超越单纯的“应用”，顺从管理知识的自然演进，最终才会真正地接纳知识，摆脱“拒知”意义上的“无知之病”。

本章内容最初发表在深圳大学管理学院学生会院刊《知行天地》上（2008 年 5 月），修改后收录在陈智民主编的《基于创新创业人才培养的高校教学改革探索与实践——深圳大学管理学院教学研究论文集（4）》（暨南大学出版社，2011 年 12 月）。

附：

同事韩巍以论文描绘我敬畏之心的画像

机缘巧合，一方面是被学院主管教学的副院长马卫红结集教研论文一再邀请的诚意所动，另一方面则因一场由三位“60后”教师扮演“主角”的教学论坛（2017年4月14日）引发的感慨。在那次分享会上，三位教师以“过来人”的姿态，颇有些“经验传授”意味地漫谈了各自对管理研究，尤其是教学的看法。作为三位受邀教师之一，在参加这场被马卫红定义为一次“非常成功”的交流会之后，笔者却体会到，或许只有在当下的深圳大学管理学院这个对教学尚有“传统情结”的地方，且得益于马卫红于教学的“特殊情怀”，才会有这样“离奇”的故事发生。因为严格说来，在今天的学院评价体系中，这三位受邀教师中的每一个人都不算是十分“称职”的教师——没有“国家课题”，没有《社会科学引文索引》（*Social Science Citation Index*，SSCI）、《科学引文索引》（*Science Citation Index*，SCI）论文发表，他们对学院的“显性”贡献可以说微乎其微［其中韩巍在2014—2016年任期的发表记录，如果参照《中文社会科学引文索引》（*Chinese Social Science Citation Index*，CSSCI）、人大复印报刊资料全文转载标准，勉强算有一点儿贡献］。

杨龙芳：教授、博士。笔者与杨龙芳最初的“相识”，源自他的主动“挑衅”。我们的性格都有孤傲的一面，不容易有天然的亲近感。直到有一次在学院会议间隙，他和笔者聊起哈耶克，才增加了一点儿好感。事后得知，杨龙芳原本很怀疑一个营销系的老师在“妄谈”哈耶克，造化弄人啊。以后的日子彼此的交流渐多，他曾跟笔者谈起自己对一些管理基本问题的看法，听起来深刻却也高度抽象，一时间理不出头绪。碰巧笔者与导师席酉民也合作发表过几篇基础理论文章，就主动送书和文章给他，这才算是正式“结缘”。事实上，直到今天笔者也从未走进过杨龙芳的课堂，对他更多的好感，有私下交流和听他讲座的印象，主要源自学生的反馈（voices of the others）：其一，杨龙芳乐于在学生面前提起笔者这个“新人”（是私心作祟，也未尝不是对其

“鉴别力”的赞赏，人类难免自恋）；其二，学生们总会提及杨龙芳的“管理学原理”等相关课程，从对“无知的敬畏”入手，广泛涉猎“历史、政治、哲学、文学、美学等”，引导学生沉浸于“管理学经典著作”，尤其以德鲁克著作的解读为最，对部分学生的心智成长产生了极大的震动。今日之管理学，已日渐成为一门分工细密的“专业化”学科，不再具有“PhD”（哲学博士）之原始意蕴。但从管理实践的具体性、历史性、复杂性角度看，原本多么需要举目四望的“知识谱系”，多么需要“通识化”的恣意汪洋。行走中国管理学“江湖”多年，尽管经验有限，印象中只有西北大学刘文瑞（更以史学见长）有一样的风采。

笔者和杨龙芳在反对“科学主义、理性主义、工具主义、社会工程”等方面有强烈的共识，也确信他有资本“俯瞰”进而“轻视”当下充斥经验主义（实证派）、工具主义、“（并非哲学意义上的）实用主义”信念、教条、方法和成果的主流范式管理学。杨龙芳曾经跟笔者讨论过对“营销”的看法——或许只有笔者这种边缘化的营销系教师才愿意与他这个“外行”交流吧。杨龙芳的问题意识聚焦于“美学”——营销的“终极”面向。不得不承认，一个深受伽德默尔、利科思想影响的诠释主义者，一个似乎看破经验研究红尘（所谓“洞见以下皆为修辞”）的非主流研究者，一个被马奇等管理学者的“美学”情愫（马奇，2010；Adler，2015）所打动的普通教师，怎能不深以为然。单从“营销实践”在今日中国所呈现的“复杂、凌乱，近乎荒谬”的面貌，想一想营销如何塑造且改变了中国人的日常生活内容，包括许多人的生活意义，我们不是越来越呈现出“单向度生存”的可悲了吗？许多年前，一位现已退休，曾在《读书》上发表过文章的深圳大学管理学院同事李工有曾有一句戏言，“这世界都是让营销搞坏的”，某种程度上，也算一语成谶。而这个世界，似乎正在广泛地失去它应有的“格调”：物质主义流行，成功学泛滥，当学术都愈来愈“符号化”时，仿佛一切都是“我消费（占有），故我存在”了。我们彼此的这一“共识（也一定是洞见）”意味着——至少对于我们，一切企图改变人类正常生活方式的“社会工程（无数组织化的营销实践，包括营销化的组织学术实践）”都是可疑的。

君子之交，并非只有相互“吹捧”。杨龙芳不太标准的普通话、时而含混的标志性措辞，加之密集的概念化表达、大量的断言，以及经典文本的“旁征博引”所编织起来的“话语文本”（discourse text，比如听他讲座留下的印象），的确会让他的同事，更不用说学生“听而生畏”。一方面，油然而生的“无知感”是杨龙芳教学的部分用意所在；另一方面，如何让同行听众、学生，特别是部分“好学之士”获得一种“浸入感”，也是他需要面对的挑战。杨龙芳习惯讲“逻辑”，但又把逻辑近乎用作一种修辞，更准确地说，一种隐喻。

在笔者看来，“宏大叙事”对“本质追问”恰恰存在显著的消解，如碰到我们“共同”的学生，笔者总会提醒他们要警惕被杨龙芳“误导”——管理学知识当然不会只有“实用性”，但管理学院的目标和功能要求我们必须回到“现实”，回到管理实践的具体问题。当然，笔者最不认同杨龙芳对于“传道、授业、解惑”的保留态度。的确，本质上，在“无知”的隐喻中，我们每个人几乎都没有“资格”出演这种角色。但就经验而论，作为一个建构主义信徒，笔者认为这是大学教师，乃至天下所有教师生活意义之源头、合法性之基础。

摘自韩巍《做一名称职的教师已经足够——致正在消失的“我们”》，载于《我们心向的事业——深圳大学管理学院教学研究文集（7）》（暨南大学出版社，2018 年 1 月）。

第十三章　论企业管理帝国主义

企业管理帝国主义是管理学通向成熟之路的最大障碍。企业管理帝国主义意指管理等于企业管理假设。它起源于20世纪30年代的经济大危机，确立于第二次世界大战后，并以变异的形式在20世纪80年代得到发展。企业管理帝国主义有着政治思想、经济思想和历史思想等多种思想来源，这意味着反对企业管理帝国主义是一项极其艰巨的长期的理论任务。

作为一门学科，管理学的历史是极其短暂的，但人们对管理学的“认知”及其“知识”沉淀了大量明显过时的、不合时宜的论断。问题的复杂性还在于管理学短暂的历史是一个高速发展的历史，高速发展的历史往往是混乱的历史，这意味着管理学“认知”和“知识”隐含了一些错误的、不合理的“假设”，这些“假设”甚至演化成“潜意识”“想当然”“理所当然”，这就使管理学充盈着非理性的放荡。

在这些假设中，最为错误的假设是“管理等于企业管理假设”，我们将这个假设称为“企业管理帝国主义”。这个假设几乎成为管理领域内外大多数人的主流观点，甚至认为这个假设是不言而喻的。也就是说，这个假设在这些人看来是判断管理事实的一个公理。实际上，假设管理是企业管理，是管理的一种“想当然”的现象，反映了管理实践和理论研究的不成熟状况，带有典型的绝对论色彩。

假设管理是企业管理，这种假设反映了管理研究者、管理实践者和社会普通大众对于管理的理解处于一种无意识状态，他们没有形成一种管理理论自觉，甚至可以说他们从来没有注意到“管理”这个词。正是这种管理理论自觉的缺失直接导致管理研究者、管理实践者和社会普通大众将“管理”等同于“企业管理”。可以说，这种管理理论自觉缺失是管理学知识共同体悲剧的缩影。

一、企业管理帝国主义的起源

企业管理帝国主义起源于20世纪30年代经济大萧条时期的美国。它的核心就是假设“管理”等同于“企业管理”。

企业是人类组织演化史的重要环节，也是人类自治史上的重大事件。不论是对管理的敌意还是认同，都集中体现在了对企业的态度上。企业，特别是股份制公司，毫无疑问是一种真正的社会创新。从世界历史的经验来看，这个社会创新之物在主要发达国家的历史上并没有很快得到社会的承认。相反，新出现的企业却被视为激进的、危险的创新。在美国，亨利·亚当斯是美国第一位伟大的社会历史学家，十分重视历史动力的探讨，曾写过名为《民主—— 一部关于美国的小说》的小说，他在小说中既将企业看成新兴经济力量，又将企业看成腐败之源。企业先是从自身开始腐败，然后又侵蚀到整个政府和社会。亨利·亚当斯的思想深深地影响了其弟弟布鲁克斯·亚当斯对文明衰退法则的认识，布鲁克斯·亚当斯在1919年《民主信条的衰解》中将企业看成民主退化的根源，认为企业的出现就是一个惊天的阴谋。

1933年，美国爆发了史无前例的经济大危机，这场危机影响深远，以至于今天人们谈起它时仍谈虎色变。经济大危机的最大影响在于它加深了人们对企业的偏见。在这个时期，社会普通大众对企业充满敌意，进而对企业管理者充满蔑视，“管理”成为一个可恶的词。同社会普通大众一样，美国社会的知识精英和管理实践者将对企业的厌恶感转化为一种思维恶习，将“企业”和“管理”看成是罪恶之源。为了不与企业混为一谈，公共部门的管理者们开始独立门户，抛弃“管理”这个名称不用，改名为“公共行政”（public administration），并将它单独设立为一门学科，还在美国的大学里设立了有关公共行政的相应科系，使用独自的术语，并形成自己的职业升迁体系。出于对“企业管理”同样的厌恶，当时正处于发展中的医院也开始探索自己的管理认知之路。通用汽车公司的总裁阿尔弗雷德·斯隆（Alfred Sloan）的弟弟雷蒙德·斯隆（Raymond Sloan）曾成立斯隆－凯特林研究所，专门负责癌症研究的规划，开了医院行政以及医院行政研究的先河。来自美国医学界的这股管理探索潮，最终将“医院行政”（hospital administration）从管理学中分离出来，使其成为一门单独的学科。正是这种根深蒂固的社会潜意识，导致了公共行政和医院行政的兴起。从表面上来说，公共行政和医院行政是一种同企业管理分道扬镳的分离运动，但从实质上来看，它是对管理就是企业管理假设的一种“反动”。这就是说公共行政和医院行政并没有同企业管理彻底分离，两者在理论上都是以管理就是企业管理假设为基础的，并最终确立了企业管理在管理学中的“帝国主义”地位。

经济大危机时期所产生的“企业管理帝国主义”，还被赋予了一种意识形态色彩。彼得·德鲁克曾对此现象做过评论，“不使用‘管理’这个词是在大萧条时期在政治上做出的正确选择（political correctness）”[①]。

二、企业管理帝国主义的形成

随着第二次世界大战走向结束，“企业管理帝国主义”倾向不仅没有消除，反而得到强化，并最终确立下来。

第二次世界大战的确是世界法西斯联盟同反法西斯联盟之间的生死较量，美苏两国在这场战争中起了重要作用。特别是美国在第二次世界大战中充当了“兵工厂”，为美国的企业提供了展示其“重要性”和“作用”的大好机会。在第二次世界大战期间，美国企业界配合政府，积极参与抵抗法西斯的战斗，从根本上保障了反法西斯战争的胜利。第二次世界大战对于美国具有深远的历史意义，一位德国历史学家在谈到这一点时指出，“美国最终看到其所有战争目的均已达到，除此之外，它以在东亚对日本、韩国的占领而扩大了其影响范围，并重新占领了菲律宾。另外，由于美国的参与，最终结束了这场充斥着骇人听闻的滔天罪行的战争”。这就是说第二次世界大战的胜利是美国的胜利，说得更明确些，是美国企业和企业家的胜利。这正如彼得·德鲁克所说，“最终胜利的是盟军，取胜的原因是管理。美国人口只有所有其他交战国家的五分之一，参军比例基本持平，但是美国所生产的军用物资比其他所有参战国之和还要多。美国还设法把这些物资运送到遥远的前线，包括中国、俄罗斯、印度、非洲和西欧”。基于美国在战争中取得的历史成就，美国社会彻底改变了对“企业”的厌恶态度。“这在很大程度上使企业成为‘一个非常时髦的词汇’。”人们谈到企业就会联想到管理，谈到管理也就会联想到企业。“企业”几乎同“管理”是同一个东西。

第二次世界大战虽然是世界法西斯联盟同反法西斯联盟之间的生死较量，

---

① 彼得·德鲁克．21 世纪的管理挑战［M］．朱雁斌，译．北京：机械工业出版社，2006.

但这种较量并没有改变激烈的思想冲突，更没有改变意识形态的冲突，反而加剧了意识形态冲突。“由于战争，国际力量的对比发生了意义深远的变化，苏联在美国之后成为世界大国。相反，迄今为止的列强——英国、法国、德国和日本却失去了影响。”美苏两国在第二次世界大战还没有结束时就拉开了“冷战”的序幕，正是在这种意识形态的背景下，“‘企业管理’‘在政治上成为一个正确的’研究课题，从那时起，普通大众和学术界就一直将管理视为‘企业管理’”。这意味着“企业管理帝国主义”作为一股社会思潮最终确立了。

美国著名管理学家、现代管理学的奠基人彼得·德鲁克指出了美国语境下管理的规范意义。“‘管理’这个词是极难以理解的。首先，它是美国人特有的一个单词，很难翻译成其他语言，甚至很难准确地翻译成英国的英语。……即使在美国人的用法里，把管理作为一种术语，也是有点不尽如人意的，这是因为：在工商企业以外的其他机构里，通常很少会谈到管理（management）和管理者（manager）。”在这里，彼得·德鲁克强调了三点：一是理解管理是一个具有挑战性的事情，是管理研究中一项充满艰巨性的任务；二是明确地说明了管理这个词在原生意义上是一个美国特色的词，难以同其他语言进行跨文化上的对比；三是指出美国人心中的“管理”就是企业管理。特别是第三点，对于我们来说极为重要。这一点说明了将管理等同于企业管理，同美国社会对管理的理解有关，更同美国人心灵中管理一词的应用有关。简而言之，将管理等同于企业管理，是美国人所理解的管理的基本含义。

三、企业管理帝国主义的变形

“企业管理帝国主义”形成后，演变为企业管理原型主义和企业管理中心主义，这两种形式是企业管理帝国主义的变异形式。

企业管理原型主义极大地夸大了企业管理知识在管理知识积累过程中的作用，这等于犯了将“医学”等同于“产科学”一样的错误。企业机构仅仅是人类社会机构中一种类型，“企业只是这些机构中的一部分，由于历史的巧合成为管理学上的原型”。企业管理帝国主义最严重的错误在于将来自企业管理的认知结论直接移植到其他组织机构的管理之中，极大地夸大了企业管理的认知效应。对于接受企业管理帝国主义结论的组织机构来说，这种错误就是一种绝对和必然的知识教条，也是一种赤裸裸的机械主义，更是一种比较低级的智力游戏。

如果说企业管理原型主义极大地夸大了企业管理认知的理论效应，那么企业管理中心主义的基本特征就是夸大了企业管理认知的科学性。在企业管理中心主义看来，企业的目标是明晰的，企业就是追求利润最大化；企业的结果是明确的，特别是企业的绩效是明确的，它是可以量化的。这些可量化性的因素被企业管理帝国主义者当成精确的标志，是极其可靠的和可信的。这种认识实际上是一种科学主义迷信的简单翻版，或者说是实证主义在管理学中的机械移植。

企业管理原型主义同企业管理中心主义是相通的。企业管理原型主义的错误在本质上是一种泛理性主义的错误，企业管理中心主义的错误在本质上是一种泛科学主义。泛理性主义和泛科学主义是相通的，相通之处在于二者都将理性绝对化。

四、企业管理帝国主义的新扩张

企业管理帝国主义是极其具有扩张性的。企业管理原型主义在扩张中的机械主义错误是极其明显的，也是极其容易识别的，更易于引起人们的高度警惕。企业管理积累了丰富的经验和知识，“但这并不意味着企业运行管理的经验可以移植于其他非企业机构”。即使对企业管理原型主义保持高度的警惕性，也不能排除企业管理原型主义内在的扩张因子。“这些非企业机构首先应该向企业学习的是，管理的首要任务是确立目标。这样的话，那些非经济机构，例如，大学或医院，就需要完全不同于企业的管理方式，但是这些机构完全可以将企业作为原型。我们亦会像服务于企业一样，服务于其他机构，包括政府部门。”企业的知识和经验是可以学习的，但这种学习的边界是极其不明晰的，往往是模糊的。正是这种边界的不清晰，使企业管理原型主义滋生出强大的扩张力。

企业管理原型主义内在的扩张性是隐性的，其破坏作用的影响是深远的。同企业管理原型主义相比，企业管理中心主义的扩张是显性的，其不良的思想影响是明显的。企业管理中心主义早在 20 世纪 70 年代的英国就显露出来了。英国工党政府一贯主张英格兰银行国有化，但英国工党在确立了执政地位后改变了这个长期持有的观点。英国工党政府开始学习企业管理，从美国著名的麦肯锡管理咨询公司请来顾问，对英格兰银行进行重组，确保其按照企业运行方式来经营。这是企业管理中心主义扩张在新时期的最初痕迹。

在 20 世纪 90 年代，企业管理帝国主义扩张集中体现为新公共管理的兴起。新公共管理直接将管理是企业管理的假设移植到政府管理领域之中，最终在西方发达国家出现了“政府再造运动”。新公共管理理论在本质上就是“管理主义”（克里斯托夫·波利特语），政府理念本质应是“具有企业家精神的政府”（戴维·奥斯本语），“以市场为基础的公共行政”（戴维·罗森布鲁姆语）。克里斯托夫·胡德在谈及新公共管理理论的结构时就明确指出了企业管理帝国主义思想的新扩张，“新公共管理是新制度经济学和私人企业管理学结合的产物”。① 特别需要指出的是，中国人理解管理的困难是用语言难以表达的，这种困难远远超过了中国学术界和管理实践工作者的想象力。有学者指出“‘management’一词很难找到一个中文字来对应它”，这一点无疑是正确的。在对管理的理解上，中国人远比西方文化背景下的人更容易确信和迷信管理就是企业管理，这不仅体现在 20 世纪 20—40 年代的工业救国论思潮中，还体现在改革开放的思潮中。在改革开放的思潮中，有一种企业家改变中国论的思潮，这股思潮隐含的思想基础就是管理是企业管理的假设。

五、企业管理帝国主义的思想根源

企业管理帝国主义在思想根源上深受“世界观的发展”影响，集中体现在社会观和政治观的影响之上。换句话来说，企业管理帝国主义是政治学贫困、社会学贫困、经济学贫困和历史学贫困的结果。

管理是企业管理假设是同世界观的发展相关的，特别是同源于 17 世纪法国和英国的社会观（社会理论假设）相关。社会观是对“社会生活本质”的理解和解释。尼可罗·马基雅维里最先提出管理是一种政府形式的经典见解。这种见解在 17 世纪的欧洲演变为一种传统的社会观。17 世纪欧洲的社会观是一种单一的政府中心论，也就是说它认为一个以政府为单一组织的中心的社会存在。政府虽然具有自我局限性，但统治着由家庭为基本单位组成的其余部分。基于这种以政府这个单一组织中心的社会理论来看企业有四点是重要的。

第一，割裂社会生活的整体性。“企业是独特的，在社会生活中是个例外。”

第二，割裂社会组织的整体性。企业虽是一个有组织的机构，但它却是政府机构之外的一个例外。

第三，割裂人类活动的整体性。“经济活动”同“其他活动相去甚远”。

---

① CHRISTOPHER H. A public management for all season［J］. Public Administration，1991，69(1)：3.

第四，割裂人的整体性。“经济问题”不是“人类问题”。

综合这四点来看，欧洲传统的社会观所隐含的意义是：“管理也就被限定在这个特殊的、非典型的、游离于外的经济领域的组织（企业）之中。管理的本质与特性，也就相应地基于商业活动的本质与特性。‘管理’就是‘管理企业’，反之亦然。”

欧洲传统社会观的影响是极其深远的。20 世纪 20 年代的德国的瓦尔特·拉特瑙正是持有这种观点，他认为企业与“具有影响力的政治与社会理论不相容”。

同欧洲传统的社会观相关，美国经济学也持有相同观点。20 世纪约翰·康芒斯认为企业管理就是一种政府组织形式，这种观点是“美国整个机构经济学的传统”。

管理就是企业管理假设也受到欧洲政治观的影响。19 世纪的自由国家学说，作为一种信条，“根据这个信条，所有组织的权力都置于中央政府的管辖之下”。这是一种典型的政府中心主义。

企业管理帝国主义还有史学思想的渊源。英国社会学家亨利·梅因爵士在 19 世纪 60 年代的著作《古代法》，首次提出历史发展进程是“从身份到契约”的“历史规律”，这种历史决定论的贫困在于它否认人类组织发展自主性，将企业排除在人的自治之外。

正是人文科学和社会科学的整体性贫困，使企业管理帝国主义在人类的思想史的大环境中得到生长，最终成为一股具有深远历史影响的社会思潮。

六、企业管理帝国主义的破产

管理是企业管理假设的错误是显而易见的，是与事实不相符的。同管理是企业管理的假设相反，正确的假设是“管理不等于企业管理”。这个新假设对管理的理解是一种广义的理解。具体而言，管理不是企业管理的假设在理论上有四点内涵。

第一，不同组织有不同管理方式。这意味着组织使命、组织战略、组织结构三者之间存在着直接的相关因果关系。也就是说组织的使命决定战略，战略决定组织结构。

第二，不同组织固然有不同管理方式，但不同管理方式之间的差异往往比人们想象的要小得多。这意味着不同管理方式的最大差异主要体现在各类组织使用的术语上。换言之，组织在使命或挑战上往往更易于倾向是相同的。管理的这个理论意义还在于提醒人们需要高度警惕过高估计不同管理方式之间差异性的错误倾向。这就是说从理论上来看管理是一种语言现象，它在观念上具有极强的同构性和一致性。

第三，不同组织管理方式的差异主要体现在应用上，而不是体现在管理原则上。这个意义在组织的使命（任务）和挑战不存在巨大差异情况下也是适用的。这就是说管理知识存在一个观念与制度之间相互影响的张力，而管理制度的张力更大一些。

第四，在不同组织关心的问题中，90% 左右的问题都是普遍性问题。在这些普遍性问题之外，即剩下近 10% 的问题，才是真正的管理问题。这意味着最后 10% 的管理问题才是这些组织独有的使命、文化、历史和专业用语需要解答的问题。这就是说管理学知识的形成路径主要是“问题的界定”而不是“问题的解决”。

管理不是企业管理的假设，不仅具有理论意义，而且具有现实意义。在 20 世纪，企业的增长趋势在发达国家开始明显下降，保持增长势头的部门是“非营利性机构”，即政府、脑力劳动者、卫生保健和教育。同时，非营利性社会部门也是今天最需要管理的部门。通过有系统、有原则和以理论为指导的管理，非营利性社会部门可以在短时间内产生最大的能量。这说明否定管理就是企业管理的假设是有现实基础的，终结“企业管理帝国主义”是一种现实要求的必要选择。

一旦否定了管理就是企业管理的假设，确认了管理不等于企业管理的假设，就从根本上打开了开放管理思想的大门，管理学从此走上解放管理思想的道路，摆脱了管理同企业之间一对一的线性关系，认识到了管理的不确定性。这可以说是人类管理理解上的“思想大解放”。在这个广义的管理理解基础上，我们可以得出一个最为根本的结论：管理是所有组织所特有的特殊工具。

七、批判企业管理帝国主义的长期性

企业管理帝国主义作为一股社会思潮，对管理学成长史的演化的影响是历史性的，但有些学者，即使是最伟大的管理学大师也往往会忽视这种影响。管理学大师德鲁克曾乐观地认为“第二次世界大战结束后，我们开始不再认为管理只是企业管理”，这就导致了对企业管理帝国主义批判的忽视。

企业管理帝国主义长期存在于全球范围内的民众对企业认知的不自觉之中。在德国，拉特瑙曾是一家新式股份企业的首席执行官（Chief Executive Officer，CEO），后来曾任魏玛共和国的外交部长，1922年遇刺，是最早的纳粹受害者之一。瓦尔特・拉特瑙觉得企业是一个太新的新生事物，它同欧洲传统的政治与社会理论是不相容的，并认为企业是“一个严重的社会问题”。在奥地利，卡尔・卢埃格尔是奥地利基督教政党的创始人，他在1897年被选为维也纳市长。卡尔・卢埃格尔的竞选纲领是保护那些诚实、高尚的小企业，抵制恶劣的、不合理的公司。在意大利，班尼托・墨索里尼曾是一名默默无闻的新闻记者，通过指责“那些残酷的公司”成为政治明星，走红全国。在日本，涩泽荣一怀着“通过企业来构建一个新日本”的梦想，于1870年放弃了有前途的政府部门工作。涩泽荣一认为企业是一个新生事物，非常具有挑战性，他试图通过引入“儒家文化”来将“企业”驯服，建立一种相克关系。在中国，企业还在民愤中与原罪有关。这些例子说明：全球范围内的企业认知不自觉地为企业管理帝国主义存在铺垫了深厚的土壤。

全球性的管理教育加剧了“企业理论不自觉”，这就为企业管理帝国主义增添了一层丰厚的养分，并使企业管理帝国主义的历史影响在人的观念中沉淀下来。著名的管理大师德鲁克深刻地认识到了这一点，“很多人听到或读到管理这个词时，听到的还是企业管理。在畅销书排行榜上，管理类的书籍往往比其他非小说类的书要好卖，虽然这些书的书评主要出现在商业刊物上。一所接一所的‘商学院’相继改名为‘管理学院’，但是所授予的学位还是叫MBA，也就是工商管理硕士。管理的书，不管是大学的课本，还是普通的阅读书籍，都主要是针对企业的，所举的例子也往往源自企业”。

“企业理论不自觉”和管理教育的思想误读导致批判企业管理帝国主义的艰巨性和长期性。企业管理帝国主义的批判历史实际上就是管理学的成长史。企业管理帝国主义的批判标志着管理学“自我意识”的成长，一旦管理学有了这种“自我意识”，就意味着管理学正在走向“成熟”之路。

本章内容最初发表在深圳大学管理学院学生会院刊《知行天地》上（2012年5月改版第2期），后来同郝建明一起再修改后，公开发表在《经济师》上（2016年3月）。

第十四章　慎终追远

深圳大学是因改革开放和特区建设而生的大学，管理教育是深圳大学所提供的教育中的“重中之重”。1983 年 9 月，由中国人民大学周惠兴教授、汪洋教授等负责组建经济管理系，下设工业经济管理专业和商业经济管理专业，开深圳大学管理教育之先河。1985 年经济管理系一分为二，分设经济系和管理系。在管理系下设工商企业管理专业、商业企业管理、证券投资管理方向、房地产企业管理方向、餐旅管理方向和财务管理方向，这有力地推动了深圳大学企业管理教育的独立发展。在同一时期，深圳大学分别于 1985 年和 1987 年创建软科学系与信息系统专业和行政学系，这两个系大大地加强了深圳大学管理教育的全面发展。

随着深圳大学管理教育在深度和广度上的发展，管理学原理教材建设问题逐渐成为一个现实的问题。1989 年 5 月，管理系教师朱东和傅哲铭在经济科学出版社出版了一本《现代管理学》，这是第一本由深圳大学教师编著的管理学原理教材。同年 12 月，经济系教师施炜在能源出版社出版《管理学基础》，这本书在深圳大学的图书馆已经难以找到了，但有关这本书的信息完整地保留下来。在由深圳大学科研处主编的名为“深圳大学科研成果汇编（1983—1993）”的资料中记载：“施炜：管理学基础，能源出版社，1989 年 12 月出版。”这两本管理学原理教材表明：深圳大学重视管理学原理教育是有传统的。

1997 年 6 月，由原管理系、行政学系和软科学系合并组建深圳大学管理学院。这可能是中国所有管理学院中管理教育学科最全的学院了，为“大管理教育”奠定了基础。在侯莉颖倡议并主持下，杨龙芳、杨云、陈淑妮参与，共同编写《管理学精要》，于 2002 年 10 月由吉林人民出版社出版。这部教材印刷过两次，销售量达 10000 本，标志着深圳大学重视管理原理教育的传统得到发扬。

8年后，由侯莉颖倡议，张多中主持，杨龙芳参与，共同编写《管理学原理》，这部教材对《管理学精要》的“管理思想”和“管理原则”做了重大修改，并对“管理职能”一篇进行了重新撰写，这是全书中内容全新的一篇。因此，这部教材不是对《管理学精要》的修订，而是一本全新的管理学著作。这部教材的出版显示了深圳大学固守着管理学原理教育的良好传统。

基于对管理学原理教材变迁的考察，深圳大学管理学原理教育有一些基本的传统，这些传统在新版《管理学原理》中体现得最为明显。概括起来，主要有三种传统。

重视管理学理论知识的研究是深圳大学管理学原理教育的首要传统。在《现代管理学》中，朱东和傅哲铭提出了一本好的管理学原理教科书的标准，“一本好的教科书应该充分强调管理的知识基础，特别是要有正确的基本概念，突出‘运用之妙，存乎一心’的管理哲学精髓，尽可能给学生一个广泛的但也是坚实的知识、心理基础，为高年级的进一步深造创造条件”。在这里，可以看出一本好教材应好在“有正确的基本概念”。《管理学精要》指出：管理“涉及经济学、心理学、社会学等多种学科”，正是这种多学科性“大大地增强了管理问题的难度”。在这一传统下，基于知识的高度，新版《管理学原理》明确地提出了管理知识的理性基础、管理知识的条理化、管理学的学科定位等基本理论问题，提出管理理性是一种多元理性，明确肯定管理知识条理化的职能方法，强调了管理学学科的“综合学科”定位，并指出管理学的伦理归宿。针对管理学的伦理归宿，新版《管理学原理》增加了“管理伦理”，这是全新的一章，也是该书具有特色的一章。

新版《管理学原理》特别重视管理思想和管理原理，专辟独立的两篇，突出管理知识的完整性。管理知识说到底是不完整的。人不可能完整地再现管理知识，这是人力所不能及的。人在管理知识再现面前仅有最有效的两条路径可供选择：思想史的路径和管理原理化路径。管理思想史路径立足于对有突出贡献的管理学家的思想的条理化，是一条精细化的路径，能最大限度地呈现管理知识中最精华的内容，使学生在管理思想史的基础上掌握管理知识的进化框架。通过管理思想史的学习，学生可能发现：一个相对完整的管理知识框架包括已经了解到的新知识、稍有所知的知识和一无所知的知识。管理原理化路径以管理知识的基本纲要为基础，是一条宏观化的路径，能最简要地呈现管理知识中最基本的知识，使学生在管理知识纲要的基础上掌握管理知识的大致轮廓。通过管理原理的学习，学生可以认识到：管理知识可简化为系统和系统原理、人本原理、动态原理和效益原理，这些原理在管理知识中起着纲领性的作用。

重视本土化是深圳大学管理原理教育的第二个重要传统。《现代管理学》是应“教育本土化”需要而产生的著作。朱东和傅哲铭在“后记”中写道：“我们从教学中发现，目前出版的许多书，都不是特别适合中国大学低年组的‘管理学原理’的教学。”“一般说来，新生求知欲强，接受快，但往往知识面较窄，缺乏明确的判断能力……针对这一特点，我们编著了这本《现代管理学》。”《管理学精要》的作者们在一定程度上重视“深圳经济特区的管理经验”和“珠三角的管理经验”。这在新版《管理学原理》中又一次得到发扬。

新版《管理学原理》特别注重“组织环境”问题，专列一章对组织环境做了较细致的分析。新版《管理学原理》指出：组织和外部环境每时每刻都在交流能量或信息，环境对组织的存续和发展具有重要影响，组织是在不断与外界交流能量与信息的过程中发展和壮大的，也是在这个过程中不断地适应、影响，甚至是改变着环境。组织环境是一个组织生存的外部条件，它在一个组织的管理业绩方面有着极其重要的影响。新版《管理学原理》对组织环境的强调，从根本意义上突出了“管理概念”。这个意义上的管理概念“就是包括设计一种环境，使处身其间的、与集体在一起共同劳动的职工能够完成他们的目标”。在这里，我们深深地认识到管理概念的根本就是环境设计。

正是出于对管理概念的深层领悟，新版《管理学原理》认识到基于“自治”意义的“有效的组织管理”是现代性的根本。现代社会的中心既不是技术，也不是信息，更不是生产力，而是管理完善的组织。组织是产生成效的社会工具，而管理是帮助组织产生成效的特殊工具、特殊功能和特殊手段。这就克服了同类教材在论述管理时将“管理”同“生产力”相混淆的错误。新版《管理学原理》在分析“管理基本过程”时特别注重组织的有效性，将分析的重点放在计划、组织和控制的分析之上。这是有意识地精简管理职能，这也是对“管理基本职能”追问后所做的再探讨，是对管理基本职能的再基本化。

正是出于对管理概念的深层领悟，新版《管理学原理》有意识地安排了“案例应用”。这些案例在一定意义上就是让学生从管理的各个方面去体会组织环境。

坚持科研服务于教学是深圳大学管理原理教育的第三个传统。朱东和傅哲铭编写《现代管理学》的动力直接来源于教学。《管理学精要》是作者群体多年从事管理教育的总结。这一点在刘莉教授所写的“序”中讲得特别清楚：“侯莉颖副教授、杨龙芳博士、杨云博士、陈淑妮副教授是深圳大学管理学院的学术骨干，多年从事管理教学和研究，特别是长期在深圳经济特区及珠三角地区从事教学、研究、培训、咨询等工作，积累了丰富的管理学理论和经验，既熟悉国外先进的管理理念又了解中国的社会背景。他们试图在多年从事管理教学和研究的基础上，从浩如烟海的古今中外管理实践和管理思想宝库中吸取营养，结合当前中国改革开放的大潮，为经济管理类专业的专科生、本科生、研究生和其他一切有志于学习管理理论、方法的人们提供一部系统、全面、内容丰富的教材。同时也为各行业、各种不同层次的管理者提供一部自学和研究管理的实用参考书。”在新版《管理学原理》中，这一传统在很多章节中都能看到踪迹。

新版《管理学原理》在每章后有意识地设计了“自我评估”，将科研服务于教学的传统落实到服务于学生个人认识深处。通过这些“自我评估”，学生可以对自己的管理认知有一个明确的了解，为学生的再学习创造了一个有效的反馈机制。

管理学原理教材变迁折射出来的深圳大学管理基础教育传统的总体方向是极其良好的。深圳大学管理基础教育诉求的是理论创新和思维创新。深圳大学管理基础教育关注的是管理现实的瞬息万变。深圳大学管理基础教育向往的是理性精神的光芒。

为了使深圳大学管理基础教育传统能得到更好的流传，如何将这个传统精细化，是一个涉及传统能否得到守望的现实问题。这个问题意味着管理知识的进步仅仅停留在对中国宏观环境变化的关注，对现代化的回应和对经验的总结，这是不够的。中国管理学知识的真正进步应该把注意力放在微观机制考察上，对现代社会组织结构裂变的细致研究上和在学术研究行为中对自由精神的守望上。

管理学原理教材变迁折射出来的深圳大学管理基础教育传统，是一种慎终追远的传统。固守慎终追远是一份极其艰巨的事业。但至少应做到的事，是不断地追问这个传统。

慎终追远在其本来意义上就是管理的传统。

慎终追远在管理者决策、行动和思考中将还原为对“结果又怎样”的无穷追问。

本章内容经主管深圳大学管理学院副院长李丽教授修订，载于张多中主编的《管理学原理》（经济管理出版社，2010 年 10 月）。

第五部分

身份与场域

第十五章　不确定性之美

管理教育国际化源于管理教学个性化，它至少包括理论范式、概念和知识流动。这三者在很大程度上是由管理教育的言说者决定的，并彰显出了极大的不确定性，进而体现为一种意境之美。

同其他学科不太一样，从实践来看，管理学从诞生之时已呈现出一种全球化态势，自成体系的中国在当代改革开放中也不得不对它抱有极大的开放情怀。就理论而言，管理学在演化途中却深深地烙上了多样性、不协调和冲突的印记，至今难以形成统一的范式，甚至潜藏着被文化肢解的死亡风险。本章将管理学内在的实践和理论之间不协调关系称为不确定性，将它延伸到管理教育之中，并对管理教育中的理论、概念和知识流动问题进行探讨，指出管理学内在的不确定性派生出了管理教育的不确定性，最终得出一个基本的结论，这就是管理学教育的不确定性之美。

一、道可道非常道

这是一个涉及管理理论范式的大问题。用中国传统话语来说，这是一个与“道”有关的大问题。

管理学存在多种范式，这几乎是一个共识，而范式之间的多元竞争，却没有引起注意。这是管理学学术思想市场极为不正常的充分表现。管理学诞生百余年，历经多次学术论战事件，形成了自己独有的历史路径，呈现多元多线发展态势，极大地张扬了管理之道的不确定性。管理之道非常道。

管理之道非常道首先体现为古典与现代之冲突。古典管理学，即弗雷德里克·泰罗、亨利·法约尔、马克斯·韦伯等人确立的管理学经典传统。这条传统路径由林德尔·厄威克高度条理化，形成传统的知识谱系。透过古典学术传统和思想谱系，折射出权威、官僚和计量的光芒，在当下已成为久久不落的夕阳。“夕阳无限好，只是近黄昏。”现代管理学，即彼得·德鲁克、弗雷德·卢桑斯、亨利·明茨伯格等人开创的新精神，形成管理学知识的新地图，从这个地图上，使命、责任、隐喻高峰屹立，迎着朝霞，美丽无比。管理学源头之境和流变之境，不仅突显了管理学演化中存在的大断裂，还极大地预示着管理之道的不确定性之美。

管理之道非常道更体现为管理学之自大和行政学之傲慢的理性危机。管理学固然同私企经营相关，其经营理论易于体验、感知和理解，顾客、利润和绩效，这些是管理学之所以成为显学的标识性符号。相反，行政学诚然同政府运行相联系，其智识的历史累积远远早于管理学。行政理论往往需要领悟、神会和启示，公民、服务、伦理，这些构成了行政学之所以成为基础学科的基石。行政学比管理学有更多的“经学味”。换言之，行政学远比管理学更具有法学传统。一旦放弃公私二分之法，行政学与管理学就会靠得更近，不是朦胧胜似朦胧，不是模糊胜似模糊。这是管理之道不确定性的意境之美。告别了行政学的管理学必定会丧失想象力。弗雷德里克·泰罗、玛丽·福莱特、马克斯·韦伯、彼得·德鲁克、亨利·明茨伯格等大师的学术思想无时不在地昭示着这个常被人们遗忘的常识。无论是管理学，还是行政学，都挣扎在人类合作竞争之道的困惑之中。

管理之道非常道还散落在质量管理和绩效管理的直接冲突之中，前者太重视环境的影响，后者太高估人的能力。管理之道非常道也存在于管理思想大家的内在理论结构之中，道格拉斯·麦克雷戈管理企业人性面中的 X 理论和 Y 理论正是这个论题的最好证明。

二、名可名非常名

同管理之道非常道相关的是另一个大问题，就是管理之名非常名的大问题。借西方之话语来说，这涉及管理学的概念问题。

所有的管理学研究，特别是有建树的管理学研究，都不能不归结为管理学的概念研究。泛科学主义的局限、实证主义的倒塌都证明了这一点。正是基于这一点，管理概念的清晰、整理和系统化成为当代管理学前行之路上不可或缺的工作。深圳大学图书馆珍藏着令人难忘的四部重要的管理学工具书：第一部是由经济科学出版社在 1989 年 6 月出版的美国学者杰里·M. 罗森堡（J. M.Rosenberg）编的《工商与管理词典》，第二部是由商务印书馆于 1991 年 8 月出版的美国学者杰伊·尼斯伯格（J. N. Nisberg）编的《最新经营管理词典》，第三部是由辽宁教育出版社在1999年2月出版的英国学者摩根·威泽尔（Morgen Witzel）主编的《工商管理辞典》，第四部就是中国金融出版社于2007年5月出版的乔纳森·萨瑟兰德（Jonathan Sutherland）、黛安·坎威尔（Diane Canwell）所著的《帕尔格雷夫管理词典》。这四部书有一个共同的旨趣，那就是初步尝试管理词汇的标准化，这是一个宏大的企图，若能实现，它将会深远地影响管理教育的国际化，这无疑是一种历史性的影响。正是这样一个宏大的企图，显示出管理学教育的苍白无助。还是乔纳森·萨瑟兰德和黛安·坎威尔有些理性，他们俩在《帕尔格雷夫管理词典》中用箴言般的语言警醒管理学的研究者："（管理的）发展过程伴随着大量的讨论，但是相互理解中的未知障碍常常妨碍它的进展，有时甚至使进展停滞。这些障碍从来不是因为词汇的缺乏……障碍往往悄悄地产生于不被察觉的用法差异上。"[①] 这意味着管理学概念的用法差异是管理教育内在理解中的最大障碍。说得透彻些，管理概念不仅会受到特定国家文化、特定群体亚文化的影响，还会受到地方知识的限制。管理概念甚至会遭遇特定的国家文化、特定的群体亚文化、特定的地方知识三者合力围剿的死亡风险。

管理之名非常名首先会受到特定国家文化的影响。特定的国家文化是一种历史的沉淀现象，是特定民族心灵深处的密码，这是外人很难破解的。正是在这一点上，相比世界其他文化来说，中国文化体系相对具有完整性，它远比其他文化对管理概念具有更强的排斥制度选择倾向。管理之名非常名在更多的情况下体现在地方知识之中。地方知识的存在同问题的解决路径有联系，也同对"行"的过度重视相关。一个问题往往有多种解决途径，这是无可非议的。重视"行"也是无须辩论的。但一个更为重要的问题是离开"发现问题"谈"解决问题"，离开"知"来理解"行"，这是有大问题的，甚至可以说是方向性的错误。出于防范这种方向性错误的考量，正确运用地方知识，管理概念才会有丰富的外延，管理之名非常名也才会彰显出不确定性之美。正是这种管理之名非常名的不确定性之美，管理工作才最终成为一门艺术，从而使管理学达到了智识的境界，也就是人们常说的"转识成智"。

① EYRE E C. 管理基础［M］. 蓝伯雄，钱小军，译. 北京：高等教育出版社，1998.

三、教可教非常教

论述了管理之道非常道，分析了管理之名非常名，现在该谈论管理之教非常教这个大问题了。这个大问题，不仅涉及管理知识流动过程中的不确定性，还涉及个体的管理知识自主生长过程中的不确定性。

知识的流动过程绝不是一个乘积效应，只会发生倍增和叠加，从不会发生递减和流失。事实上，知识的流动是一个断裂与承续的过程，如光之波粒之构成一样。一旦明白这样一个隐喻的意义，教学问题就会得到明确的界定。管理教学不是一个简单的传播问题，也就是说教学并非一个完全意义上的传授问题，“言传”仅仅是很小的一部分，而很大部分是靠学生去“意会”。管理教学也不是一个简单的接受问题，这就是说教学并非一个完全意义上的学习问题，“学习”仅仅是很小的一部分，而很大部分是靠教师去“启发”。

从管理教学问题的本质出发，一个有个性的优秀教师在心灵的深处必定有两个同时存在的精神世界，即言传的世界和意会的世界。言传的世界决定了教师和学生之间存在一种直接的认知反应，而意会的世界决定了教师和学生之间存在一种间接的心灵共鸣，后者往往比前者显得更重要，因为它与学生的反思思维有更深层的联系。正是这种不确定性意义上的反思性的存在最终决定了管理教学的深度和管理教育的有效性。这也是管理教学不确定性之美绽放出来的智慧花朵，有朝一日，它必定成为丰硕的果实。

意会世界的存在是一个有个性的优秀教师的生命活力之所在。这就要求教师是一个信仰个性自由的人、一个信仰思想自由的人，甚至是一个信仰文化自由的人。更重要的是它还要求将这些精神世界的多重自由变成心灵深处的习性。这些心灵深处的自由从根本上保障了一位有个性的优秀教师的管理知识生长是一个自主生长的过程。管理知识的自主生长过程由 3 个基本环节构成，即从事实中磨砺信念、从结果中汲取思想、从研究中归纳观点。这 3 个基本环节本身就是教师个体管理知识自主性生成的基本路径。一位有个性的优秀教师总是在这三条路径上徘徊，不断呼唤自己心灵深处的声音，创新自己独有的话语结构，清晰地阐释自明之理，说出些老生常谈之感，道出些旧话新说之论。一位有个性的优秀教师会在自己的话语中改变自己，更新个体性的管理知识，也会深深地影响学生，甚至是一句话诱发世界发生改变。

一位有个性的优秀管理学教师，即使做到了这三点，他也仍然是有局限的，甚至说仍然有缺陷。这是因为管理知识内在的高度艺术性构成和属性。说得透彻些，管理知识在很大程度上是源于艺术精神镜像的知识。一位有个性的优秀管理学教师不可能将所有的管理知识内在的艺术消解为“言传的知识”和“可学习的知识”。

与其他任何一门艺术一样，管理知识内在的艺术精神镜像也并不是什么都可以传授的，也不是什么都可以学会的。这就从根本上显示出了管理教学最大的不确定性之所在。管理教学的不确定性昭示出一个深刻的洞见：管理教学越是个性化的教学，管理教育就越是国际化的教育。个性化的管理教学是国际化的管理教育的前提条件，管理教育国际化是管理教学个性化自然展现的结果。离开管理教学个性化，奢谈管理教育国际化就会成为无源之水。管理教学个性化内在的源头之水，是流动的水，是管理教育国际化的活性之水。

管理知识如光。“流动”，这两个神圣的字眼，是管理教育的一个美丽象征，一个彩虹般的象征。这个象征在终极意义上验证了一句流行语：“说什么不重要，重要的是看谁说。”这说明管理的理论范式、基本概念和基本知识都同管理的言说者有极大的关联性，这种关联性浓缩来说就是：管理之道非常道、管理之名非常名、管理之教非常教。

本章内容最初收录在马卫红主编的《我们重负的责任——深圳大学管理学院教学研究文集（6）》（暨南大学出版社，2015年12月）。

第十六章　话语的天穹

这是一篇受大一学生之邀，以“大学社会功能之问的追问”为论题，曾发表在深圳大学管理学院学生刊物《管理天地》上的专论。在写完这篇专论时，我心中还残存着很多想说而没有说的话，我将它们留给未来的时间以便持续思考。借管理学院组织和结集教学研究论文之机，我将自己的进一步思考加以修改、补充和完善，并改题为“话语的天穹”。“天穹”是借用的一个隐喻。《现代汉语词典》对“天穹”有一个极其简单明了的释义，“从地球表面上看，像半个球面似的覆盖着大地的天空”。这个释义可作为一个绝妙的隐喻，意在说明大学的空间意义。《现代汉语词典》的释义正好表达出了“我心中的大学的本来意义”。

在 2015 年 10 月中旬的一次“管理学原理”教学的课间休息中，一位名叫苏咏欣的大学一年级学生请我给她们主办的学生刊物《管理天地》写一篇命题式的小论文，这个论题就是“大学的社会功能”。面对这个论题，我应承下来了。正是这么一个极其平常的论题将我引领到 30 多年的记忆长河之中。2016 年农历腊月二十九的除夕夜，我终于静下心来，开始整理 30 多年来的思绪，尝试着来做学生布置给我的作业，我并没有直接回答学生的“‘大学的社会功能’之问”，而是对这个问题进行了“追问”，对我本人有关大学社会功能的认识进行深度反思。我思想的发展历程似乎经历了一个复杂的演化过程，存在人文导向的大学社会功能观、能力导向的大学社会功能观和话语导向的大学社会功能观的流变过程。

一、人文导向的大学社会功能观

我本人所接受的大学教育和研究生教育都深深地影响了自己对大学社会功能问题的看法，这种看法很可能就是一种人文导向的观点。这种观点以一种朦胧的形式潜伏在我心灵世界的深处，它是一种以崇尚智慧为核心的大学社会功能观。直到 2007 年 6 月 5 日，深圳大学高等教育研究所的张祥云教授邀请我给他所在的高等教育研究所的教师和研究生做一个关于教育方面思考的学术报告，我第一次将这种人文导向的大学社会功能观表达出来。

在这个报告中，我沿着人文主义精神的路径，以“存在缺失与教育异化”为题，从“活”与“混”两词的歧义表达谈起。在中国社会，熟人之间相遇时总会问候“最近还好吗”，对方的回应不是谈“活得好”或“活得有意义”，谈话中往往难免吐露出“混日子”“混饭吃”“混一口饭吃”等语句。无论是说“混日子”，还是言“混饭吃”，或是说“混一口饭吃”，都道出了生存的艰难，“活着”的艰辛，但也引申出人的现代性、自我意识觉醒、工作本质等大问题。有一点是明确的，人是要吃饭的，但人活着不仅仅是为了吃饭。人的日常生活结构是多样的，生活、工作和学习是一个大家都比较认可的基础结构，每个人都不应以生存、吃饭需求来稀释“工作的神圣感”和消解“人的生命意义”。中国人际“时间轴线”将我引向了思考的世界。出于这样的思考，我直抵“存在缺失”，这种缺失体现在个人、日常生活和历史的不同层面之上，即表现为“精神衰退现象”“文化衰退现象”“伦理衰退现象”“道德衰退现象”。我进而指出“存在缺失的本质”是对基于心灵净化可能性意义的个人进步、社会解放和多元创新的否定，即本能、人性、灵性、心性等人性之间演化大桥的断裂，其具体表现为整体感丧失、超越感丧失、回应感丧失、神圣感丧失、意义感丧失、秩序感丧失、亲证感丧失和无知感丧失。“存在缺失”的终极结果是“人的异化”，从“有自觉意向的人”蜕化为“消磨时光的人”。这一点表现在中国知识分子的生存态度上极为明显，中国知识分子的生存总是处在“英雄崇拜”和“混世魔王诅咒”的爱恨交织之中。说得透彻些，中国知识分子总是在“‘爷’‘孙’之间轮回”。

基于“存在缺失”这个根本问题，我提出了“教育异化”问题，明确地提出了一个有关教育的隐喻，即“教育更像‘花木成长’，绝不是‘制造机器’”的论断。从这个根本论断出发，我指出了“教育异化”存在的多种形式。诸如智的泛滥，将学科知识等同于智慧，过分强调“人生而有知，知审乎情，合乎理，谓之智”，对“圆滑”和“灵活性”赞誉过度，从根本上否定求真和求知之间的德行；对“师”的误读，即“一日为师，终身为父”“学高为师，身正为范”“天地君亲师”等信条，这在事实上就是将教师看成知识和道德的偶像；意识形态、道德权力和智慧之间相互包装和营销；独立人格和自由学术精神双重死亡，竞技能力最终沦为动手的身体行为，或者说行为艺术。现在回过头来看，这算不上是一篇充满着人文主义气息的大学社会功能观的宣言，它仅仅是反思当代大学社会功能的人经常做的工作中的一个小小插曲而已，只不过多少带有一点存在主义的哲理味。

这场学术报告并没有完全解开我思考的症结，大学社会功能问题仍是折磨我的一个现实问题。我内心深处的人文主义之魂常常将我锁闭在“素质教育的堡垒”之中，而多元社会的理想向往、教育工作的内在神圣和工作场域的故事传说往往召唤我，也常常呼喊我，人文导向的大学社会功能观可能是大学之意义之难以排除的内在部分。人文导向的大学社会功能观是一种传统意义上的大学观念。如果大学社会功能观仅仅停留在这种传统意义之上，大学似乎还是难以显示出其真义。人文导向的大学社会功能观显然不足以很好地解释大学社会功能问题的追问，我的思绪很快转向一种能力导向的大学社会功能观。

二、能力导向的大学社会功能观

一种以能力为导向的大学社会功能观在我所工作的场域中极为流行，特别是在 2008 年本科教学评估后成为一种趋势，甚至可以说是一种思想时尚，在今天已经变得难以逆转了。这种能力导向的大学社会功能观往往是一种以替代人文导向的大学社会功能观的形式出现的，并标以“现代”的符号。“能力”可以说是现代大学的行动纲领，它直接成为大学现代化的目的和目标。能力导向的大学社会功能观是极其具有隐蔽性的，它并不公开直接否认大学在人类文明存续和传承中所扮演的重要角色，却在表象上点缀着无数反对人文导向的大学社会功能观的色彩。正是能力导向的大学社会功能观的隐蔽性，人们总是看到了它的表象，将它看成是一种同人文导向的大学社会功能观完全相反的大学社会功能观。

对于工作场域中的能力导向的大学社会功能观，我常常存有一种高度的外界敏锐感，并持一种更为警惕的立场，但有时还是会不小心地坠入能力导向的大学社会功能观的陷阱之中。一种极端意义上的能力导向的大学社会功能观可能是这样一个思想结构：

同人文导向的大学社会功能观相同，能力导向的大学社会功能观认同大学教育特别是本科教育对整个人生的重要意义。与人文导向的大学社会功能观有异，其制度表现形式多样，它既可是固定学年制，也可是弹性学年制。但弹性学年制往往比固定学年制更受欢迎，学生可自选学习时间，可自选课程，这些课程同职业之间不存在先后时间限制的“硬约束”，更不存在直接的相关联系，“毕业”似乎消失了，“学习”成为终生的事业。这种形式的大学教育就像是没有限量的自助餐，即想吃多少就吃多少，如果还想吃更多就再回到某个大学去拿取。基于这种认识意义的大学必然会成为高科技产业人才的培训基地，而其所提供的教育本身对许多学生来说也就变得不再重要了。重要的问题是学生暂停学业去找工作或创业，还是等过几年更换职业后再回到大学继续学习。

能力导向的大学社会功能观认为学位的重要性呈持续降低趋势，学科专业不复存在。学生从自己的兴趣出发，先是在自己喜欢的相关领域中修读短期入门课程，接着选择一个领域重点深入学习，进而开展原创研究，最后在离开大学前进行实习或从事研究工作。这是一种“体验式学习”，重在课堂外学习的体验。这种大学社会功能观强调实习经历、自主性研究过程与其他类似机会的重要性，“学位”这种东西似乎没有继续存在的必要意义。日本著名企业家盛田昭夫的重要著作《学历无用论》极大地昭示了能力导向的大学社会功能观的重大战略选择转向，这足以证明人文导向的大学社会功能观的影响力变得越来越小。

如果说人文导向的大学社会功能观关注的是智慧，那么以能力为导向的大学社会功能观主要看重的是能力。越来越多的人都认同大学应当注重衡量学生的“能力”，学生所知道的远远没有学生能做到的重要。所有的学术院系都应根据广义上的“能力”划分标准进行改进、重组和新建，这些标准涉及科学分析、量化证明、沟通有效性等。一切学习结果都是根据学生课堂上的作业而生成的。成绩单上写的不再是具体课程的分数，而是绘出的“能力分布直观图”。“能力分布直观图”不仅能告诉人们一个大学生的能力大小，还能测试出一个大学生的理解力的深度。有些方面理解极为透彻，有些地方还需继续提升理解能力。因此，大学从根本上烙上了设计学院的风格。大学尤其对在职攻读学位的人士感兴趣，并对在职学生从职场学到的东西加以好评。文理学院甚至对此想法也颇具热情，因为这种衡量学生能力的方法可以将其较为抽象的教育成果转换并表达为职场中熟悉的价值判断和行为标准。这说明大学受到了来自社会就业的巨大压力，影响到大学内在的“UNIVER”① 意义。

如果说人文导向的大学社会功能观认同的是专业，那么能力导向的大学社会功能观赞成的是任务。学生不会进入一个代表广泛领域的专业，而是主动选择去做某项研究任务，这个研究任务同一个自己希望解决的问题相关，也有可能同一个未来进入职场后继续研究的问题有联系。这种观点其实既维持了传统固定学年制，又关注了大学生所学对现实世界影响的回应。能力导向的大学社会功能观在构想上是具有双重性的：一方面带有绝对理性主义色彩，充分显示出其具有的预测性；另一方面带有空想主义的成分，甚至可以说是乌托邦的，但它为我们反思今天的教育指出了思想的前进方向。

我心灵深处潜藏着的人文导向的大学社会功能观，常常受到工作场域中能力导向的大学社会功能观的诱惑，二者相互影响和作用将我的思考引向了一个更具有整合性的思维框架之中。

三、话语导向的大学社会功能观

无论是出于对人文导向的大学社会功能观的哲理留恋，还是对能力导向的大学社会功能的行为倒逼，在我心灵深处好像两者之间总是存在一种谐音，一种相遇，甚至存在一种一致性。人文导向的大学社会功能观可能固守一种说不清的大学的传统态度，能力导向的大学社会功能观很可能向往一种言不出的大学现代情结。这可能意味着历史主义就是理想主义，理想主义就是历史主义。人文导向的大学社会功能观显示出对理念的高度依赖，而能力导向的大学社会功能观却流露出对行动的强烈认同。这似乎说明理念就是行动，行动就是理念。一旦意识到这两种大学社会功能观之间的相通与相融，我们就可以说它们是大学社会功能观问题的思想之两极。基于思想两极的大学社会功能观，是没有生命力的意象，它们是无根据的逻辑。这更说明人文导向的大学社会功能观和能力导向的大学社会功能观之间的断裂，两者之间极其需要一种整合性的大学社会功能观，这种大学社会功能观，我暂且将它称为一种话语导向的大学社会功能观。

从话语导向的大学社会功能观来看，大学的面貌似乎是这样的：

---

① 在这里，“UNIVER”有“宇宙”的意思。城市往往被看成是“宇宙的中心”，而大学被认为是“城市的灵魂”。社会过于倒逼大学，大学就很难摆脱精神内耗。

第一，大学是想象力的避难所。什么样的生活是好生活？这可能是人生问题的元问题。生活总是在人们的想象之外，但离开了想象的生活又是什么呢？它绝不可能是“人的生存”。说得明白些，离开了想象的生活，它很可能是“吃饭”二字所概括的一切，也就是人们常说的“民以食为天”。我总是认为人生固然与吃饭有联系，但人肯定不仅仅是为了吃饭。吃饭可能是人活着的基本需求，人肯定还有很多高于吃饭的需求。人说到底是一种内在的乌托邦，这是一种不令人喜欢的说法，但它是生命的本来意义。人的内在生命总是存在可能意义上的精神超越。生活是一种可能的生活。这种生活是“‘活之上’的意义”，也就是在规范性和合理性之外的生活。“希望”对于每个个体生命来说都是绝对重要的，也是同等重要的。人总是有一种内在的复活性，或者说一种超越性。特别针对后面这种说法，大学最需要维系一个社会的想象力，这个判断对于个体的生命来说是极其具有意义的。这样的生活可能是人的真实生活，它既是一种体验，也是一种诗意，还是一个远方。这样的生命个体，既是一个体验者，也是一个释义者，还是一个独行者。能这样生活的人是拥有丰富的生活的人，也是心智开放的人，还是有生命高度的人。一种可能意义上的生活对于一个自主的人来说，是一个“结构洞”，是精神之渊，内含宗教、哲学、历史、艺术和科学。这是“大学之‘无象’”。

第二，大学是思想的港湾。自古求学本来就是游学。真正拥有个体生命的个人是一个思想的漫游者，甚至是一个自我的放逐者。从这个意义来说，个体生命仅仅是思想的载体，或者说思想自由是个体生命的真正内涵。思想是自由的，思想也是最有张力的，它经常游走到人生的边缘，也会慢行到人之心灵的深处。思想总是游离的，游离的思想总是希望找个归宿之地，哪怕是一个暂时的停泊之地。大学正好是众多有思想的个体生命的停泊之地。思想在大学中表现为“独白”“对话”“交流”“沟通”“理解”。“独白”是来自心灵深处的声音，“对话”是二人真情的流露，“交流”是三人经验的分享，“沟通”是集体行动的共识,“理解”是社会自由的根基。“独白”“对话”“交流”“沟通”“理解”是人类同理心（人同心、心同理）显现的心灵之光，这些心灵之光最终都会升华并弥漫在话语的天穹上。这样的大学呈现出来的空间结构是思想的港湾，“真诚”与“真理”总是在思想港湾之中偶然相遇或久别重逢。这是“大学之‘意象’”。

第三，大学是守望常识的圣地。个体生命内在的启示、想象和思想昭示了大学存在的积极意义。常识是精神思维的遗传，是历史经验的沉淀，是理解力的延伸，是文化密码的心灵符号，是社会共识的精华，是沉默的大众语言。正是常识建构了人与人之间的“同理心”，也就是传统所固守的“诚意正心”。正是常识嫁接了人与事之间的相互比拟，也就是传统所放大的“格物致知”。有了“诚意正心”和“格物致知”，大学自然而然地成为“厚德载物”的象征，大学也就很自然地演化为守望常识的圣地。在这个圣地，每个生命的个体都会在自我的意义上寻找“一个真正的自己”，也会遇到“一个不知道的自己”。在这个圣地，每个生命的个体都是普通人，受信仰和启示的感召、真理和理性的局限，固守普通人的行动逻辑，视精神追求为天职，将守望常识看成回归精神故乡的旅行，尊重工作、改进工作，创造绩效。“大道至简，大美天成。”这是“大学之‘抽象’”。

第四，大学是基础理论研究的重镇。这是“大学之‘具象’”。大学的特色问题，不是争论智慧和能力谁重要，也不是能力与智慧同等重要，更不是选择通识教育还是专业教育，它很可能是平行的多元的语境世界。这就引申出了一个极为重要的问题，即基础理论远比我们想象的还要重要。人之生命的有限性从根本上制约了人类精神取向是趋向于问题而不是答案，这可能是人的习性的一个致命弱点。对于个体、组织和社会来说，“问题”远比“答案”重要，这可能是人的理性的光芒之处。问题的归一性像太阳一样照耀着有限生命的最大价值，而答案的多样性（更准确地说是碎片性）像磁石一样吸引着人的注意力。更何况在当今知识已经高度碎片化了，知识共同体完全被解构了，知识国不存在了，但知识的山河还健在，基础理论在这里还有可能找到复兴的基点。因为“基础理论”同“智力”之间的联系实在太密切了，人的直觉有可能得到最充分的展现，人的潜力也有可能得到最精彩的演习。一所大学的特色是由其基础理论研究的特征决定的，一所有特色的大学应该将自己的注意力集中指向同问题意向性相关的基础理论研究之上。

大学是知识资源的总部。如今城市已经不再是办公室的中心，而是总部之中心。借用其意，如今大学已经不再是知识的工厂，而是知识资源的总部。这是需要高度注意的新现实。大学固然同诱发出人的直觉和人的潜能相关，但这一点不可过多褒奖。在当今时代，个人作用实在不可高估了，个人魅力大大地消解了，卡里斯玛人格的神秘早已消逝了，无知、风险、不确定性成为常态，人的直觉和人的潜能在这里有可能显示出一丝希望，但仅仅是一丝希望而已。在这一丝希望中，个体生命还存在自我超越的可能，这集中体现在知识资源和财富创造之间的内在联系之上，特别是知识战略之上。现代社会高度组织化、多元化和专业化，严格要求大学从战略上注重知识整合、学科综合和认知会通。这就是说大学的实质意义必须落实到知识资源的汇总之上。换言之，大学是知识资源的集群。在这个集群中，大学的基础理论可能是中心，也有可能是节点，集结、整合或遇到企业、军队、政府和非营利组织所创造的知识。在这个集群中，大学汇总的知识呈现出来的是流动中的知识，而流动中的知识之间的联系兼有贯通和断裂的双重性。大学中汇总的知识，不是铁板一块，而是布满了无限的“结构洞”。流动知识之间存在的结构洞，对于知识进化来说，是进一步深度和广度研究的前提，是跨组织合作目标的定位，是以信息为基础的组织的协作指南。正好是大学拥有知识之间的结构洞，大学成为知识和财富之间的脉冲。大学工作的本质就是将作为资源的知识转化为有形的财富。这是大学教育本身之所在，也是大学知识流之间的终极归宿。简而言之，知识的实质意义就是源源不断的财富流。自古读书本来就是“言”字旁加“卖”字。这是“大学之‘实象’”。

说到底，大学绝不是想象力、思想、常识、基础理论和知识的机械组合和简单累加。也就是说，大学是想象力、思想、常识、基础理论和知识之间的无穷循环。话语导向的大学社会功能观是一个集想象力、思想、常识、基础理论、知识五者于一体的“整体”观。

四、大学的真正意义

我们可以将上面陈述的合五为一的后现代大学社会功能观简化为“中国式传统话语的合三为一的人生境界说”。古人曾说人生境界是“三不朽境界”，即“立功”“立德”“立言”，大学本来的意义很可能是古人所说的“三不朽境界”之中的“立言”。“立言”是“立德”和“立功”的合一。“立言”向内吸纳为“立德”，“立言”向外释放为“立功”。同“三不朽境界”相关，孔子有一个重要的思想，即“言之无文，行而不远”。这句话自古释义太窄，我认为多有不妥。“言”是“文”和“行”的合一。“言”向内吸纳为“文”，“言”向外释放为“行”。

我们还可以将上面陈述的合五为一的后现代大学社会功能观简化为“西方式传统话语的合二为一的财富人生论”。西方式传统话语的合二为一的财富人生论，用拿破仑·希尔的一句名言来说，是“思考致富”。用我自己的话来说，“思考”是“大学的理性”，“财富”是“大学的自由”。大学是“理性”和“自由”的结晶体，这就是后现代大学的存在意义。这种后现代意义的大学对于个体的生命来说，用8个字概括：“学以己用，自用其才。”这可以说是今人所说的后现代大学的最基本含义，也可以说是古人所言的“诚则神”。在这样的大学里，人既有可能捕捉到精神镜像，也有可能描绘出知识地图，还有可能演化为有形财富。人如此，大学亦如此，此乃“大学之‘真象’”。

如果说人文导向的大学社会功能观是一种传统意义上的大学社会功能观，能力导向的大学社会功能观是一种现代意义上的大学社会功能观，那么话语导向的大学社会功能观很可能是一种后现代意义上的大学社会功能观。这三种类型的大学社会功能观比较完整地展示出了大学社会功能观的理念演化过程。话语导向的大学社会功能观可能为人们描述出大学的本来意义，这种本来意义上的大学是一个自然存在的大学、一个未来意向的大学、一个有活力的大学，一个处在当下机会之中的大学、一个不断选择和重构的大学。大学的根本问题不再是思考“大学的社会功能是什么”，而是要不断质疑“大学存在的意义是什么”，并将“大学下一步怎么办”这个极为现实的问题深深地隐含在一个充满想象色彩的远景大问题之中。这是一个宏观问题中弥漫着无数微观问题的大问题。这是一个深刻而开放的大问题，一个既具有结构性又具有空间性的大问题，一个更大的且具有合一性的大问题。甚至可说“大学存在的意义是什么”有可能是一个元问题的高度浓缩。人在宇宙中，人更需要在大学中。

话语导向的大学社会功能观是我近年来思考的重大疑问，也是一个没有完成的答案。这种疑问理性是我职业生命的守望。我曾经将它献给学生的刊物，仅仅是一份我精神成长史的外在的文字记录，也就是说是一份心灵的独白而已。这个大问题的重要性不在于答案，而在于当代社会更需要有人来谈论这个大问题。这个大问题在当今的中国大学变革中应引起人们的高度自觉，特别需要有人来言说这个大问题。我曾经诚望管理学院的同学们将这个大问题装进自己生命的行囊之中，同时经常拿出来看看，并常常将它挂在嘴边。我曾经相信这样的大学生活将会成为管理学院大学生的美丽的人生交响乐中最精彩的乐章。

现将这个补充、完善和修改的版本，献给管理学院组织和结集的教研论文，字数从原先的4200字扩充到8200字，几乎增加了一倍。这个补充、完善和修改的版本志在进一步澄清我的思想世界的繁杂思绪，意在表明大学的本来意义仍是一个有待争议的大问题。我相信管理学院的同行们远比我更有思想和智慧，我从心灵的深处尊重你们的思想和智慧，并期盼分享你们的思想和智慧。

本章内容最初以《大学社会功能之问的追问》为题发表在深圳大学管理学院学生会院刊《知行天地》上（2016年5月改版第6期），经修改后收录在马卫红主编的《我们心向的事业——深圳大学管理学院教学研究文集（7）》（暨南大学出版社，2017年7月）。

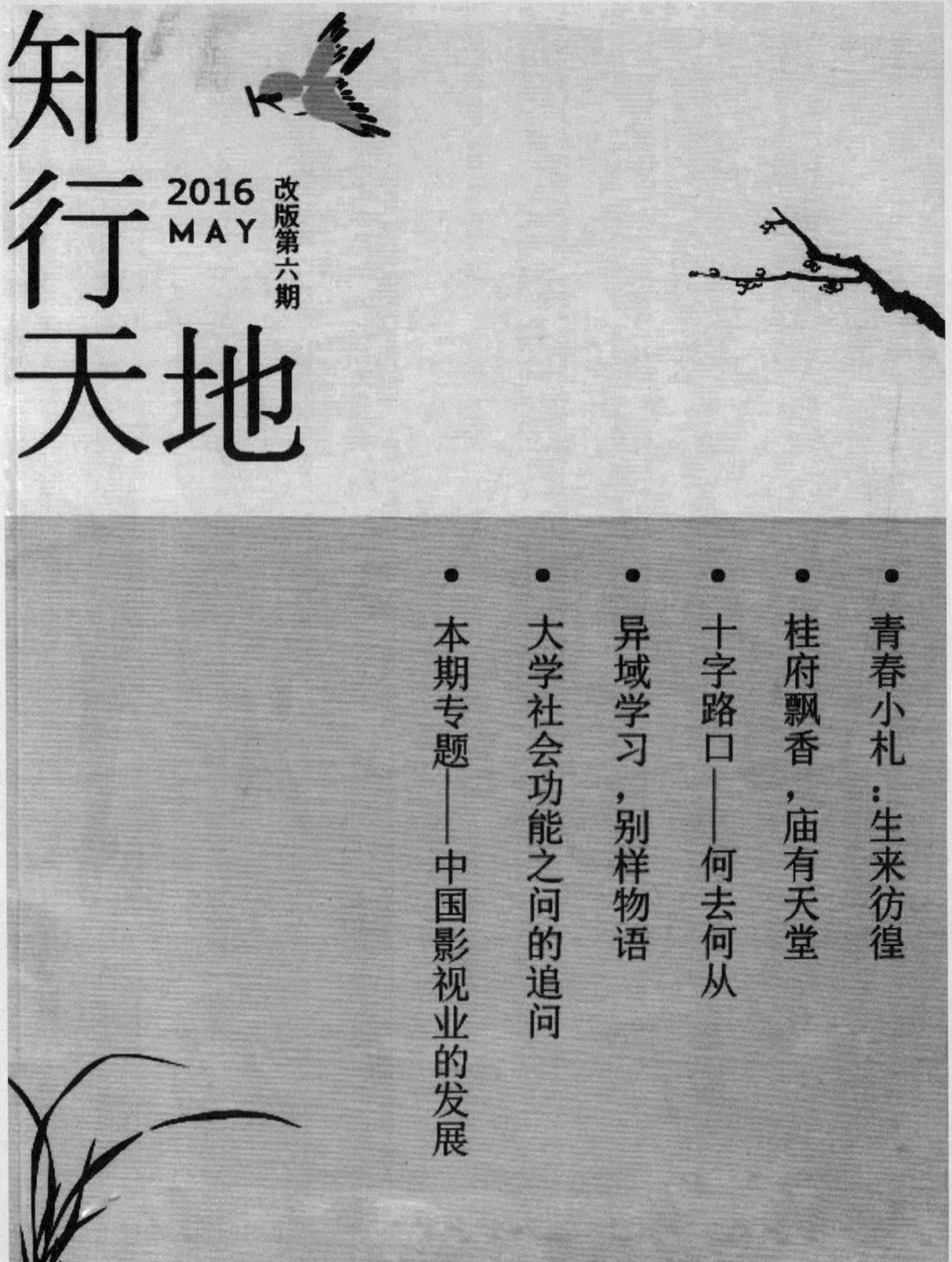
知行天地
2016 MAY
改版第六期
青春小札：生来彷徨
桂府飘香，庙有天堂
十字路口——何去何从
异域学习，别样物语
大学社会功能之间的追问
本期专题——中国影视业的发展

第十七章　商学院前行路上弥漫出来的“大管理味”

这篇文章提出两个令人深思的大问题，即商学院是一个什么样的组织，商学院能对知识做什么样的贡献。从历史路径对这两个问题进行探讨，不失为一条有效路径。它至少可以让我们发现一个可能看得见的答案。商学院的历史走向是管理学院，商学院的知识贡献是综合知识的贡献，远离了早期欧洲的技术大学传统，商学院在自我超越过程中实现了商学理论融入战略理论，并最终不得不面向知行合一的元问题。

一、“商学”与“管理教育”并重

谈商学院变迁，人们不得不谈生产力革命。但人们往往过于重视工业革命历史，而忽视生产力革命历史。这两个革命实际上是有联系的。从联系层面来讲，生产力革命是工业革命的成熟阶段，其最终结果是生长出了工业文明，而商学院就是工业文明最宝贵的结晶。

生产力革命大致发生在 19 世纪 80 年代至 20 世纪 50 年代，也就是巴黎公社革命至第二次世界大战结束。在这个阶段，商学院诞生了。管理教育的肇始通常被认为是宾夕法尼亚大学的沃顿商学院，而沃顿商学院的设立要归功于商人约瑟夫·沃顿。沃顿商学院成立于 1881 年，它的管理教育直接脱胎于普鲁士政府治理学院的教育理念。普鲁士政府治理学院的教育理念就是“应用科学的方法，意即严密的权衡、数据的搜集，记录的保持、战略性分析和对合理合法的命令模式的培养，对于社会活动的决策制定和管理控制”[①]。约瑟夫·沃顿是一位美国商人，学过德语，去过普鲁士，他直接将普鲁士政

① SPENDER J C.Underlying antinommies and perpetuated problems：an historical view of the challenges confronting business school today［R］.Working Paper，1997.

府治理学院的教育理念纳入以他名字命名的商学院的计划之中。约瑟夫·沃顿批评当时美国经济学院中盛行的“从实践中学习”的方法，坚持沃顿商学院的课程应该包括会计学、商法和经济学，还应包括金融学、战略学。沃顿商学院之后，第一批商学院相继建立。这些商学院是芝加哥大学布斯商学院（1898 年）、加利福尼亚大学伯克利分校哈斯商学院（1898 年）、达特茅斯大学塔克商学院（1900 年）、西北大学凯洛格商学院（1908 年）和哈佛商学院（1908 年）。在这些商学院中，达特茅斯大学塔克商学院是第一所颁布商业硕士学位的院校，在 1900 年开始允许本科毕业生继续额外一年的课程学习。哈佛商学院从成立之时就创立了第一个被称作工商管理硕士的项目。第一批商学院促进了美国管理学院联合会的成立。1916 年，美国管理学院联合会正式成立，后来变成了资格认证机构。

随着第一批商学院的建立，很多成熟成功的管理者重回校园进修高级管理课程，时间可长达一年。这一类型的高级管理课程呈现出供不应求的态势，有人将这个现象称为“美国现象”。这个美国现象被认为是“美国流行风尚，昂贵且不实用”。①

说到第一批商学院，美国当代学者斯里坎特·M. 达塔尔、戴维·A. 加文和帕特里克·G. 卡伦曾对商学院的初衷使命和特色做了最为精辟的释义：“为了提供更严谨、更系统的商学和管理教育而成立的，与传统的学徒制职业培训和私立商业学校有着天壤之别。教师由学校统一管理，他们需要认同学校的价值观，在从事教学、科研和学术研究活动时，不能有任何偏见、先入为主的意识形态或商业目的。很多商业精英也参加了这些学院开设的项目，期望借此获得业界认可和社会地位。”②

在这里，斯里坎特·M. 达塔尔、戴维·A. 加文和帕特里克·G. 卡伦将“商学”与“管理教育”并列，这就显得意味深长了。“商学”与“管理教育”并列，意味着两者之间的冲突，说明两者之间在知识上存在脱节。说到底，“商学”与“管理教育”并列隐含了极强烈的排斥管理和排斥管理知识恶习。说得更具体些，“商学”排斥管理和排斥“管理教育”体现在对泰勒管理思想

---

① 德鲁克．已经发生的未来［M］．汪建雄，任永坤，译．北京：机械工业出版社，2016.

② 达塔尔，加文，卡伦．MBA 教育再思考：十字路口的工商管理教育［M］．伊志宏，徐帆，译．北京：中国人民大学出版社，2011：67.

的排斥之中。彼得·德鲁克以他独有的学术视角敏锐地看到了这一点，他在《后资本主义社会》一书中明确地谈到“商学”排斥管理和排斥“管理教育”倾向。“在知识史上，影响力超过泰勒的人物，寥寥无几。但另一方面，像他那样受到那么多误解与误用的，也没几个。泰勒之所以一直蒙受误解，有部分原因是历史证明他是对的，而知识分子是错的。泰勒之所以至今仍受到忽视，有部分原因是不屑于工作俗务的态度仍历久不衰，尤其是那些知识分子。确实，铲沙工作在文雅士人心中根本不被当回事，更别说去思考它有什么重要性了。”[①] 彼得·德鲁克的洞见告诉我们，“商学”与“管理教育”并重是极其脆弱的。

“商学”与“管理教育”并重的脆弱性，不仅来自知识界的相互排斥，更大的危险来自商学院的文化分裂。特别需要指出的是，“商学”与“管理教育”并列深深地来源于商学院文化的分裂。有些学术带头人加入大学，而另一些则表示不屑。这样，商学院很快陷入文化分裂的两难境地。这种商学院文化一方面想方设法让那些偏好学术研究的学者获得更多理论知识，另一方面又要照顾职场专业人士注重实践的需求。商学院的文化分裂成两套不同的体系、规范和标准，都想成为学院的主流。用詹姆斯·马奇和罗伯特·苏顿的话来说：“一方是纯学术研究的膜拜者，另一方是组织绩效的捍卫者。”[②]

商学院文化分裂大大地消解了商学院“商学”与“管理教育”并重的追求。商学院长期处于丧失成立的初衷和使命的状态中。1959 年的福特基金会委托罗伯特·戈登和詹姆斯·豪威尔调查美国商学的真实情况，发表了名为《商业高等教育》(*Higher Education for Business*) 的著名研究报告，尖锐地批评了商学院的文化分裂，并指出了这种分裂的恶果。商学院的学术研究严重缺乏问题导向，知识之间不存在内在逻辑。“由于涉及面过广……而又缺乏商业领域自身的成熟题材，很多项目的内容不连贯，或者缺少内在逻辑。”[③] 商学院的课程内容大部分比较狭隘，仍然类似于职业教育，而且提供给管理人员的建议常常不切实际，相关的研究和理论也极不深刻，还相当不全面。

---

① 德鲁克 . 后资本主义社会［M］. 傅振焜，译 . 北京：东方出版社，2009.

② MARCH J G，SUTTON R L.Organizational performance as a dependent variable［J］.Organization science，1997，8（6）：698-703.

③ AARON G R，HOWELL J E. Higher education for business［M］.New York：Columbia University Press，1959.

这些说明商学院的所作所为有违商学院的最初使命。同年，弗兰克·皮尔森受卡内基基金会委托发行了名为《美国商业教育：大学工商管理专业研究》(*The Education of American Business: A Study of University-College Programs in Business Administration*)的研究报告。与《商业高等教育》相比，弗兰克·皮尔森的报告更具综合性，集中讨论了商学院的学术地位、严肃的学术工作和学术研究的基本角色，提出“研究……能够总结出一般的科学知识，而它能够被直接应用于……管理任务。这样，卓有成效的管理者们就能够通过正规的大学培训项目被‘制造出来’”。[①]弗兰克·皮尔森的报告还认为，商业和商业人士并不仅仅是管理和管理者，这是一个极为重要的区别，它为发展管理教育指出了明确的方向。

商学院早期的文化分裂导致了商学院不佳的社会声誉，彼得·德鲁克曾对早期商学院有一个总体评价，商学院是“高等教育体系中的寒酸部门，在最受人尊敬的高等教育机构中备受公开的嘲笑奚落”。[②]亨利·明茨伯格对早期商学院的历史影响有个形象的说法：“‘管理教育’的麻烦在于它成为‘工商’教育，而给人们留下了管理扭曲的印象。”[③]商学院长期处在“黑暗的年代”。

生产力革命内在的生命力决定了商务和管理教育结合的历史大趋势。因为知识已经广泛地用于工作之上，也就是说工作之中必然包含知识。

二、“商学理论”融入“战略理论”

第二次世界大战结束后，人类文明转型有了进一步的发展，这就是人们所说的管理革命阶段。这个阶段大约持续到20世纪70年代初。管理革命是一场全球性的革命，说得更具体些，这主要涉及日本和韩国的崛起。这场全球革命是同第二次世界大战分不开的，第二次世界大战反法西斯联盟的胜利，“是管理使盟军取得了胜利”。[④]到第二次世界大战结束时，几乎全世界都从美国的经验中认识到了管理的重要性。“在战后主导经济发展的所有国家，管理

① COOK P F. The education of American business：A study of university-college programs in business administration［M］.New York：McGraw-Hill，1959.

② 德鲁克 . 管理新现实［M］. 吴振阳，译 . 北京：机械工业出版社，2014.

③ 明茨伯格 . 管理者而非 MBA［M］. 杨斌，译 . 北京：机械工业出版社，2010.

④ 德鲁克 . 管理新现实［M］. 吴振阳，译 . 北京：机械工业出版社，2014.

成了一种独立的工作，一门可以研究和发展的学科。”[①]

原有的商学院快速地成长起来，彼得·德鲁克曾对这一现象做过形象的描述。“世界各地的商学院得到了迅速的发展，已经成为世界各地大型大学的最大院系。”[②]特别是“针对年轻人或成熟管理者的管理学教育，在西欧、拉丁美洲、澳大利亚、印度的发展速度已不亚于美国，在英格兰、瑞典、德国、荷兰、意大利、智利等国家，也已建立起高级管理学校。在印度，管理者教育尤其针对国有企业管理人员的教育被认为是关系到经济发展的核心问题”。[③]在这些快速成长的商学院中，有的商学院直接改名为管理学院。“商学院把名称迅速改为管理学院，以强调它们教授的商业概念和商业技能同样适用于任何有组织、有目的的社会活动。当然，事实上也确实是这些社会活动所需要的。”[④]牛津大学可能是商学院改名为管理学院的典型代表，彼得·德鲁克曾经有意识地强调了这个方向性的转变，“即使是牛津大学，它现在也已设立了商学院，并强调其管理研究的特色”。[⑤]

在原有的商学院快速成长和改名为管理学院的同时，新的商学院也在世界各地普遍建立起来。在新建的商学院中，最值得一提的是卡内基梅隆大学商学院。1946 年，位于美国宾夕法尼亚州的匹兹堡的卡内基技术学院（现在的卡内基梅隆大学）聘请了一位名叫乔治·李南·贝奇的经济学家，他在第二次世界大战中服务于美国联邦储备局，战后到卡内基技术学院负责重建经济系，他引进了著名的运筹学家威廉·库珀和著名的政治学家赫伯特·A. 西蒙。随着冷战的开始，提高美国的管理能力成为一种很大的压力，威廉·洛里默·梅隆向卡内基技术学院捐资约 600 万美元，成立了新的工业管理研究生院，乔治·里南·贝奇出任第一任院长。乔治·里南·贝奇将重建的经济学系带入新建的工业管理研究生院，并继续引进著名学者，如经济学家理查德·西尔特、政治科学家詹姆斯·马奇、心理学家哈罗德·李维特、数学家阿伦·尼维尔、经济学家弗兰科·莫迪利安尼和金融学家莫顿·米勒。乔治·里南·贝奇引进人才有一个共同的特点，大多数著名学者都是社会科学

---

① 德鲁克 . 管理新现实［M］. 吴振阳，译 . 北京：机械工业出版社，2014.

② 同①。

③ 德鲁克 . 已经发生的未来［M］. 汪建雄，任永坤，译 . 北京：机械工业出版社，2016.

④ 同①。

⑤ 同①。

出身的，特别需要指出的是赫伯特·西蒙和詹姆斯·马奇是学政治科学的。乔治·里南·贝奇引进西蒙被认为是一个具有信号意义的事件。赫伯特·西蒙出任新成立的工业管理学院教授，“对于学术界来说是一个信号，表明一家商学院应该是这样的一个地方，适于人们解决……深奥的……不那么直接相关的问题”。[①]事实也证明乔治·里南·贝奇组建的团队是成功的，赫伯特·西蒙单独获得诺贝尔经济学奖，弗兰科·莫迪利安尼和莫顿·米勒共同获得诺贝尔经济学奖。正是因为这些出色的学术思想绩效，亨利·明茨伯格将梅隆工业管理研究生院比喻为“卡内基修道院”，“在商学院的黑暗年代出现的亮点，就像中世纪的爱尔兰修道院在历史中扮演的角色一样，它位于宾夕法尼亚州的匹兹堡，被称作卡内基技术学院的工业管理研究生院”。[②]正是这个新成立的工业管理研究生院重新点燃了管理学的学术之光。

在第二次世界大战结束后相当长的时期，人们心中的管理是一个有了新变化的概念，用彼得·德鲁克的话来说，“‘管理’同样是一个形态语汇”。[③]德鲁克的这个思想涉及后现代世界观，用后现代世界观来审视，管理观念的界定强调了管理的总体性。但这种总体性是极不彻底的，这首先体现在将管理等同于企业管理。“管理目前的形态的确是在大企业里最先出现的。”[④]这是事实，这也是历史的事实，但事实是变化的，事实不等于目前形态的固化。否则，“事实”就是“合理”的代名词。存在就是合理，这是强权者的无理逻辑。彼得·德鲁克曾明确地说：“作为我们经济生活重心的企业，同样也遵循‘格式塔’模式：我们将作为完整形态的产品生产过程看成一个真实体，并将其粗糙地命名为‘自动化’。”[⑤]彼得·德鲁克在晚年明确地承认了管理总体概念的不彻底性。“大约 50 年前，我刚开始研究管理时，也是着重在商业管理这方面。”[⑥]从这里，人们可以看到彼得·德鲁克对企业管理总体性的留恋。这种留恋可能是彼得·德鲁克《公司的概念》的成功的诅咒，这种留恋更可能折射出了世人心中的潜意识。彼得·德鲁克在 1993 年《后资本主义社会》著

---

① SHELDON Z .The MBA，the man，the myth and the method［J］Fortune，1968（5）：168–206.
② 明茨伯格 . 管理者而非 MBA［M］. 北京：机械工业出版社，2010：24.
③ 德鲁克 . 已经发生的未来［M］. 汪建雄，任永坤，译 . 北京：机械工业出版社，2016.
④ 德鲁克 . 后资本主义社会［M］. 傅振焜，译 . 上海：东方出版社，2009.
⑤ 同③。
⑥ 同④。

作中明确地指出了这一点，“现在大部分人听到‘管理’这个字眼，还是会把它想作‘企业管理’”。①

管理总体性观念的不彻底其次表现在企业管理观念中仍保留了过分重视科学的旧方法，特别是“个体活动的绩效度量之类的纯机械和静态的方法”。“在各个学科中工作的人都会碰到新的基于过程或形态的概念，除此之外，他们很少遇到别的东西。但是在开展严格工作时，他们手中仍然只有基于旧世界观和旧概念的旧方法可用，尽管这些方法已不适用于当前的新景象……对于我朝夕从事的管理科学而言，局面同样让人沮丧。这门学科建立在‘商业企业’和‘管理过程’等形态概念之上，我们也都认同‘组织氛围’‘个人在组织中的成长’‘对企业使命和目标的规划’等过程特征才是管理学的重中之重。但当我们试图讲求科学时，我们要么被扔回到个体活动的绩效度量之类的纯机械和静态的方法当中，要么只能空喊组织原则和各种定义。”②这种重视“个体活动的绩效度量之类的纯机械和静态的方法”的一个致命结果就是管理学停留在“空喊组织原则和各种定义”的状态之中。如果联系到管理等于企业管理观念上的不彻底性，也可以说“空喊组织原则和各种定义”实际上是管理等于企业管理观念的直接的逻辑延伸。

管理总体性观念的不彻底最终还表现在对“实验和证明方法”和“客观度量方法”的依依不舍，这种依依不舍有一定的合理性，但将它们同科学之间的联系突显出来或者同科学画等号，又有些过分夸大“实验和证明方法”，也就进而夸大了“客观度量方法”的重要性。彼得·德鲁克明确地说道：“在现代生物学和现代管理学中，我们接受质量、价值和判断等概念并对其加以度量，但并不会让我们摒弃那些严格的实验和证明方法，并不意味着我们会放弃对客观度量方法的追求。”③在这里，正是出于对“客观度量方法的追求”，放大了“那些严格的实验和证明方法”。

值得庆幸的是，管理总体性概念虽然含有过去的杂质，但也显示出未来的鲜活。管理总体性概念一直被视为管理学学术研究的主流趋势，特别是这种总体性概念在管理学的故乡——美国得到了充分发展。对管理总体性概念

① 德鲁克．后资本主义社会［M］．傅振焜，译．上海：东方出版社，2009.
② 德鲁克．已经发生的未来［M］．汪建雄，任永坤，译．北京：机械工业出版社，2016.
③ 同上。

的发展历程，彼得·德鲁克在他的很多著作中做了概括性的描述。1985年，彼得·德鲁克在《管理新现实》中写道："在二战后，我们开始不再把管理等同于企业的范围。管理适合把各种不同的知识的技能组织到一起的所有人类活动。管理需要应用到所有第三部门组织，如医院、大学、教会、艺术组织和社会服务机构等。二战后，美国第三部门组织的发展速度高于企业和政府。非营利组织需要管理志愿者和筹集资金，这是其与营利性组织的不同之处。但在更多的方面，如确定适当的战略和目标、培养发展员工、测评绩效和营销组织服务等，非营利组织和营利组织的管理者需要承担的责任则都是一样的。在全世界范围内，管理已成为一项崭新的社会职能。"①1993年，彼得·德鲁克在《后资本主义社会》一书中表达了同《管理新现实》相类似的陈述。"大约50年前，我刚开始研究管理时，也是着重在商业管理这方面。但我很快就了解到，无论是商业性的还是非商业性的，所有现代组织都需要管理。事实上，我们很快就会了解到，非商业性的组织，不论是非营利性的民间机构，还是政府机构，甚至都比商业性组织更需要管理。这些非商业性组织之所以需要管理，正是因为它们缺乏像商业组织那种'盈亏底线'的监管。"②

管理总体性观念首先在美国取得了突破性的胜利。"最先认清管理并非局限于商业组织的是美国，但现在所有发达国家都接受了这种观念。我们现在知道，管理是所有组织通通都有的机能，不论它们各有什么特定目标。总之管理是知识社会的普遍机能。"③

1999年，彼得·德鲁克在《21世纪的管理挑战》中对管理等于企业管理潜意识做了总体性的批判，"对于大多数人来说，不论身处管理领域内还是外，这个假设都是不言而喻的。实际上，管理文章的作者，管理实践者和外行人甚至从来就没有注意到'管理'这个词；他们自然而然地认为是'企业管理'……提出和大声喊出'管理不等于企业管理'具有非常重要的意义，就像医学不等于产科学……管理是所有组织所特有的和独具特色的工具"。④这意味着管理总体性观念在德鲁克思想中最终确立起来了。彼得·德鲁克在

① 德鲁克.管理新现实［M］.吴振阳，译.北京：机械工业出版社，2014.

② 德鲁克.后资本主义社会［M］.傅振焜，译.上海：东方出版社，2009.

③ 同上。

④ 德鲁克.21世纪的管理挑战［M］.朱雁斌，译.北京：机械工业出版社，2006.

《21世纪的管理挑战》的“前言”中指出了这个假设变化的革命性意义。“本书论述的是管理问题，而不是企业管理问题。其中提及的挑战对当今社会的所有组织都会有影响。事实上，许多非营利性机构（如大学、医院或政府部门）比企业更僵化，更缺少灵活性，而且过时的概念、假设和政策在它们内部更加根深蒂固，且其中许多机构（如大学）仍旧坚持陈腐（19世纪）的思想。”①

对于管理等于企业管理的谬误，我曾沿着彼得·德鲁克思路，2003年写过一篇专论。7年后，将其中的部分内容写进张多中主编的《管理学原理》。到了2014年，这部分内容经过修改，写进高梁主编的《管理学基础》。到了2016年，我以“论企业管理帝国主义”为论题将13年前写的整篇论文，完整地发表在《经济师》杂志第3期上。在这篇文章中，受经济学中的“经济学帝国主义”观念启发，我独创了“企业管理帝国主义”这个概念，从总体意义上表达了对“管理就是企业管理”的批判，发现了“企业管理帝国主义的起源”，揭示了“企业管理帝国主义的形成”，批判了“企业管理帝国主义的变形”，找到了“企业管理帝国主义的思想根源”，指出了“企业管理帝国主义的破产”，发出了“批判企业管理帝国主义的长期性”的呐喊。“一旦否定了管理就是企业管理的假设，确认了管理不等于企业管理的假设，就从根本上解放了对管理的理解，摆脱了管理同企业之间一对一的线性关系，认识到了管理的不确定性。这可以说是人类管理理解上的‘思想大解放’。”②《论企业管理帝国主义》进而从总体意义上表达了管理不是企业管理的新思想的革命性意义。“企业管理帝国主义的批判历史实际上就是管理学的成长史。企业管理帝国主义的批判标志着管理学‘自我意识’的成长，一旦管理学有了这种‘自我意识’，就意味着管理学正在走向‘成熟’之路。”③

管理总体性观念在思想上产生的最直接结果是商务理论融入战略理论之中。1994年，彼得·德鲁克在《哈佛商业评论》上发表题为《事业经营理论：经营假设》一文④，这篇论文是商务理论融入战略理论的标志。针对这一点，

① 德鲁克.21世纪的管理挑战［M］.朱雁斌，译.北京：机械工业出版社，2016.
② 高梁.管理学基础［M］.北京：中国人民大学出版社，2014.
③ 杨龙芳，郝建明.论企业管理帝国主义［J］.经济师，2016（3）：13.
④ 德鲁克.事业经营理论：经营假设［J］.哈佛商业评论，1994（5）：70.

彼得·德鲁克在《21 世纪的管理挑战》中明确地表达了这种理论转向。“每个组织都有自己的经营之道（theory of the business），涉及组织业务、组织目标、确定目标的方法，组织的客户、客户的价值和客户的需要。”“战略将经营之道转化为绩效。它的目的是帮助组织在不可预知的环境中取得预期的成效。战略有助于有目的地抓住一切机会。战略也是对经营之道的检验。若在战略的指导下无法取得预期的成效，这就是需要重新思考经营之道的第一个严重的警告。而意外取得成功，也就是需要重新审视经营之道的第一个信号。实际上，如果没有战略，‘机会’也就不能称为机会。否则，我们就无法知道什么是真正推动组织实现其预期的成效，什么占用资源，什么分散资源。”①这段长长的引文明确地说明，商学已经整合到管理学之中。也可以说，这是商学本身的超越。

管理总体性观念的胜利是管理革命的胜利。管理总体性观念的胜利是知识应用于知识之上的胜利。管理总体性观念的胜利是知识作为第一资源的胜利。管理总体性观念的多重胜利隐含了管理学的巨变，这说明“商学”与“管理教育”的整合得到了加强，“管理教育”融合了“商学”，成为一门独立的学科。也就是说，“此时的商学”已经不是“彼时的商学”，“此时的商学”已经丧失了存在的独立性，它已经是管理学的重要组成部分或者是管理学的内在结构要素之一。

三、管理学裂变为领导学的危险

到了 20 世纪 90 年代，人类进入信息革命时代，这是一个我称之为“复合革命的时代”，意在强调这个时代革命的多样性、结构性和深刻性。在这种复合革命中，需要特别指出的是，到了 20 世纪末，人类处于世纪之交的历史交汇之中，商学院在全球范围内建立，其组织机构认同明确地转向了管理学院，这成为商学院的新的自觉意识。瑞士学者凯特琳·穆夫的学术研究团队在《造福世界的管理教育——商学院变革的愿景》一书中明确地强调了这个新观点，即如今商学院的组织认同应从商学院转变为管理学院。“为什么我们要说管理教育机构（institutes of management），而不是商学院（business of schools）？道理很简单，因为我们不能仅仅为企业家培养领导者。有一点很

---

① 德鲁克 .21 世纪的管理挑战［M］. 朱雁斌，译 . 北京：机械工业出版社，2006.

清楚，那就是，任何形式、任何规模的组织，事实上任何种类的法人，不仅极大地受益于领导力，而且越来越依赖于它。不只是组织的高层领导力，所有其他层次也都需要。所有组织都需要优秀的管理者，企业需要，政府组织、非营利组织、慈善组织、研究机构、组织间的联盟，甚至是非正式运动、市民发起的行动小组等也都需要。考虑到对领导力的广泛需要，我们认为，'商学院'一词显得过于狭窄了，而'管理教育'是反映这种广泛挑战的更为合适的词语。"①正是遵循原作的本来意义，中文译者坚定地将书名译为"造福世界的管理教育"，这就准确地昭示出"商学院变革的愿景"。这意味着"管理学院"改名为"商学院"想法的荒谬之极，"管理学院"完全没有必要改名为"商学院"。

亚洲商学院在当前全球商学院发展中呈现出一种值得注意的现象，也就是印度管理教育发展开花结果的全球效应和中国管理教育的粗放式增长现象。

在全世界商学院成长史中，印度发展管理教育的历史值得高度重视。印度在 1947 年独立后，马上就把培养管理能力作为印度振兴的一项重要战略。1959 年，印度计划委员会聘请美国加利福尼亚大学教授乔治·罗宾斯（George Robbins），协助成立全印管理研究机构。1961 年，印度政府接受了乔治·罗宾斯教授的建议，先后建立了两所精英教育学院，分别位于加尔各答和艾哈迈达巴德，统一名称为印度管理学院（IIM），以不同地名的后缀来区别。此后在各个不同城市新设的印度管理学院分院越来越多，先后在班加罗尔、勒克瑙、印多尔、科泽科德、西隆设立分院。印度管理学院以打造领先的全球品牌为己任，特别注意管理教育的国际化，同美国、法国、意大利、新加坡等国的管理学院密切合作。2014 年，印度管理学院加尔各答分校管理学硕士项目在 Financial Times 的全球管理学硕士排名中列第十三位，这意味着印度的专业管理学院得到了长期持续的发展。除了专业管理学院，印度还将 MBA 课程推广到了所有高校的所有专业，管理学课程成为大学生的重要课程，MBA 已经是印度所有大学生的必修课程。特别需要指出的是，印度管理教育组织系统有向公共领域延伸的鲜明特色。1970 年 8 月，印度国防管理学院在塞康德拉巴德成立，主要负责培养陆、海、空三军少校，还要承担培训

---

① 穆夫，迪利克，德雷韦尔，等.造福世界的管理教育：商学院变革的愿景［M］.周祖城，徐淑英，译.北京：北京大学出版社，2014.

少将级防务管理军官、国防文职官员，以及印度友好国家的军官的责任。

印度管理教育在当前产生了全球性的影响。印度管理教育的全球影响力首先体现为在美国工作的印度裔企业高管人数的大增。美国的世界500强企业中，外籍CEO有75位，其中10位是印度裔，9位是英国裔（籍），另有来自加拿大、澳大利亚、巴西、土耳其等国家的人士担任CEO。中国香港和中国台湾的CEO分别有1位。用一位观察人士的话来说，“印裔国际CEO的数量已多到不可思议”。[①] 例如微软CEO萨蒂亚·纳德拉，先是在印度的班加罗尔大学获得电子和通信专业的工程学士学位，随后前往美国，在威斯康星大学密尔沃基分校（UW-Milwaukee）攻读计算机硕士，再后来在芝加哥大学MBA毕业。除了企业高管外，越来越多的印度人开始对管理教育产生重要影响，担任欧美知名商学院的院长。这是印度管理教育全球影响力的另一种存在形式。2010年7月上任至2021年6月30日卸任的哈佛商学院第十任院长尼笑廷·罗利亚（Nitin Nohria）是印度裔，他也是哈佛大学102年历史上的首位外裔院长。芝加哥大学布斯商学院院长苏尼尔·库马尔（Sunil Kumar），是一名印度人。美国西北大学凯洛格商学院前院长、2011年5月至2013年3月出任欧洲工商管理学院（INSEAD）院长的迪帕克·杰恩（Dipak C. Jain）也是一名印度人。当代最具影响力的管理咨询大师拉姆·查兰是最值得一说的印度裔管理思想家。1939年，拉姆·查兰出生在北印度乡野小镇的一个大家庭，家族主要经营一间小小的鞋店，做鞋、卖鞋和修鞋成了生活的全部。这份家庭产业让拉姆·查兰体验到商务中的现金流、利润、快速周转和稳健发展。1965年拉姆·查兰进入哈佛大学，获得哈佛大学商学院MBA学位，1969年获得哈佛大学商学院工商管理博士学位，并获得贝克学者奖，先后在哈佛商学院、沃顿商学院、西北大学凯洛格商学院任职。拉姆·查兰是当代全球最具影响力的管理咨询大师之一，被誉为“当代德鲁克”。拉姆·查兰著述颇丰，有《执行》《领导梯队》《高管路径》《游戏颠覆者》《CEO说》《逆转力》《人才管理大师》《成功领导者的八项核心能力》《全球重心转移》《转型》《高效董事会》《持续增长》《增长力》《客户希望你知道的》。无论是从企业高管还是从管理学院负责人角度看，这些人和事都说明印度管理教育在全球开花

① 汪涛.这才是印度对中国的真正威胁，让人倒吸一口凉气［EB/OL］.［2017-09-26］.http：//www.sohu.com/a/194927375_509904.

结果了。

中国的商学院或管理学院的教育起步较晚，也就是说中国学术界到全球管理学院世界之林报到得比较晚，其取得的知识成就极其不明显，这似乎与中国改革开放历史性选择所取得的重大成就极不协调。事实上，中国改革开放的行程极其艰难，前行道路颇多曲折。1997 年，管理学正式成为中国教育部认定的新兴大学科，管理学科与理、工、农、医、人文学科一样，成为大学的主流学科，这可能是最有全球性历史意义的标志性事件，并以商学院或以管理学院为名在中国各高校相继成立，这件事在中国教育史上具有革命性的意义。它是可与恢复高考齐名的教育大事件，它也是中国市场经济改革深度发展、全面进入组织化时代的标识符。正如中国工程院院士汪应洛和李怀祖教授所言："'文化大革命'结束后不久，长期贴上资产阶级标签的管理学，被认同是一门学科。随后，摆脱姓'社'姓'资'和计划经济与市场经济的争论，大胆提出向资本主义国家学习先进管理，并在管理教育领域与国外合作。正是破除了这些思想禁锢，坚持改革开放，管理教育才能从空白兴起，成为大学主流学科，可以说没有改革开放就没有今天的大学管理教育。"①这说明中国管理教育的兴起是中国解放思想运动折射出来的光芒。在看到中国管理教育的革命性发展这束耀眼的光芒的同时，还要认清中国管理教育存在粗放式增长的现象。我们仍然没有摆脱"西学东渐"的学术态势，更不用说中国管理学的话语革命。

在这一点上，深圳大学管理学院是在中国思想解放运动的旋涡中诞生的管理学院，创新的精神是其生命中循环流动的血液。深圳大学管理学院是规模仅次于经济学院的大学院，它远比国内其他管理学院的成立具有更多理性选择和制度设计的因素，这一点极为明显地体现在管理学院成立之日，时任深圳大学党委书记姜忠曾给管理学院的专门题词上，题词对"管理"二字做了独到的释义。"管"同《中庸》相关，"理"与《大学》相通。深圳大学管理学院身处中国最具有管理革命性的深圳特区，有责任对管理在深圳发展中的地位有总体认识，更有责任对深圳管理发展的基本经验的学术意义做出规范意义上理论概括。深圳市委常委、宣传部部长王京生是一位极有敏锐眼

① 汪应洛，李怀祖.改革开放与大学管理教育兴起［J］.西安交通大学学报（社会科学版），2018，38（6）：1–8.

光和学识的人，他认识到管理发展是深圳城市精神历史最耀眼的地方。他在《深圳十大观念》一书中，写出了题为“观念的力量”的“引论”，提出了“管理”在深圳城市精神发展中具有分期意义，是同“经济”和“文化”同等重要的一个重要时期之说。

“深圳的城市精神发展史，就是一部城市观念史。城市的发展以经济为基础，以制度为保障，以文化为灵魂。拼经济要求深圳勇于冲破计划经济的体制束缚，大力发展生产力，打牢城市发展的物质基础。拼管理要求深圳加强制度体系建设，建立健全法律法规，为实现公平正义提供制度保障。拼文化要求深圳把握世界城市发展的最新趋势，大力实施‘文化立市’的战略，占领文化发展的制高点，提升城市文化软实力。深圳观念既是这三个发展阶段的产物，同时也成为引领这三个阶段发展的风向标。”①

王京生还探讨了深圳的管理观念：“在拼管理方面，深圳人先后提出了‘鼓励成功，宽容失败’‘改革创新是深圳的根，深圳的魂’‘深圳，与世界没有距离’‘来了，就是深圳人’等观念，体现了深圳的开放品格和包容精神，为建设现代化国际化先进城市的制度设计了广阔空间。”②

事实上，深圳的管理观念远不止王京生所概括的这些观念，比如他归入经济观念中的“时间就是金钱，效率就是生命”，这个观念可以肯定地说是管理观念。管理观念在深圳城市精神中的重要地位是显而易见的，但深圳大学管理学院没有对深圳管理发展的基本经验及其隐含的规范意义有过阐释，不得不说这是一个引人深思的学术怪现象。

国内绝大多数管理学院同单一的“管理科学”密不可分，而“管理科学是依托于自然科学和工程科学发展起来的”③，这就使“理工同管理密切结合成为中国管理教育和学科的特色”。④相比国内绝大多数管理学院的这个根本特色，深圳大学管理学院却大不相同，深圳大学管理学院是全中国最具综合性的管理学院。深圳大学管理学院是由原管理系、行政系和软科学系

---

① 王京生．深圳十大观念［M］．深圳：深圳报业集团出版社，2010.

② 同上。

③ 汪应洛，李景平．论我国政府管理新理念的树立［J］．西安交通大学学报（社会科学版），2003，23（3）：13–18.

④ 汪应洛，李怀祖．改革开放与大学管理教育兴起［J］．西安交通大学学报（社会科学版），2018，38（6）：1–8.

合并组建而成，是集文理工于一身的综合管理人才培养机构，设有工商管理、信息管理与信息系统、行政管理三大专业，这种极强的综合性为深圳大学管理学院的创新探索留下了巨大的发展空间，“因为，从一开始就建立一个合理的组织比变革已经存在的组织要容易得多”。[①] 但深圳大学管理学院的发展不是这样，它的发展同国内其他管理学院越来越同质化了，也就是落于“俗套”了。学院内部下设各系改名成风，行政管理系最先改名为公共管理系。工商管理系不仅仅改名，专业还越分越细。2021 年 9 月 14 日，公共管理系从管理学院分离出去，进入新成立的政府管理学院。这是华南地区首家以“政府管理”命名的高校二级学院。深圳大学管理学院的历史极为典型地说明深圳大学管理学院的地方知识贡献是极其不足的，实在是太少了，这在很大程度上可能意味着中国管理教育发展隐含粗放式增长的现象。深圳大学的管理教育似乎显示出了一条从“大雅大俗”到“太雅太俗”的发展轨迹。管理就是从优秀到卓越。说到底，管理就是追求卓越。卓有成效的组织是现代性的核心。

随着管理教育全球化高潮的到来，全球商学院或管理学院迎来了空前的管理思想大反思的出现。正是因为管理思想大反思，管理知识呈现出了一个大的巨变期，商学院或管理学院有可能进入一个全新的时代，即管理知识全面发展的时代。面对这个历史性的转折时期，全球商学院或管理学院的学术思想界不得不走向一个有历史、有理论和有思想的新境界。也就是说从思想的高度，潜入世界管理理论深度的长河之中，发现管理学发生了人们难以想象的极为深刻的变革。在这里，管理学终结了，管理学碎片化了，特别是裂变为领导学，这可能是当今管理学的正面，它预示了管理学内在的“非管理学现象”；管理学历史化了，管理学重构了，管理学创新了，这可能是管理学的背面，它隐含了管理学内在的“反管理学现象”；管理学范式化了、综合化了，这是当今管理学的侧面，它显示出了管理学已经探索到的一条新的综合之路，这是一条仿佛依稀可见的道路，这也是一条未来的管理学的希望之路。

说到管理学的正面，首先谈管理学的终结，英国和美国学者注意到了管

① 穆夫，迪利克，德雷韦尔，等.造福世界的管理教育：商学院变革的愿景［M］.周祖城，徐淑英，译.北京：北京大学出版社，2014.

理的时代性变革。2001年美国冲突理论研究权威肯尼斯·克洛克和著名组织咨询师琼·戈德史密斯联合著《管理的终结》，提出“商业思想改变商业世界”。著名领导学家沃伦·本尼斯在“序言”中对“管理的终结”做了精准的概括。“组织行为的哲学正在发生显而易见的巨大变化，呼唤着一种人性化的新概念。这种新概念的基础是：我们进一步理解自身复杂的、正在变化的需求。它取代了人们关于人性的过于简单化的、无知的、程式化的理念。这种哲学变化呼喊着一种以人道主义—民主思想为基础的组织价值观，并以之来取代非人性化的、机械的官僚价值体系。随之而来的是一种以合作和理性为基础的新权力观，它将取代以胁迫和威胁为基础的旧模式。”[①]8年后，英国畅销书作家乔·欧文看得更透彻，说得更明白，写得更好，并出版了《现代管理的终结——如何引领无序的新世界》。如果说《管理的终结》站在哲学的高度，那么《现代管理的终结——如何引领无序的新世界》则立足于历史。乔·欧文在《现代管理的终结——如何引领无序的新世界》的“结论”中指出：“管理学的基础使管理者开始探求成功法则，以期改进战略、领导、财务管理、质量和生产力。这些法则的确有效，它们把建立在经验法则基础上的旧时惯例一扫而空。但是，眼下现代管理正走向终结。”“简单化法则非但无法打造成功，还作茧自缚……魔力成功法则已经失去魔法……世界在改变，旧的成功法则失效了。”[②]

同管理终结话题直接有关的是管理的碎片化。论到管理的碎片化，首先要提到的是欧洲教练技术学院院长沃尔夫冈·施密茨的著作《管理管理者——为什么管理活该被抛弃》。这本著作出版于2011年，沃尔夫冈·施密茨在书中题为“世界已经改变”的序言中，对该书的书名进行破解。该书的主书名为“管理管理者”，而副书名却是“为什么管理活该被抛弃。”“之所以用如此矛盾的方式来表述，是因为我要在本书展示从管理向领导力跨越的理念以及领导力的新趋势——教练型领导力。让我们说：‘再见，管理！’”[③]沃尔夫冈·施密茨在这里提出了管理向领导的深度转变。这可能是管理碎片化的最直接路径。毕竟“管理”和“领导”之间的关系之争一直是个争论不休

① 克洛克，戈德史密斯．管理的终结［M］．王宏伟，译．北京：中信出版社，2004.

② 欧文.现代管理的终结：如何引领无序的新世界［M］.仇明璇，译.北京：商务印书馆，2011.

③ 施密茨.管理管理者：为什么管理活该被抛弃［M］.欧洲教练技术学院中国运营中心，译.北京：中国致公出版社，2012.

的相关度极高的大问题。论管理碎片为领导的现象，史蒂芬·塞格尔的《商感——从管理科学到领导哲学》是一定要谈到的重要著作。史蒂芬·塞格尔是西方学术界公认的管理哲学实践领域世界级的先锋人物，《商感——从管理科学到领导哲学》一书的目的“在于找出、描述、分析并揭示管理学范畴的哲学经验的意义。本书阐述了管理者确实拥有的哲学经验，这些哲学经验对于他们作为管理者的实践至关重要”。① 管理者的哲学经验主要有两个层面：第一个层面是培养商感，即一种管理者对置身其中的环境的感觉；第二个层面是管理者在投身世界的过程中发展的感觉。管理学向领导学转向还可以从德鲁克的名著《卓有成效的管理者》的传播史中找到变化的迹象。《卓有成效的管理者》是德鲁克《成果管理》的直接延伸，是《管理实践》的实践精神的深入发展，即从“实践”转向“习惯”。彼得·德鲁克逝世后，他最亲密的朋友约瑟夫·马恰列洛在传播《卓有成效的管理者》时，将《卓有成效的管理者》改名为《卓有成效的领导者》。从“管理者”到“领导者”一词之变化，真可谓意味深长，是对德鲁克思想的超越呢，还是德鲁克思想的庸俗化呢？这真有可能触及一个难以接受的现实：播下的是“龙种”，很有可能收获的是“跳蚤”！

除了向领导学转向外，管理学碎片化还体现在向沟通的转向。美国著名学者托马斯·D. 兹韦费尔出版《管理就是沟通》，强调了沟通在管理中的核心地位。管理学碎片化还有一种裂变路径就是向神经科学的转向，也就是所说的神经管理学。神经管理学是运用神经科学和其他生命科学技术来研究经济管理问题的国际新兴前沿领域，它主要研究人们面对典型经济管理问题时的大脑活动与思维过程。神经管理学从一个全新的视角来审视人类决策行为以及更为一般化的社会行为与人性，它很可能是泛科学主义在管理领域的新发展，也有可能是科学精神镜像的绝唱。最后需要指出的是向复杂科学裂变，很有可能是管理学碎片化最隐秘的路径。

管理学的终结论和管理学的碎片化，是当今管理学发展的正面，预示着管理学即将面临的学术思想混乱的局面。管理学向领导学转向是一种直接的碎片化转向。这种碎片化倾向隐含的危险是值得高度重视的，这种碎片化倾

---

① 塞格尔．商感：从管理科学到领导哲学［M］．朱一凌，译．北京：中国社会劳动保障出版社，2006：201.

向的致命危险是它会导致管理内涵的异化，也就是对权力的崇拜。古典管理思想家马克斯·韦伯提醒对魅力型权威持高度警惕态度。彼得·德鲁克在韦伯思想的基础上写出了《管理实践》，创立现代管理学。关于彼得·德鲁克对管理概念的新理解，亨利·明茨伯格有过明确的说明，“半个世纪前，彼得·德鲁克（1954 年）赋予了管理以重要性。从那以后，领导力便失去了其重要性。现在，我们则会从媒体上看到伟大领导人取得辉煌成就，或者遭遇惨烈失败的各种故事。我们必须认真面对管理者面临的各种现实”。[①] 领导力的过于泛滥，很有可能将管理引向要么夸大人的本能反应，要么造成人的理性自负，最终的恶果就是管理学的分析路径丧失责任分析这个原点。

绕过正面，我们走进管理学发展的背面，会看到管理学反思历史的高度。1994 年，美国学者布赖恩·L. 乔伊纳博士出版《第 4 代管理》，提出一种新的管理原则，探讨了区分成本和成本产生的原因与必要性。成本不是成本产生的原因，但有成本产生的原因才会有成本。混淆原因和结果是管理中容易犯的一个致命错误。乔伊纳在书中还深刻地批判了无法度量就无法管理的错误理念，这是对实证主义的一种有力冲击。欧文·拉兹洛是布达佩斯俱乐部的创始人，是时代最前沿的思想家。[②] 美国思想家欧文·拉兹洛、克里斯托弗·拉兹洛父子俩在 1997 年出版了《管理的新思维——第三代管理思想》著作，对管理思想的前沿进行历史定位。《管理的新思维——第三代管理思想》从进化论知识的高度，将复杂系统理论和混沌理论应用到商务发展新领域，提出了一种新颖独特而又能非常有效地领悟周围世界的方法。[③]2007 年美国管理学家罗伯特·艾克斯、尼廷·诺瑞亚和詹姆斯·柏克利三人合著《超越管理迷思——重新探索管理的真谛》，本着归零思考和探究管理源头的态度，对管理知识进行“正本清源”，提出管理思维的五项原则。这五项原则包括：不要把组织现象简单化，也不要把管理问题复杂化；不要用大家听不懂的管理术语，去告诉别人已知的事实；多次重复别人不解的管理理论和知识，很可能是说者的个人愚蠢，也可能是这套知识无用；切勿用自己预设的角度去观测组织现象和解读管理问题；千万不要将管理知识当宗教。这五项原则将管

① 明茨伯格 . 管理至简［M］. 冯云霞，范锐，译 . 北京：机械工业出版社，2014.

② 乔伊纳 . 第 4 代管理［M］. 北京：中信出版社，2000.

③ 欧文·拉兹洛，克里斯托弗·拉兹洛 . 管理的新思维：第三代管理思想［M］. 文昭，黄丽华，译 . 北京：社会科学文献出版社，2001.

理学的知识发展指向管理真相的发现，这是具有革命意义的观点。[①]戴维·布尔库什（David Burkus）是美国著名畅销书作家、曾被全球管理界的“诺贝尔奖”的评选机构 Thinkers50 评为“最有可能改变商业未来的思想领袖”。他在 2016 年出版《新管理革命——知识经济如何重塑组织和管理》一书中，认为当工作的本质从工业型转变到知识型，当公司需要员工解决问题和设计新产品，新型管理系统应该以员工为中心。戴维·布尔库什系统总结了知识经济时代的十三项全新的管理法则，这些法则的核心是：坚持员工第一，顾客第二，通过提升员工幸福感达到提高客户满意度的目标；取消管理层，把管理者的职责下放到曾经的被管理者身上；对招聘过程进行重组和革命，让员工参与招聘的过程；取消年度绩效考评，鼓励季度反馈讨论等。戴维·布尔库什要求人们谨记“管理的本质在于不断改变，以顺应最新趋势”。[②]

英国著名学者斯图尔特·克雷纳在 2000 年出版的《管理百年》中，将怀疑理性主义精神深深地植入管理学之中，提出“管理上没有最终的答案，只有永恒的追问”。[③]2002 年麻省理工学院斯隆管理学院在其建院 50 周年庆典之际，邀请杰出校友、国际领导人、企业界与管理界精英，共同探讨在未来 50 年中，企业与管理界所面临的机会与挑战，以及管理界未来的发展方向。随后周建、托马斯·科汉、理查德·施马伦奇三人合著了《管理的现在和未来》，提出探讨管理学特别是企业管理的发展趋势；高科技对管理、人类生活的影响；全球化和技术进步加速发展背景下的全球资本市场；未来的管理思想必须发生根本的转变，以应对更加艰巨的挑战；未来的管理者必须面对新兴科技所带来的潜在利益、风险以及道德挑战；未来的管理教育应该努力培养德才兼备的领导人，使其能赢得信任、面对问题与机遇，引领企业做出对社会的进步负责任的贡献。[④]

1996 年法国学者罗贝尔·萨蒙从未来学的角度探讨了管理的未来，他在

---

① 艾克斯，诺瑞亚，柏克利.超越管理迷思：重新探索管理的真谛［M］.方美智，译. 台北：天下文化出版股份有限公司，1996.

② 布尔库什.新管理革命：知识经济如何重塑组织和管理［M］.赵竞欧，译.北京：中信出版社，2017.

③ 克雷纳.管理百年［M］.闾佳，译.北京：中国人民大学出版社，2013.

④ 周建，科汉，施马伦奇.管理的现在和未来［M］.周庆林，译.北京：中国劳动社会保障出版社，2005.

《管理的未来——走向以人为本》一书中强调人类不受约束发展的重要性，指出“凡是采取了旨在让个人自由发展的公正行为，总能得到报偿，而特别重视人的潜能——它是我们社会的精神建设的基本建筑材料——的公司，最终它也必然获得较大的盈利”。[①] 罗贝尔·萨蒙区分了一种建立在人的动力的基础之上的经济秩序和一种用短期行为引导的经济秩序，后者以损害雇员的积极性、商人的忠诚、顾客的满意、研发的质量、集体的创造性和环境保护为代价，以保持优异的季度报表。相比这种短期行为引导的经济秩序，那种建立在人的动力的基础之上的经济秩序更是可取的，它会带来持久的繁荣，而用短期行为引导的经济秩序却无异于自掘坟墓。美国学者加里·哈默是“西方世界在策略领域最具影响力的思想家”，《经济学人》称他为“世界一流的策略大师”；《财富》杂志称他为“商业战略管理的领路人”。比尔·布林是美国《快速公司》的资深编辑。2007 年，加里·哈默和比尔·布林共同出版《管理大未来》，对 20 世纪的古典管理思想做了深刻的反思，表明“与物理学原理不同，管理学原理既非先知也并非亘古不变，特别是当前的管理原则已无法适应。这是因为急剧的变革、飞速的优势、技术的颠覆、可畏的竞争、分散的市场、全能的顾客、挑剔的股东，它们对全球的组织管理提出了新挑战，传统的管理模式也更显局促”。[②] 加里·哈默和比尔·布林指出当今的管理已经过时，制约组织实现优良业绩的不是其营运模式，也不是其商业模式，而是组织的管理模式。后现代管理时代需要进一步更新管理的原则、流程和实践。“坦率地说，所谓的最佳实践是不够的，即使是那些全球最受尊敬的公司，它们也必须不断地进行管理的创新，不断地保证员工更轻松愉快地工作。因此，在谈论未来的管理时，我们必须以领先的姿态行动而不是盲从，这是发掘未来管理的指南。”[③]

无论是管理学的代际分析和管理大历史的回顾，还是超越管理迷信和管理未来探索，都将管理学反思指向管理真相的发现。英国伦敦商学院教授弗里克·韦穆伦，自称是安徒生“皇帝的新衣”童话中“不懂事的小孩子”，2012 年出版的《管理真相》揭示了商业世界内部运行的秘密，刻画了 CEO 是

① 萨蒙．管理的未来：走向以人为本［M］．王铁生，译．上海：上海译文出版社，1998.

② 哈默，布林．管理大未来［M］．陈劲，译．北京：中信出版社，2008.

③ 同上。

怎样的人，剖析公司现实运营中的诱惑、影响力和联系与战略。《管理真相》一书突破了管理的传统认知。[①] 日本学者入山章荣从另一个角度触及“管理真相”，他提出一个极有现实意义的问题，即“现在的顶尖商学院教授都在想什么！”入山章荣指出了对管理学认知的三大误解：美国管理学学者不读德鲁克，《哈佛商业评论》并非学术期刊，讲课水平再高也无法晋升。入山章荣最后回答了“怎样的管理学才能是科学”，“到目前为止我多次提到，‘世界管理学以科学为目标’。但事实上，必须强调的是管理学的科学性依旧十分薄弱，至少在我看来是这样的。之所以这样说，是因为所谓的管理学不过是分析个人或由个人组成的团体所做出的决策……从这个意义上来说，世界管理学学者研究的管理学还是一门发展中的学科……世界管理学以科学为目标，但说到底，主角依旧是人”。[②]

在管理学的历史背影中，有管理学的代际分析，有管理大历史回顾，有超越管理迷信，有管理未来探索和管理真相的发现，它们暗示了管理学正处于转折之中。

远离管理学反思的历史背影，我们走进管理学发展的侧面。在管理学发展的侧面，我们首先听到了管理学院重建新文化的呐喊。2011 年，圣地亚哥·伊尼格斯·德翁左诺写了一本名为《商学院——引领高等教育变革》的有影响力的著作，结合对商学院的深刻了解和在欧洲商学院任职的独特经验，深入分析了目前高等学院管理教育面临的重大挑战。这些重大的挑战包括：制定适应全球竞争的适宜战略；正确定义大学在现代知识价值链中的角色和作用；设计合理的师资结构，建设师资队伍；培养学生具备多种才智和出色的人际沟通能力。圣地亚哥·伊尼格斯·德翁左诺总结了世界商学院的发展经验，预测了商学教育和整个高等教育的未来发展趋势。[③] 瑞士学者凯特琳·穆夫、托马斯·迪利克，比利时学者马克·德雷韦尔，南非学者约翰·诺恩，加拿大学者保罗·什里瓦斯塔瓦，德国学者乔纳斯·黑特尔五国六学者合著《造福世界的管理教育——商学院变革的愿景》，“提出‘造福世界的管理教育’的设想，目的是面向商学院勾画一种新的、迥然不同的愿景，使商学

① 韦穆伦．管理真相［M］．孙忠，译．北京：中国财经出版社，2012.

② 入山章荣．现在，顶尖商学院教授都在想什么？——你不知道的管理学现况与真相［M］．陆青，译．北京：机械工业出版社，2006.

③ 德翁左诺．商学院：引领高等教育变革［M］．徐帆，译．北京：中国人民大学出版社，2014.

院能够拥抱并投身建设作为世界公民的我们所向往的未来之中”。“建议商学院应当成为社会的管护人，通过培养负责任的领导者，促成企业重新转变为服务社会组织，以及参与经济和企业转型，为世界做出独特的贡献。”[①] 商学院的新目的和新角色还要求商学院在其开展的各项活动中起到榜样示范作用。

《商学院——引领高等教育变革》和《造福世界的管理教育——商学院变革的愿景》都有一个共同的学术价值取向，也就是探讨了商学院的新文化。伴随着商学院新文化的探讨，管理学界开始重构管理学。在重构管理学理论的著作中，我们不得不提及《什么是管理——管理如何卓有成效以及为什么是每个人的事》。这本书的作者是琼・玛格丽塔和南・斯通。琼・玛格丽塔是哈佛商学院战略与竞争力研究所高级研究员，《哈佛商业评论》麦肯锡奖获得者；南・斯通历任《哈佛商业评论》编辑、主编。两位学者在书中全面地探讨了管理的基本问题，提出管理远比“执行”复杂，这意味着管理从根本上向以命令为中心的管理思想告别，这是一种新的有深远意义的管理观念。“管理无所不在。管理不是领导者的专利，人人都是管理者。管理不仅仅局限于商业机构，非营利机构和社会公共部门同样也需要管理。二十一世纪，每个人都应该懂得运用管理，为自己、为组织创造更大的价值。”管理学在新思想风起云涌的时代“最终回归到管理的基本面”。[②]2009年，有“管理反智大师”之称的查尔斯・雅各布斯在《重塑管理——管得越少效果越好》一书中指出：“原来，我们对于管理的认识，绝大部分可能都错了。最新的研究表明，我们的感性更比理性有助于引导商业决策。”[③] 查尔斯・雅各布斯发出了振聋发聩的呐喊，将管理学的重构引向了“心智”和“理念”。同查尔斯・雅各布斯一样，约瑟夫・H. 波耶和吉米・T. 波耶特捕捉了79位世界级管理大师的真知灼见，将管理学的创新引向新的管理理念。[④]2015年，布赖恩・罗伯逊结合硅

---

① 穆夫，迪利克，德雷韦尔，等.造福世界的管理教育：商学院变革的愿景［M］.周祖城，徐淑英，译.北京：北京大学出版社，2014.

② 玛格丽塔，斯通.什么是管理：管理如何卓有成效以及为什么是每个人的事［M］.王建民，译.北京：中国青年出版社，2013.

③ 雅各布斯.重塑管理：管得越少效果越好［M］.王岩，译.重庆：重庆出版社，2011.

④ 波耶，波耶特.管理学什么：79位世界顶级管理大师的真知灼见［M］.王振源，译.北京：新华出版社，2011.

谷的发展经验，探讨了风靡硅谷的合弄制管理模式，提出了合弄制改变世界的思想，重新定义了管理概念，彻底颠覆了工业时代的管理逻辑。①

四、“知行合一”元问题

从管理学反思的侧面来看，除了管理学的重构之处，最重要的还是管理学的新综合。管理学的综合又分两条路径：一条是以彼得·德鲁克和马克·斯蒂文斯为代表的统一范式路径，另一条是以 W.E. 哈拉尔和乔治·吉尔德为代表的新综合路径。出于对管理新综合的高度重视，需写成专节进行论述。本节以“‘知行合一’元问题”为论题，从根本上揭示“知识”与“管理”之间的基础性联系，从广义上讲清楚管理学的基础学科地位。我们先对以彼得·德鲁克、马克·斯蒂文斯为代表的统一范式路径的新综合进行分析。

从统一范式路径来看，彼得·德鲁克应哈珀柯林斯出版社编辑小卡斯·坎菲尔德的邀约写了一本与初衷完全相反的原创性著作，这本著作就是《21 世纪的管理挑战》。小卡斯·坎菲尔德要求德鲁克对其一生的管理思想的精华进行总结，写一本向后看的回顾性著作，但写成的著作却是向前看的前瞻性著作。在这本著作中，“只涉及明天的‘热点’问题，即关键性的、决定性的、生死攸关的问题和明天定会成为主要挑战的问题”。② 在这种问题导向的基础上，《21 世纪的管理挑战》主要是提出问题，而不是解决问题。“这些问题都包含一个感悟，即现代社会、经济和社区的中心既不是技术，也不是信息，更不是生产力，而是管理完善的组织，这个组织是产生成效的社会工具。同时管理是帮助组织产生成效的特殊工具、特殊功能和特殊手段。”③《21 世纪的管理挑战》提供了“一个最终的和全新的管理范式：只要能影响组织的绩效和成效，就是管理的中心和责任，无论是在组织内部还是组织外部，无论是组织能控制的，还是完全不能控制的”。④

《21 世纪的管理挑战》的原创性是一种意外的成功，是“有意栽花花不开，无心插柳柳成荫”。这意味着德鲁克晚年的管理思想隐含一个内在的巨大超越，但如何解释这个巨大的超越呢？这是德鲁克管理思想研究中一个值得

---

① 罗伯逊 . 重新定义管理［M］. 潘千，译 . 北京：中信出版社，2015.

② 德鲁克 .21 世纪的管理挑战［M］. 朱雁斌，译 . 北京：机械工业出版社，2016.

③ 同上。

④ 同上。

重视的大问题。美国学者约瑟夫·A. 马洽列洛（Joseph A. Maciariello）和凯伦·E. 林克莱特曾写过一本名为《失落的管理艺术——德鲁克思想的人文之光》的著作，将德鲁克管理思想的巨大成就归功于人文精神的复苏。[①]这种解释同德鲁克思想发展的原生脉络是不相符合的，也有过度放大人文精神之嫌。管理学的人文主义取向是管理学发展过程中的一种思想时尚，彼得·德鲁克难免不受这种思想时尚的长期影响，但不能过高估计这种思想时尚对德鲁克管理思想发展的影响。

到了 1989 年，彼得·德鲁克在《管理新现实》中以“管理的社会职能及人文艺术性”为题专写一章。在这章中，彼得·德鲁克对“管理的人文艺术性”做了较全面的论述，这段引文太长，为了便于理解，按引文拆分为 4 个小段。第一段是“30 年前，英国科学家和小说家斯诺曾谈及现代社会的两种文化。然而管理既不是斯诺所讲的人文，也不是他所讲的科学”。[②]这说明德鲁克对管理学的定位是具有超越人文主义的思想时尚。第二段讲到“管理涉及行动和应用，其衡量标准是结果。从这方面来看，管理是一种技术。但管理也涉及人、价值观及成长和发展，管理具有人文特征。管理关注并影响社会结构的社区。事实上，就像本书作者那样，与各种组织的管理者长期打交道的每个人都知道，管理深度关注精神领域——人类本性的善恶”。[③]在这段引文中，彼得·德鲁克对管理做了一个一分为二的分析框架，强调了“行动和应用”和“技术”之间的对应关系；“人文特征”和“人类本性的善恶”之间的对应关系，有些类似于中国传统经典《大学》中所讲的“诚意”和“正心”。紧接着的第三段是一个推论：“因此，管理是传统上所谓的人文艺术。称其具有人文属性，是因为管理处理的知识、自我认知、智慧和领导力的基本原则；称其具有艺术性，是因为管理是实践和应用。管理吸收和利用人类和社会科学——心理学、哲学、经济学、历史学、伦理学和包括自然科学的所有知识和见识。但管理者必须关注运用知识取得效果，如治愈病人、教好学生、建造桥梁、设计和销售用户友好型软件等。”[④]彼得·德鲁克在这个推论

① 马洽列洛，林克莱特.失落的管理艺术：德鲁克思想的人文之光［M］.顾洁，王茁，译.北京：机械工业出版社，2018.

② 德鲁克 . 管理新现实［M］. 吴振阳，译 . 北京：机械工业出版社，2014.

③ 同上。

④ 同上。

中将管理的“人文”和“艺术”二者统一为“传统”，也就是他所说的“管理是传统上所谓的人文艺术”，这是一个合二为一的命题，这实际上是将管理学引向人类历史知行之争的传统之上。在这里，特别需要注意“人文属性”同“管理处理的知识、自我认知、智慧和领导力的基本原则”之间的因果联系，也要注意“艺术性”同“管理是实践和应用”之间的因果联系。特别是后者，说得具体些，“艺术性”重在“管理吸收和利用人类和社会科学——心理学、哲学、经济学、历史学、伦理学和包括自然科学的所有知识和见识。但管理者必须关注运用知识取得效果，如治愈病人、教好学生、建造桥梁、设计和销售用户友好型软件等”。① 第二段同第三段之间存在紧密的关系，既要将第二段的“行动和应用”和“技术”同第三段的“艺术性”和“管理是实践和应用”联系起来；也要将第二段中的“人文特征”和“人类本性的善恶”同第三段“人文属性”和“管理处理的知识、自我认知、智慧和领导力的基本原则”联系起来。从这两个层次的内在联系来看，管理是同知识直接相关的，也就是中国人所说的“知行合一”。这极为明显地体现在德鲁克第四段的最后推论中。“因此管理将日益发展成为一门重要学科和实践。通过参与管理，人类将重新认识自己、产生影响和建立关系。”②

知识与管理之间的基础性联系，是德鲁克管理思想发展过程中新的理论自觉。在《管理新现实》一书中，彼得·德鲁克将“管理的社会职能及人文艺术性”论题放在“知识社会”大议题之下进行专章论述。在“知识社会”大议题之下，彼得·德鲁克写了带有总纲性的一章，即“后商业社会”。在这一章中，彼得·德鲁克写道：“最大的变化是所有发达国家都向知识社会转变。这一变化远比政治、政府或经济学的变化更大。”③管理是向后知识社会变化的一个重要特征。“管理已成为社会核心功能和新的独特人文学科，但这引发了管理的合法性的问题。”④ “管理的社会职能及人文艺术性”一章实际上是对这个问题的回答。彼得·德鲁克在这篇总纲性的章节中指出向知识社会转型的大历史事实，“随着知识成为经济的核心资源，社会必然进入后商业社会，

---

① 德鲁克．管理新现实［M］．吴振阳，译．北京：机械工业出版社，2014.
② 同上。
③ 同上。
④ 同上。

也就是后知识社会”。[①]我们之所以强调这一点，是因为《管理新现实》同《后资本主义社会》存在直接联系。《管理新现实》出版4年后，1993年彼得·德鲁克出版《后资本主义社会》。在《后资本主义社会》的开篇之章中，也就是“从资本主义到知识社会”，彼得·德鲁克提出一个理解近现代人类文明的新框架，即在“知识”“技术”“科技”之间的联系上，知识变化具有基础性地位，而知识的变化是经济和社会革命性变化的终极之因和根本动力。知识应用于工具的结果是生产力革命。彼得·德鲁克看到了常人看不到的高度，指出“达尔文、马克思与弗洛伊德是经常被提起的‘现代世界最有影响力的人物’。要是世界上还有公理的话，那就一定要加上泰勒。但泰勒没有得到应有的地位还是小事，更有甚者，直到现在还是少有人明白，正是知识应用到工作之后，才使得这100年来社会生产力有了突破性的成长，促进了经济发展……之所以如此，唯一可能的解释是：知识运用于工作后的结果”。[②]至于说到管理革命，也就是第二次世界大战后的欧洲复兴、日本崛起、新加坡奇迹、韩国经济发展等社会经济剧变，彼得·德鲁克将它们都功归于管理，也就是管理将知识用于知识的结果。“从现在起，创造财富最重要的关键是非体力劳动者的生产力。要提高他们的生产力，就得运用知识于知识之上。”[③]泰勒的管理同生产力革命相关，彼得·德鲁克的管理同管理革命相关，也就是说管理既是知识固有之意，也是知识的终极目的。

《21世纪的管理挑战》的原创性的“意外的成功”是德鲁克后现代世界观的新发展所使然。《21世纪的管理挑战》的原创性，既是“一个感悟”，也是“一个最终的和全新的管理范式”[④]，二者合一为“新悟新语”。这一点体现了德鲁克在世界观上的超越。彼得·德鲁克管理思想发展从最早的《经济人的末日》开始，对阿伦特式的过度的人文主义精神是持谨慎态度的。彼得·德鲁克管理思想的发展恰恰就在于他从人文主义的诱惑中走出来了，它有一个以世界观的转变为基本线索的心路历程。从这个意义上来说，管理学的人文主义取向是管理学发展过程中的一种思想时尚，彼得·德鲁克难免不受这种思想时尚的影响，但不能过高估计这种思想时尚对德鲁克管理思想的影响。

---

① 德鲁克.管理新现实［M］.吴振阳，译.北京：机械工业出版社，2014.

② 德鲁克.后资本主义社会［M］.傅振焜，译.上海：东方出版社，2009.

③ 同上。

④ 德鲁克.21世纪的管理挑战［M］.朱雁斌，译.北京：机械工业出版社，2016.

1957年，彼得·德鲁克曾在《已经发生的未来》中对自己管理思想发展的主线有过总结，“管理学这一学科体现了后笛卡尔主义的新世界观。它的研究主体是过程，过程的起点是对成功的渴望。无论可量化内容占到几成，这一学科的基本要素——改变与革新、风险与判断、成长与衰退、奉献精神、视野、奖励与动机——都是定性的。过程的末端产出的是影响个体与社会的价值决策”。① 彼得·德鲁克晚年的世界观的深刻变化可从《管理新现实》《后资本主义社会》《21世纪的管理挑战》的联系之中找到线索。《管理新现实》中有一章专门谈到世界观的变化，这就是“结语：从分析到感知”一章。在这一章中，彼得·德鲁克主要区分了技术与工具之别，技术不是自然发生，而是人创造发明的。技术不是工具，而是人类的工作方式。“技术是人类能力的扩展，所以基本的技术变化，既表达了我们的世界观，也因此改变了我们的世界观……” ②这就是技术同人脑之间的内在联系，也就是技术同世界观之间的联系，技术是世界观的表达形式，也是世界观变化的内在动力。换而言之，世界观既是技术的内涵也是世界的目的。这一点同德鲁克以知识为基础谈管理是一致的。

彼得·德鲁克并没有停留在这里，而是将讨论的重点从技术转向了信息，特别是从对计算机的强调转向了对信息的留意。彼得·德鲁克开篇就提出“1946年，第一台电脑埃尼阿克投入使用，这就开启了信息时代，信息成为工作的基本原则。然而信息是生物过程而非机械过程的基本原则”。彼得·德鲁克从理论的高度上意识到“组织工作基本原则的变化对文明的影响几乎是无与伦比的……1946年，随着电脑的诞生，信息成为生产的基本组织原则，而这又开启了一个全新的人类文明”。③ 从技术转向信息成为德鲁克《后资本主义社会》的基本视野。德鲁克在《21世纪的管理挑战》中明确这种转变。以子标题的形式表明了自己思想的深度变化，这个子标题为“‘信息技术’从‘技术’向‘信息’转变”。④

正是因为这个深刻的思想转变，彼得·德鲁克区分了信息和沟通的关系。首先强调了信息对社会有3个方面的深远影响：一是新信息技术对物质文明、

① 德鲁克. 已经发生的未来［M］. 许志强，译. 上海：东方出版社，2009.
② 德鲁克. 管理新现实［M］. 吴振阳，译. 北京：机械工业出版社，2009.
③ 同上。
④ 德鲁克. 21世纪的管理挑战［M］. 朱雁斌，译. 北京：机械工业出版社，2009.

产品服务和企业产生了广泛的影响；二是对民族国家的影响，特别是对集权体制的影响；三是对城市的深远影响。彼得·德鲁克结合信息组织，强调了信息的核心功能。“在信息社会中，规模是个函数和因变量，而非自变量。事实上，信息的特征是，最小的有效规模是最好的。只有在通过其他方式无法完成任务的情况下，扩大规模才是最合适的。”① 基于信息的核心地位，德鲁克探讨了有效沟通。“有效沟通有两个要素：信息和意义。意义需要沟通理解……如果群体很大，沟通的效果不会很好。在这种情况下，需要反复沟通，不断重申交流内容。这就需要解释的能力，也需要形成一个共同的社区……知道或理解是将信息转化成沟通的催化剂。”②这说明信息和沟通的关系是一种相反相成的关系，信息越少，沟通越有意义。信息绝对不能等同于沟通。在这个基础上，彼得·德鲁克分析了分析和感知的内在联系。“在机械现象中，整体是部分之和，因此可以通过分析进行理解。而在生物现象中，整体并非部分之和。信息确实是可以理性分析的，但意义则不可以理性分析，而是需要感知的。”“机械世界观认为感知是不严谨的，将其归类为生活中的细枝末节，也就是可有可无的……而在有机宇宙观中，感知则处于核心地位。感知能够而且确实必须进行培养和发展。”③ 这就强调了从分析到感知转化的必要性。

彼得·德鲁克将从分析到感知转化的观念运用到管理中。“在政府和企业计划中，我们谈得越来越多的是‘情境’（scenarios），而情境的假设需要从感知出发。当然，任何生态系统需要的都是感知而非分析。在生态系统中，我们必须把握和理解整体，而只有在把握和理解整体的情况下，部分才有存在的意义。”④

正是这种深刻的世界观变化，彼得·德鲁克意识到理性与感性之间的平衡。“我们日益需要平衡理性和感性。事实上，本书力图应对的新现实是格式塔式的，同样需要感性认知和理性分析：如在新型多元化下的动态平衡、多国和跨国经济及跨国生态系统、急需的新型受教育者等。本书力图引起我们对新现实的认真观察和思考，因为观察和思考是同样需要的。”⑤这说明《管理

① 德鲁克. 管理新现实［M］. 吴振阳，译. 北京：机械工业出版社，2014.

② 同上。

③ 同上。

④ 同上。

⑤ 同上。

新现实》是德鲁克尝试理性与感性平衡的结晶。

正是这种世界观上的超越，彼得·德鲁克进一步从理解回归到假设。彼得·德鲁克在《21 世纪的管理挑战》中将假设称为“潜意识”，并指出假设的范式意义。“对于管理学这样的社会科学来说，基本假设的重要性实际上比自然科学的范式的重要性大得多，范式，即主流的一般理论，对于自然界毫无影响……自然科学研究的是客体行为，而像管理学这样的社会科学，关注的是人和社会机构的行为。因此，社会科学的现实，即物质世界及其规律都不会发生变化（或者如果发生变化，这种改变则是一个漫长的过程，是无法在几十年或几个世纪内完成的），这一点是非常重要的。社会科学不存在这种‘自然规律’，它始终处于不断的变化中。这意味着昨天还站得住脚的假设，今天就不再有效，甚至瞬间就变成完全错误的理论。”①按照这个理论建构路径，彼得·德鲁克提出有关管理主体的 3 个假设和有关管理实践边界的 5 个假设。

彼得·德鲁克晚年在建构管理学统一范式的过程中，高度注意到了信息、权力与经济的关系。“其实，集权体制本身就是报纸、电影、广播等现代媒体的产物，并只有在其对信息进行全面控制的情况下才能生存。但现在大家都能在家中通过卫星直接接收信息，而接收所用的碟形接收器又非常小，秘密警察很难找到它们。在这种情况下，政府控制信息已经是不可能的。事实上，信息是跨国界的，与资金一样，信息不分国界。因为信息不分国界，所以会形成新跨国社区。社区成员不需要见面就可以进行交流分享。世界经济，特别是资金和信贷的符号经济，现在已经形成了没有国籍的跨国社区了。”②

我们在前面说过德鲁克管理思想传播过程中很有可能出现庸俗化，将管理学向领导学方向裂变。但彼得·德鲁克不是那样的，他自始至终尝试构建一个综合的多面向的管理学体系。1966 年，《卓有成效的管理者》是基于时间管理构建出来的一个管理体系，时间管理是一个过程，这个过程包含了记录时间、管理时间、统一安排时间三大步骤。时间管理是基础性的管理，“若不将时间管理好，则要想管理好其他事情就只能是空谈”。③这实际上是从实践角度来看，管理是基于时间管理的。因此，《卓有成效的管理者》构建了一个

① 德鲁克 . 21 世纪的管理挑战［M］. 朱雁斌，译 . 北京：机械工业出版社，2009.

② 德鲁克 . 管理新现实［M］. 吴振阳，译 . 北京：机械工业出版社，2014.

③ 德鲁克 . 卓有成效的管理者［M］. 许是祥，译 . 北京：机械工业出版社，2009.

综合管理体系的“实践面相”。2004 年 6 月，彼得·德鲁克在《哈佛商业评论》上发表题为《什么造就了卓有成效的管理者》的文章，从实践相反的思考面构建了另一个综合的管理理论体系。“除非管理者把知识转化为行为，否则知识对管理者来说是没有用的。但在开始行动之前，管理者还必须有个计划，他要考虑这项行动理想的结果是什么，可能出现哪些限制，未来需要进行什么调整，什么时候进行回顾总结，以及对自己使用时间的方式有什么影响。行动计划是一种意图的说明，而不是一种承诺……应该经常对它进行修改，因为每一次成功都会带来新的机遇。每一次失败也是如此……此外，在行动计划中要建立一种制度，来比较实际结果和预期结果……最后，行动计划必须成为管理者进行时间管理的基础……行动计划必须能够决定管理者如何使用时间，否则就没有任何用处。”① 在这里，彼得·德鲁克从实践的反面思考，并强调了行动计划是时间管理的基础地位。因此，我们在长长的引文中看到综合管理理论体系的另一个面向。如果说时间管理的基础地位讲的是“行为”，行动计划的基础地位讲的是“知识”，那么管理实际上就是“知识”和“行为”的统一。如果说行动计划的基础地位讲的是“理性”，时间管理的基础地位讲的是“自由”，那么管理实际上就是“理性”和“自由”的统一。这两个统一可能是德鲁克管理理论的终极命题。这是一个引人深思的管理学元问题。

对人文主义的超越和对世界观的总体超越成就了德鲁克晚年建构的统一的管理学范式。1999 年 1 月 18 日，彼得·德鲁克在一张私人信笺上总结了自己一生的管理学术成就，“我认为我最重要的贡献是什么？早在 60 年前，我就认识到了管理已成为组织社会的基本器官和功能；管理不仅是‘企业管理’，而且是所有现代社会机构的管理器官，尽管管理一开始就将注意力放在企业；我创建了管理这门学科；我围绕着人与权力、价值观、结构和方式来研究这一学科；尤其是围绕着责任。管理学科是把管理当作一门真正的综合艺术”。② 基于德鲁克的自我总结，《21 世纪的管理挑战》以范式的形式呈现出一个综合意义上的管理学。

同德鲁克路径相一致的有美国学者斯蒂文斯和日本学者内田和成。前者

---

① 德鲁克 . 卓有成效管理者的实践［M］. 宋强，译 . 北京：机械工业出版社，2009.

② 德鲁克 . 管理实践［M］. 齐若兰，译 . 北京：机械工业出版社，2013.

提出了终极管理，“其核心信念在于探索疑难，在此过程中为追寻更进一步的真理和更有效的管理实践，日常生活通常需要被搁置一边”。[①] 由此可见，马克·斯蒂文斯所提出的终极管理同彼得·德鲁克的统一范式是一致的。日本学者内田和成在 2006 年出版了《BGG 视野：假说驱动管理的魅力》，指出管理学陷入分析中心主义的恶性循环，即“搜集信息—分析—再搜集信息—再分析”。针对分析中心主义的恶性循环，内田和成提出了假设思考，“所谓假说，就是在信息搜集过程中、分析工作开始前所持有的‘假定解答’。假设思考就是从信息较少的阶段出发，来推断思考问题整体框架和结论的思考方式。或者，也应该说它是一种思维习惯”。[②] 在这里，内田和成所说的假设思考，就是德鲁克所说的潜意识。如果人们细思波特的创业悲剧，我们就会倍加珍惜德鲁克晚年创立的这个统一的管理学范式。

除彼得·德鲁克、马克·斯蒂文斯和内田和成探索管理统一范式外，还有以 W.E. 哈拉尔和乔治·吉尔德为代表的新综合路径。实际上这两种路径是有联系的，乔治·吉尔德深受德鲁克思想特别是晚年德鲁克思想的影响。乔治·吉尔德在《知识与权力——信息如何影响决策及财富创造》的著作中用一章的篇幅来讲德鲁克的影响，描述了德鲁克在 2000 年初《福布斯》杂志举行的会议上做的主旨演讲对他学术思想宗旨的深远影响，“事实上，德鲁克给大家讲述了企业的头号定律：知识，尤其是金融知识，是关于过去的。企业精神是关于未来的”。[③] 沿着德鲁克晚年提出的管理元问题，即知识和行为的关系问题，乔治·吉尔德将研究的重点放在知识与权力上，提出了一种新型经济学。这个新型经济学有一条新论断，“即市场经济主要是一个信息体系，而非一个激励体系”。[④] 乔治·吉尔德认同“信息最好定义为惊异”的观点，“惊异”就是意外事件，是人不可能预测的，也是无法预测的。经济增长的关键不是为了追求货币激励而去获取新事物，而是通过学习和发现去扩张财富。“新经济学认为，经济增长的根源并不在于市场机制通过激励和惩罚去操纵人的贪欲，而是自由的企业能够通过可证伪的实验来不断地积累令人感到意外的新知识，而在这个学习过程中，一个至关重要的因素是企业具有失败和破

---

① 斯蒂文斯 . 终极管理：哈佛商学院高级管理教程［M］. 陈璇，译 . 北京：中信出版社，2002.

② 内田和成 .BGG 视野：假说驱动管理的魅力［M］. 北京：电子工业出版社，2007.

③ 吉尔德.知识与权力：信息如何影响决策及财富创造［M］.蒋宗强，译.北京：中信出版社：2015.

④ 同上。

产的可能性。”[①]由于新的经济体系是以新思想为基础的，而不是以市场激励为基础，所以新的经济体系是容易改变的，不需要几代人付出坚持不懈的努力。一个经济体系就是一个“智能圈”。智能圈是一个以智力为基础的体系，是一个由思想、态度、目标与灵感构成的主观范畴，决定着经济体内一切支出能够带来的价值，它可以像思维和政策那样快速地实现变化和复苏。信息在噪声即冗余信息之间的一个通道里进行传输，这个通道可以是一根线，也可以是整个世界，并根据由此引发的新闻或意外来评估这些创造或通信的结果。信息中排除了冗余后的平均信息量称为“信息熵”，也就是人们常说的“知识”。综合来看，乔治·吉尔德从一个全新的角度探讨了政府与企业家，政府与市场的关系问题，权力代表政府，知识代表了拥有智力和创新能力的企业家。企业家掌握和分享知识，充分利用知识的自由，最终成为推动经济发展的动力之源。

像乔治·吉尔德一样，W.E. 哈拉尔的新管理综合思想也深受德鲁克思想影响。哈拉尔在谈到德鲁克的《管理新现实》时说道：“正如彼得·德鲁克所描述的那样：知识社区原本就是一种组织，其核心机能就是管理，而管理本身就具有使我们这个社会的一切知识产生效力的功能。”[②]同乔治·吉尔德不同，吉尔德对权力和知识的关系的综合带有经济学的色彩，而哈拉尔对资本和知识的关系的综合是典型的管理学。W.E. 哈拉尔关注到了知识经济的重要性，知识是使世界充满具有创意的进步的无限力量且永不停息的源泉。资本与知识之间的冲突提出了一个大问题。“问题是在有限的过去与无限的未来之间的巨大差异已使商业上的探索陷入了混乱，这多少有点每月流行管理理念综合征的意味，因为我们缺乏一套适用于以知识为基础的经济制度可行的经济学家所称的‘公司理论’。因为基于资本驱动的经济形态，工业时代的‘旧式管理’正逐渐衰亡。”[③]资本不再是企业的首要力量，员工拥有的知识是企业的关键资源。知识散布在公司外部的顾客、供应商和其他群体里，但大多数决策是由公司的管理层所做出的。W.E. 哈拉尔看到了希望与现实之间巨大的差异，意识到了基于知识的公司理论的缺失，将自己的时间和精力花在发现

① 吉尔德.知识与权力：信息如何影响决策及财富创造［M］.蒋宗强，译.北京：中信出版社，2015.

② 哈拉尔.新管理综合［M］.纪丰伟，译.北京：世界知识出版社，2010.

③ 同上。

知识时代“新式管理”的基础理论之上。为此，W.E. 哈拉尔建立了一个基于美国观念的新的综合的管理理论基础。

所谓的美国观念，是指美国民主和自由企业传统。正是因为这种美国观念，美国存在改革优势及三条主要道路：驱动此变革的信息革命；作为结果而发生的商业、政府和其他大型机构的转型；新兴的用于处理所有改变的领导力的创新形式。为了理解这三种变革趋势，必须寻找一种变革的象征性行动，即传统、标新立异的学说和知识法则。“根据我们的国家经历过革命的传统，美国应该唤起传统的勇气去宣告这一现代学说——我们的经济体系不应再被看成是‘资本主义’。资本主义是工业时代一种专注于追逐资本、利润以及其他物质元素的过时的市场系统。在这一点上阻碍我们的主要问题仅仅是意识形态。如果我们想利用未来的能源，我们应当从定义未来的知识法则的角度重新定义我们的经济系统。经济上的胜利不再是由资本来驱动，而是由自由企业和民主团体来驱动。我会用一个更准确、更合适的名字——‘民主企业’来命名我们的系统。”[①]公司是这个新的经济系统的最有力量的机构，公司的管理层是创造这个新经济系统的首要候选人。由此可见，W.E. 哈拉尔超越了意识形态，认识到了从资本主义到民主是一场深远的社会转型。

从资本主义到民主企业的转变，意味着需要一种社会转型中的管理，来架设新旧管理间的桥梁。新管理到底是什么？这就是一个无法回避的大问题。“我们生活在由各种组织构成的世界里，因此大多数人对管理有一种直观的理解，我们早年就谙习了那种与工作相关的生活并常常将管理教育戏称为‘常识’或‘范式’，正是问题所在。先前盛行的管理观念大都产生于工业时代，并为之量身打造。因此它们对基于知识，并与之差异巨大的现代经济模式不再那么有用。”[②]

W.E. 哈拉尔认为新管理基础正在显现，它能架起新旧管理之间的桥梁，新管理的基础有两个：一个是民主，另一个是企业。“对新管理——这个重要的解决之道的理解，关键在于要意识到民主和企业——这两个互补的规则正将组织转变为一个平衡的整体。”[③]企业趋向于更小的业务单元、创业自由和对

---

① 哈拉尔．新管理综合［M］．纪丰伟，译．北京：世界知识出版社，2010.

② 同上。

③ 同上。

经济结果的责任，以及一些其他的业务规则，其最终趋势就是建立起完全的内部市场。同样，授权、参与、协作型工作关系、个人价值和民主思想的发展，其趋势将指向“公司共同体”。哈拉尔强调了“企业”与“内部市场”两个概念之间的区别。自由企业的力量将市场行为的许多方面引入组织中，很难想象敌意并购行为会在企业部门间出现，因为组织不可能成为完全的自由市场……如果管理者鼓励发起内部创业，并给予其创业发展所需的广泛运营自由，且对创业者的成功给予奖励，这些条件就组成了“内部市场”。W.E. 哈拉尔还突出了“民主”和“公司共同体”概念之间的不同。民主的理念正在被引入组织，但这不太可能成为代表政府的合法体制……民主在组织中的运用，常常表现为各类形式的协同工作关系，从而形成公司共同体。由此可见，“内部市场”和“公司共同体之间是一种演绎方法上的内在联系”，“因此，同部市场和公司共同体在这里被定义为‘企业和民主的组织等价物’”。[①]

美国加利福尼亚大学伯克利分校哈斯商学院院长雷蒙德 · E. 米勒为 W. E. 哈拉尔《新管理综合》写了精彩的“前言”，对 W. E. 哈拉尔这两个概念隐含的理论假设做过精辟的阐释，现完整地引录于此，以说明哈拉尔新管理综合理论体系的深远意义。“在哈拉尔教授的书中，他提出了用于指引管理层迈向得以应对日益复杂及充满挑战的商业及社会环境的机构设计的两项前提。哈拉尔的第一项前提是自上而下地指引传统机构的等级森严的‘长官’经济形态将让位于分散的‘内部市场’经济形态，在这种经济形态中无数自我管理的盈利中心产生一个自下而上控制的自我机构模式。他提出的第二项前提是这些内部市场将在更广阔的管理系统内运行，这个管理系统由众多利益相关方的非正式参与引领——一种被哈拉尔定位为‘公司共同体’的治理系统，类似于一种简单的经济民主。”针对第一个前提，雷蒙德 · E. 米勒在评述中认为，“21 世纪的机构将需要给予其他成员更多授权这一前提已得到充分支持，哈拉尔关于内部市场作为这种授权机制的这一前提已经被广泛争论并通过某些有用的公司样本得到阐释。将决策过程下放以满足多种多样及不断加速的要求具有逻辑诉求。信息时代的利润中心将显然需要做出一个好决定，所需要的因素：信息、能力和严格标准”。[②] 针对第二个前提，雷蒙德 · E. 米勒在

① 哈拉尔 . 新管理综合［M］. 纪丰伟，译 . 北京：世界知识出版社，2010.

② 同上。

评论中指出，“第二项前提更加复杂，因此对哈拉尔和他的读者提出更多的挑战。我们需要将民主的概念拓展，以便能被所有主要的公司利益相关方认可并提出他们的意见，这一需要在书中得到清楚的阐释。但这个过程是怎样的却并不清楚。像我们大多数人一样，W.E. 哈拉尔也遭遇到这样一个事实，正如已故的阿隆·维达夫斯基所感叹的，我们并没有强有力的哲学基础去解释协作性的行为。我们尽管拥有自由主义的哲学理念将个人主动性的积极方面合理化，也拥有集体主义者的哲学理念假设共享努力和回报所获得的社会效益，我们还是没有一套清晰的可以展示出由个人内部欲望和外部责任同时驱动行为利弊的逻辑系统”。① 哈拉尔的第一个前提是充分的，第二个前提是不充分的，但这并不否认他所提出的两个前提建构了一个更为广泛、更为强大的理论分析框架。

从范式路径和新综合路径来看，这两条路径共有一个关键性的结点性思想家，即彼得·德鲁克。彼得·德鲁克的伟大在于他将管理学的问题还原到“知行合一”这个元问题，以至于他还计划写一本“管理无知”的书，但没有来得及写，就离开了人世。幸运的是 W.E. 哈拉尔和乔治·吉尔德沿着彼得·德鲁克的思路，做了彼得·德鲁克还没有做的探索，昭示了一条依稀可见的管理学成长之路。

如果说生产力革命时代的管理学重视的是知识应用于工作，管理革命时代的管理学强调的是知识应用于知识，那么信息时代的未来管理学很有可能会关注知识应用于智慧和想象力。这可能是未来管理学的巨大挑战，管理学很可能就成为一门“元设计”的学问了。

五、基本结论

这是一篇形散神不散的论文，它谈的论题与现实高度相关，特别是与深圳大学管理学院历届管理学院领导班子常说的“大管理”有关。本部分大量引用原作者的文字，宗旨在于发现当代世界管理知识界存在的“思想市场”，重点在于寻找基本事实，尽量显现出思想市场的本源性力量。这就是我曾在学院主编的教研文集《我们重负的责任——深圳大学管理学院教学研究文集（6）》中发表的《不确定性之美》一文关于“教可教，非常教”中所说过的

① 哈拉尔．新管理综合［M］．纪丰伟，译．北京：世界知识出版社，2010.

话，“力图从事实中磨砺信念，从结论中汲取思想，从研究中归纳观点”。这是一个尽本分的读书人能做的唯一事情。

这是一篇宏观叙事的论文，它基于大历史的考察，偏重于思想的建构，触及了两个基本的问题，即商学院前行中的价值取向是什么，商学院能做出什么样的知识贡献。这两个问题可以不同的方式继续设问下去，说到底，这两个问题就是什么是真正的商学院，商学院的真学问是什么。

商学从起源上来说，发源于美国大学的商学院的本源是德国的政府管理教育传统，这同美国社会科学受德国影响是一致的，“命令”一直是早期商学院学术关心的学术焦点。卡内基梅隆大学商学院是商学院发展过程中“一束闪亮的光”，著名的政治学家赫伯特・A. 西蒙和经济学家弗兰科・莫迪利安尼很可能就是这一束闪亮之光中的“波粒二象”，总是不间断地在“决策”周围流动。信息、知识是德鲁克发现的未来管理学的黑洞，“企业”和“民主”成为两个可探索的疑点，它们似乎暗示着未来管理学难逃“设计之困”。说到“企业”和“民主”这两个词，我想起了经济学家蒋一苇，他在 1979 年发表过一篇题为《企业本位论》的著名论文。在这篇经典论文中，“整个社会主义特色是民主经济或者说经济民主，因此我的观点总的说是经济民主，其中的基础是企业本位论，而企业内部则是以职工为主体，这三者就构成了我经济体制改革的主要观点”。说到“企业”和“民主”，我脑海中总是浮现出两本书，一本是《知识与政治》，另一本是《民主与市场——东欧与拉丁美洲的政治经济改革》。这一篇论文和这两本书好像对深圳大学管理学院历届领导班子所倡导的“大管理”做了更深层次的诠释，深圳大学管理学院的“大管理”，不是一种扑鼻而来的香气，一飘而过，而是一种弥漫中的香味，慢慢品味，其味无穷。

本章内容源自马卫红主编《我们探寻的管理世界——深圳大学管理学院教学研究文集（8）》（中国经济出版社，2019 年 12 月）。

第六部分

生命与言辞

第十八章 《柬埔寨经济评论》序

学者写作难免有谋生之嫌，企业家著述绝对出自对生活的热爱。徐光发先生就是这样一位热爱生活的企业家，摆在眼前的这部著作足以证明这一点。徐光发先生曾在多家营利机构和非营利机构担任要职，处理繁杂公务，并在繁忙的工作之中抽出时间，潜心收集经济资料，竭诚数年之努力，持之以恒，写出了这部《柬埔寨经济评论》。

这部著作是一本有关柬埔寨经济的百科全书，涉及柬埔寨的资源（土地、自然水利）、农业、建筑、电力、运输、通信服务、银行、保险、进出口贸易、旅游、工商税收、教育、卫生保健、乡村发展、经济特区和劳工立法，为柬埔寨经济研究的学术大厦增添了极其宝贵的资料。

这本著作是一部与时间同行的学术著作。早在2000年，徐光发先生就出版了这本著作的第一版，享有“第一本论述柬埔寨经济的权威之作”的美好声誉。徐光发先生并没有停滞在这种开创之功上，而是继续跟踪柬埔寨经济的细微变化，精心分析柬埔寨经济的新问题，使这本经过修订的新版《柬埔寨经济评论》在享有权威之美誉的同时又获得了精益之名。书中统计数据的更新，外资软贷款与援助被经济特区替代，乡村发展新篇章的展现，还有对贫困问题的关注和相关法律文献的增补，这些足以显示出徐光发先生对科学研究的笃诚和内心深处的高度社会责任感。

这本著作还让人们看到了“我们从事的工作决定了我们拥有什么，我们的休闲活动决定了我们是什么”这句名言所包含的真理光辉。这个真理彰显了个人生命所隐含的多样性之美。徐光发先生以亲证的形式证明：他作为一位柬埔寨华裔知名人士，不仅在于他成功地在多种组织机构荣任要职，更主要的还在于他是一位善于享受和珍惜休闲生活的人，他能不断地充实受到挑战的内在心灵，在自己力所能及的范围内，为生活在这个信息无知和信息不对称世界的人们撬开了一个观察柬埔寨的小小窗口，更为那些无暇搜寻又愿意在亚洲这块最后的绿地上进行财富探险的人们提供了一盏照亮眼前的明灯。

深圳大学管理学院教授　杨龙芳

2007 年 5 月 6 日于深圳益田村新晴阁

本章内容源自徐光发《柬埔寨经济评论》(柬埔寨华商日报社，2007 年 8 月)。

第十九章　“诚”与“思诚”之间

我是一个不太依恋电脑的人，有时十天半月都不会打开家中书房的电脑。好在朋友们都知道我这个不太好的习惯，他们都会告知我已给我发送了邮件，我就会打开久别的电脑，认真细心地研读邮件。

幸运的话，我还会遇上重要公文信息，看到学校和学院关心的事。

2021 年 5 月 20 日，我幸运地收到了学院发来的“管理学院教学研究文集（9）征稿”信息，开启了我“慢思考”的习惯。我原本计划在国庆节期间“快行动”，集中注意力，将心中的声音在键盘上形成文字。2021 年 7 月 18 日，马卫红教授收到韩巍教授的重要文章《我们的天职是真求知，求真知》，这真是一个好论题。韩巍教授诚邀马卫红教授做一个回应，马卫红教授本着真诚的天性，认真地做了回应，写出了以《管理世界的精神镜像》为题的论文，解释了“管理学院教学研究文集（9）征稿”的征文精神，充分认识到韩巍教授提出的问题的理论意义，萌生了将两人间以教师天职为主题的对话变成多名教师参与的交流讨论的想法，邀请几名教师在两人通信的基础上再做一些深入研究，把有关教师天职讨论的“活”做到精细之处。韩巍教授认同了马卫红教授的建议，表示这是一个可尝试的想法，可将一个教研主题的讨论演化成一个微型的学术论坛。

这真是一个好创意。2021 年 9 月 30 日，马卫红教授发来韩巍教授论文《我们的天职是真求知，求真知》和她本人的论文《管理世界的精神镜像》，恰遇国庆节休假之时，我能集中零碎的时间为整块时间，让我的思想在连续的长时间中有一个自由神往的空间，将心灵深处的声音吟唱为白纸上的黑色字符。我的眼睛凝视着韩巍教授和马卫红教授的佳作，脑海中现出《孟子·离娄章句上·第十二节》的名言：“诚者，天之道也；思诚者，人之道也。”韩巍教授高度注意“诚”，在“天之道”中凝视空间，却往往滑向“人之道”；马卫红教授偏重“思诚”，在“人之道”中寻找空白，却常常跑到

“天之道”。本章宗旨既不驻扎于韩巍教授的疆域，也不停留在马卫红教授的领地，仅仅是两脚在他们两者之间慢行，常常担心有可能被绊倒，更何况我的脑海正处于翻江倒海之中，这真是如履薄冰，小心细心加留心地催生出自己心灵深处的声音，这就是“诚”与“思诚”之间。

在这两者之间，我发现了“教师的真义”，展开来说，一名真正的教师在生活中是一个精神上的流浪者，在工作中是一个思想上的自由人，在学习时是一个无知的原始人。

一、活化石

我是一名目击深圳大学管理学院成长的普通教师。

1997 年 7 月 11 日晚上 11 时，我从北京大学毕业来到了深圳大学的“又一村”，开始修筑一条“理性”和“自由”息息相通的“万里长城”，这是一条“时光”和“启示”永远流动的“心灵溪流”，这是一个“个人”与“意义”偶然相遇的“人生议程”。这就是我身为深圳大学管理学院的教师职业生命所在。1997 年 6 月，管理学院成立，这是管理学院的大事件，这个事件发生在我联系工作的过程中。深圳大学管理学院的成立带有源于深圳的第二次思想解放运动的痕迹。

从 1997 年 6 月算起到 2021 年，管理学院有近 24 年的历史了，如何慎终追远地看管理学院的历史？这是一个摆在深圳大学管理学院所有管院人（教师和学生）面前的“大问题”。

在我的记忆中，管理学院成立时，深圳大学时任党委书记姜忠曾为管理学院专门题词，用心表达了她心中的管理意义。这幅题词最先是挂在黄卫平院长和马敬仁副院长办公室，准确的位置是在黄卫平院长座椅背后的墙上。为了寻找这幅题词，2013 年 11 月，我到文科楼黄卫平院长所在的办公室拜见过他，他说姜书记在管理学院建院时确实为管理学院题过词，这幅题词最后挂在了管理学院会议室的墙上。

为了寻找这幅题词，我曾当面细问过建院时学院主管教学工作的马敬仁副院长，他知道有这件事，但记不清具体的题字内容了，他还告诉了我退休后的姜忠书记司机的电话号码。我曾同这个司机联系过两次，因姜忠书记外出，以后就没有再联系了。我曾在一次全院教师会后询问陈智民教授，他是管理学院建院时的首任院党委书记，也是管理学院任职时间最长的院领导，做过两届书记和两届院长，他告诉我，他“不记得这件事”了。我曾打电话给侯莉颖教授，侯教授和蔼地告诉我，她也记不清这件事了，但她真诚地表示愿意帮我联系姜忠书记。我后来多次向苏可明老师询问姜忠书记的题词，他说有可能保留在学院的保管室内。我拜托在学院办公室做工的学生钟文豪同学找过，但没有找到。我还专程到深圳技术大学拜托过做学生工作的年轻院领导赵大宇老师，赵大宇老师答应我回家翻阅照片，看能不能从学生活动的照片中发现原物，结果没找到相关的照片。我曾同曾锡环老师闲聊过这件事，我们回忆起了姜忠书记题词的大意，细思之，这幅题词可能集《大学》和《中庸》两部经典之大成。

2021 年 8 月中旬，按学校安排，管理学院从粤海校区迁至丽湖校区，恰逢学院整体搬迁之际，我寄希望于学院在整理物件和打包过程中能找到姜忠书记的题词，诚请学院党委书记何军叮嘱钟文豪等学生注意姜忠书记题词，何军书记专门督办了这项工作，并专门告知我没有找到姜忠书记题词。看来要找回“管理学院成立精神”的“原始物证”是没有希望了，这让我亲眼看见了“忘记历史”是多么容易，还深刻领悟了“忘记历史”的隐含意义。

不过，我有时心存美梦，说不定管理学院的某位教师在某一天有可能从自家的私人相册的照片中发现姜忠书记的题词，这很可能让我们从摄影技术中体悟到工作场域所蕴藏的心灵之美。

我一边诚望从管理学院教师的照片中找回“管理学院成立精神”的“原始物证”，一边近距离观察“管理学院成长精神”的“心灵物证”，这个“心灵物证”就是“深圳大学管理学院教学研究文集”或“深圳大学管理学院教学研究论文集”。2015 年之前，这个“心灵物证”的名称比较随意，两者兼用，以“论文集”为名居多。2015 年后一直沿用《深圳大学管理学院教学研究文集》，少了一个“论”字。这不仅是文字的删减，而是文风之大变，学风之大变。“论文集”远比“文集”长，实在不“深长”，仅仅多了一个字，而“文集”远比“论文集”短，真是有“意味”，恰恰少了一个字。孔子说：“言之无文，行而不远。”这足可见“文”之重要。

管理学院是一个以管理系、行政学系、软科学系为基础组建的学院，下设企业管理、行政管理、信息与系统管理 3 个系。深圳大学管理学院成立后没有从根本上注重建制立规，学院带有鲜明的“大管理学科的时代特征”和机械式“组织重构的时尚痕迹”。比如一个学生曾修过“管理学原理”“管理学基础”“管理学概论”“管理学”，这些课程名称各异，但本质相同，这是学习管理学学生的“基础课”，也可叫“入门课”。用我一贯的说法，“管理学”就是学管理学生的“语文课”或“行话课”。

到了 2001 年下半年，管理学院院领导开始注意“管理教育”。经当时主管教学的马敬仁副院长建议、学院领导班子协商同意，从学院经费中专门预算一笔专项经费，专项用于特定出版一本教学研究论文集。2002 年，恰逢深圳大学中层换届，这次换届采用了民主竞选和院长组阁相结合的方式，当然最重要的是民主集中制，学校党委集体领导在换届中还是有很大决定权的。马敬仁副院长的工作由新调来的刘莉教授接任。深圳大学历史上最民主的换届深深地烙印在管理学院第一本论文集之上。2002 年 6 月，马敬仁、刘莉主编的《新世纪管理学类专业教学改革研究——深圳大学管理学类专业教学改革探索》由高等教育出版社出版。主编的排名，马敬仁在前、刘莉在后，这个排序留存着深圳大学历史上最民主的换届选举的历史印记。

第一本论文集出版之后，管理学院从 2009 年开始每隔两年出版一本论文集的集体行为开始制度化，这是一件极有意义的大事件。

但话又说回来，这种制度在当时是极其粗糙的，论文集的出版仅仅就是事件，不太探求论文集的深刻意义，形式主义的色彩是存在的。这种初创的制度在很大程度上只是例行任务而已。也就是说这是一个将来完成时态，并没有赋予时间多少生命意义，也就不能从时间的流逝中捕捉管理学院发展的时光，凝结管理学院成长的精神。

特别需要指出的是，这是一个带有“个体现场奖金”式的激励制度。韩巍教授在文章中看到了“个体现场奖金”式的激励制度的合理性与不合理性的内在矛盾：一方面表示“‘教学型教师’可将教研论文以‘学术业绩’论是我内心唯一认同的学院考核之制度安排”；另一方面不认同这个制度背后“教研论文可以算‘工分’”的组织发展战略选择。

这种形式化的制度存在时间长达多年。2006 年 12 月，刘莉主编《管理学类专业教学改革与创新研究》，由重庆出版社出版。2009 年 12 月，李丽主编《基于教学质量工程的高校教学改革探索与实践——深圳大学管理学院教学研究文集（3）》，由暨南大学出版社出版。2011 年 12 月，陈智民主编《基于创新创业人才培养的高校教学改革探索与实践——深圳大学管理学院教学研究论文集（4）》，由暨南大学出版社出版，这是暨南大学出版社出版的深圳大学管理学院的第二本论文集。2013 年 12 月，李丽主编《基于应用型人才培养的高校教学改革探索与实践——深圳大学管理学院教学研究论文集（5）》，这是深圳大学管理学院在暨南大学出版社第三次出版教研论文集。一本论文集在长达 11 年的时间中没有很大的变化，这足以证明制度演化是一个旧习惯的改变和新习惯的养成的渐进过程。这也说明制度演化严格受制于人的进步。

从这四本论文集的工作流程来看，管理学院教学研究论文集在制度建设上长期没有新的变化。一般说来，管理学院教学研究论文集通常由主管教学的副院长在全院教师大会上告知教师们，两年一次的论文集活动又要开始了，希望大家积极参与撰写研究论文，并告知每篇论文支付绩效薪酬的多少。过几个月后，学院教学秘书负责收集各位教师的教研论文，由院长或主管教学的副院长任主编，进行简单编排，并起一个书名，签署一个副标题“深圳大学管理学院教学研究论文集或文集（序号）”，以此表明这是深圳大学管理学院的一贯行为。最后，根据人数将奖金打入教师的个人银行账户，最终转化为教师的银行存款。事后发给每人一本论文集，一本教学研究论文集的制度化过程就这样结束了。

到 2014 年底，马卫红副教授接任李丽教授主管学院教学工作，先后出版了三本文集。2015 年 12 月，马卫红主编《我们重负的责任——深圳大学管理学院教学研究文集（6）》，这是管理学院在暨南大学出版社出版的第四本论文集。2017 年 12 月，马卫红、丁夏齐主编《我们心向的事业——深圳大学管理学院教学研究文集（7）》，这是在暨南大学出版社出版的第五本管理学院教学研究论文集。2019 年 12 月，马卫红主编《我们探寻的管理世界——深圳大学管理学院教学研究文集（8）》，由中国经济出版社出版。

从这三本论文集来看，时隔 13 年后，管理学院教研论文集制度开始发生较大的变化。其中一个重要的制度化变化就是长达 13 年的制度化流程发生了鲜明的变化。马卫红副教授在每辑论文集征稿前都会事先起草一份“管理学院教学研究文集征稿”启事，讲清楚论文集出版工作的目的、目标、工作任务、工作计划和时间安排，并提出论文集的“主题”以及“建议主题”。正是这种主题意识自觉，促使管理学院的教学研究论文集制度的流程发生了深刻变化。管理学院教研论文集制度在观念和制度之间产生了内在的生长机制、转换机制和动力机制。

马卫红主编的管理学院教学研究论文集制度的长足进步表现在 3 个方面：

主题化、学术化和成效化。

从主题化来说，每本论文集都有一个明确界定的主题，2015 年的主题是“我们重负的责任”，2017 年的主题是“我们心向的事业”，2019 年的主题是“我们探寻的管理世界”。3 个主题的提出有重大的理论自觉意义，它是“管理教学问题的意识自觉”，也是管理教育研究的理论自觉。这在一定程度上激发了管理学院教师对管理教学的理论探讨研究，将教学研究从经验研究水平提升到理论研究水平，这不得不说是一个长足进步。这种理论自觉对于深圳大学管理学院成长精神有极为重要的意义，马卫红教授提出的 3 个主题意味着教学研究论文集制度是一种化精神意义为工作实践的制度转换机制。“我们重负的责任”“我们心向的事业”“我们探寻的管理世界”，这 3 个主题意味着深圳大学管理学院正在形成一种深层次的集体意识，或者说集体精神。

从学术化来谈，“我们重负的责任”“我们心向的事业”“我们探寻的管理世界”，这些主题的背后都有管理学院教学沙龙的影子。韩巍教授的《做一名称职的教师已经足够——致正在消失的“我们”》是这个结论的最好证明。2017 年 4 月 14 日，管理学院举办学术沙龙，韩巍老师、吴艺老师和我是会议的主要发言人，韩巍老师重在点评吴艺老师和我的发言。会后，韩巍老师写下了一篇题为《做一名称职的教师已经足够——致正在消失的“我们”》的理论性论文。在文章中，韩巍老师写道：“因一场由三位‘60 后’教师扮演‘主角’的教学论坛引发的感慨。在那次分享会上，三位教师以‘过来人’的姿态，颇有些‘经验传授’意味地漫谈了各自对管理研究，尤其是教学的看法。作为 3 位受邀教师之一，在参加这场被马卫红定义为一次‘非常成功’的交流会之后，笔者却体会到，或许只有在当下的深圳大学管理学院这个对教学尚有‘传统情结’的地方，且得益于马卫红于教学的‘特殊情怀’，才会有这样‘离奇’的故事发生。因为严格说来，在今天的学院评价体系中，这三位受邀教师中的每一个人都不算是十分‘称职’的教师——没有‘国家课题’，没有 SSCI、SCI 论文发表，他们对学院的‘显性’贡献可以说微乎其微（其中韩巍在 2014—2016 年任期的发表记录，如果参照 CSSCI、人大复印报刊资料全文转载标准，勉强算有一点儿贡献）。”①

---

① 马卫红，丁夏齐. 我们心向的事业——深圳大学管理学院教学研究文集（7）[M]. 广州：暨南大学出版社，2017.

从成效化来说，“我们重负的责任”“我们心向的事业”“我们探寻的管理世界”，这3个主题都冠有“我们”这两个神圣的字眼，体现出了深圳大学管理学院追求组织绩效的精神，也折射出管理学院主管教学的领导是一个正在形成中的卓有成效的管理者，从自己的工作中学会了以“我们”而不是以“我”为出发点来思考和表达集体追求，这是一个管理者之所以为管理者的重要原因。德鲁克曾在《卓有成效》一书中明确地表达了“我们”二字的管理精髓。“在思考和表达时要以‘我们’而不是‘我’为出发点。卓有成效的管理者知道他们肩负最终的责任，而这种责任既无人能分担，也不能让他人承担。但他们拥有权威，而这种权威完全源于所在组织对他们的信任。这就意味着，他们必须把组织放到个人前面，即优先考虑组织的需求和机会。这听起来似乎很简单，其实不然。在这一点上，管理者要严格遵守。”[①]这种绩效精神上的变化甚至可以从著作本身的载体形式变化中看出，如果将管理学院出版的所有教学研究论文集放在一起，2015年后出版的论文集远比先前出版的论文集留给人的印象会更深刻些，关键在于“我们重负的责任”“我们心向的事业”“我们探寻的管理世界”3个主题。这是一个情理之中而又意料之外的绩效。这是一种超越论文集文字载体本身的心灵愉悦，这是一种精神意义上的绩效。

时间过得真快，转眼两年过去了，管理学院两年一本的论文集准备工作又开始了，按年序这是深圳大学管理学院教学研究文集的第九本。2021年5月20日，管理学院发布了马卫红起草的邀请信，还确定了新的论文集主题——“我们的天职是求知”。这是马卫红教授责任意识的又一次真情流露。

从邀请信来看，第九本论文集的邀请信远比第八本论文集的邀请信长，还多了更多的真情。第七本论文集的邀请信曾打动过韩巍教授，韩巍教授在管理学院教学研究文集（7）中发表了《做一名称职的教师已经足够——致正在消失的“我们”》，这是一篇“机缘巧合”之作，是一篇“为学院主管教学的副院长马卫红结集教研论文一再邀请的诚意所动”而写成的文章。马卫红在管理学院第九本论文集征文中显示出了更深切的真诚，这让韩巍教授再次深受感动，主动积极地写作，以通信的方式写出了《我们的天职是真求知，求真知》，成为第九本论文集的第一个投稿人。《我们的天职是真求知，求真

① 德鲁克．卓有成效［M］．陈召强，译．北京：中信出版社，2020：1.

知》一文，是韩巍教授生命史中的重要论文。韩巍教授在投稿的同时还要求马卫红教授写信回应："既然是一封'信'，你至少该写一段编者按吧，来而不往非礼也。"马卫红教授应邀写出了《管理世界的精神镜像》一文，以回信的方式探讨教师的天职问题，同韩巍教授展开了较为深刻的对话。这是马卫红教授任管理学院副院长以来对管理教育较为系统性认识的重要论文。这两篇以通信方式存载的重要论文在深圳大学管理学院教学研究论文集制度演化史上具有较为重大的意义，反映出了深圳大学管理学院成长的集体精神的现实高度。

从韩巍教授的通信来看，这篇论文意味着韩巍教授在心灵深处从一个"诠释主义者"成长为一个兼容"后质性探索（Post-Qualitative Inquiry，PQI）研究者"的人。韩巍教授是一个根深蒂固的诠释主义者，只要看看韩巍教授在信中对马卫红教授起草的征文启事的批注式诠释，一个活生生的诠释主义典型就会出现在观察者的视野之中。韩巍教授不仅认识到了实证主义研究者的学术思想的毛病，这些毛病主要表现为"经验复制（符号式表征）""洞见以下皆为修辞"等，还看到实证主义研究者带来了"管理研究者普遍的狭隘、浅陋"的恶果。

没错，韩巍教授是一个诠释主义者，但不是一个顽固不化的诠释主义者，而是一个开放的诠释主义者。韩巍教授在信的开篇语中从全球学术思想史的高度谈到世界管理学术界是一个由实证主义研究者、传统人文主义质性研究者、诠释主义者和 PQI 研究者构成的学术世界，它们之间存在明显分歧，也有程度不一的思想交集，比如诠释主义同传统人文主义质性研究者之间在基本立场上存在较高的一致性，诠释主义者同 PQI 研究者的研究往往异曲同工。韩巍教授先前写过《论"实证研究神塔"的倒掉》《洞见以下皆为修辞——〈管理学中的伟大思想〉对本土管理研究及理论建构的启示》《"非科学性"让管理研究变得更好——"蔡玉麟质疑"继续中》等重要论文，这些论文表明他是一个典型的诠释主义者，同实证主义研究者完全不同，但也不能得出他就是一个传统人文主义质性研究者的结论。

如果要尽量靠近韩巍教授思想原型，那么韩巍教授的思想原型是一个极度兼容传统人文主义质性研究者的诠释主义者。这在处处弥漫着泛科学主义的管理学术思想世界中是一处可供我们欣赏的独特风景。"兼容并包"成了韩巍教授思想世界的"本色"，科学哲学的爱好是韩巍教授思想世界原型的"底色”，而对 PQI 研究者的开放是韩巍教授思想世界原型的“特色”。

在韩巍教授看来，一个诠释主义者应该持有诠释学的基本立场，更要看到 PQI 研究者的新景象。PQI 研究者的群体特征可描述为两个方面，PQI 研究者们“否定本体论的‘总体性、同一性’”，“坚守‘异质的、流动的、超越的……内在性本体论（ontology of immanence）’”。PQI 研究者的研究特色可概括为 5 个方面：“看重‘理论’修养（多读书）”；“漠视事实（what is）”；“关注未来（not yet...might be）”；“拒绝方法论”（不仅是一种 apparatus of capture，还参与现实建构）；“强调‘自我’风格、情感代入的写作（因为 writing is a method of inquiry）等”。在这里“apparatus of capture”直译为“捕获的装配”，而“writing is a method of inquiry”直译为“写作是一种探究的方法”。作为一个活生生的诠释主义典型，韩巍教授出于对实证主义研究者之恶果的清醒意识，开启了 PQI 研究者的新的学术思想转向。一个现代意义上的管理研究者，绝不是一个方法论的机械主义者，而应是一个心灵自然流露的进化主义者。“言为心声、书为心画”。写作是心灵的呈现。这是一种深度转向，它涉及韩巍教授心灵世界中的“理解”“方法论”“认同”“合群”。

从理解层面来谈，用韩巍教授自己的话说，“我不可能对 PQI 照单全收”，而是对 PQI 研究者们所谈的“‘可能性、启发性’的另眼相看，容易理解其所思所想”。

从方法论来谈，韩巍教授同 PQI 研究者们一样，公然敌视和排斥“方法论”有“契合之处”。

从认同层面而论，韩巍教授深受 PQI 研究者们“对经典理论思想的推崇”的感染，“比照管理研究者普遍的狭隘、浅陋”，这往往让韩巍教授的内心世界“共鸣强烈”。这种共鸣类似于刘思勰《文心雕龙》中的“宗经”“文化”“意境”。

从“合群”层面而论，韩巍教授最终选择了同 PQI 研究者们“凑个热闹”的自由心态。

——这是韩巍教授选择的新归属。

正是出于“理解”“方法论”“认同”“合群”的深度转向，韩巍教授题为《我们的天职是真求知，求真知》的文章是“一篇体现‘后质性探索’旨趣的‘文章’”。这是韩巍教授的大文章，是一篇集大成的文章，它呈现出韩巍教授学术思想的新气象。这个新气象用韩巍教授的声明来说，“当然，作为诠释主义者，我对‘逻辑’的兴趣不大，那不过是研究者‘强加’给经验世界的东西，我觉得反思、可能性、想象力才更有意义。是的，意义！”

从马卫红教授的回信来看，其实际上是两封回信。

2021 年 7 月 18 日，马卫红教授收到韩巍教授稿件后，在第一时间通过手机发给韩巍教授一条短信息，这可看成是马卫红教授的第一封回信。马卫红教授在文中有详细陈述——正如 7 月 18 日收到您的稿件，我读完后第一时间给您回复的手机短信所言：“看到文件标题即刻眼眶湿润，感动感谢！这是本集收到的第一篇稿件。打开文件后并没有被吓到，发自内心地脱口而出‘太有趣了！’（因为没有见过这样投稿的）……这篇稿件让我感到特别荣幸，真的荣幸！恐怕管理学院的教研文集上不会再现此景。这本集子注定会因这篇稿件成为难以超越的样本，不限于管理学院！”在这封第一时间的回信中，马卫红教授清醒地意识到韩巍教授的来信在深圳大学管理学院成长精神史上的意义，这个意义浓缩了深圳大学成长的精神史，还折射出认识当今中国高等学校教育变化的普遍意义。

第二封回信是题为《管理世界的精神镜像》的论文，在这篇论文中，同韩巍教授一样，用马卫红教授的话来说，这是一封以回信形式表达出来的文章，这是一篇以“‘自我剖析’的方式”写成的文章。这种方式涉及马卫红教授的情感世界、理性选择和职业态度。

从情感世界来说，马卫红教授写道：“这封回信我是内心怀着深厚的情感、眼中时常充满着泪水写就的。”

从理性选择来看，马卫红教授说：“为什么写得这么慢？是因为好多次，我构思的过程中禁不住眼眶湿润，无法继续，就只好搁置。”这是一种慢思考，一种“忧后”与“忧先”的自由选择，而不是“急中生智”，也绝对不是“病急乱投医”。

从职业态度来看，马卫红教授描述了自己心灵深处的职业意识。“我在想：我为什么在同一件事情上会反复‘动容’？是我很脆弱吗？绝对不是！只因为这件事谈论的是我深爱着的事业，我希望她好，而现实与预期反差越大时我内心深处的感受就越深沉……这几年经历的事太多，随之的思考也多，可以言说的和无法言说的都在我的思绪中翻滚。”马卫红作为一名主管教学的副院长，正是出于心灵深处高度的责任感，在教学研究的理性世界冒险前行，为深圳大学管理学院教学研究论文集的制度进步倾注了自己的心血。

韩巍教授学术思想的新转向和马卫红教授基于管理者本职工作的新冒险，以书信形式赋予了深圳大学管理学院教学研究论文集制度进步的新能量，用一个时尚的词来表达，这可能是一种“赋能”。

韩巍教授和马卫红教授之间关于教师天职问题的通信，特别是韩巍教授集大成的文章，为深圳大学管理学院教学研究论文集制度贡献了一个新标本，用马卫红教授的话来说：“这本集子注定会因这篇稿件成为难以超越的样本，不限于管理学院！”韩巍教授和马卫红教授之间关于教师天职问题探讨而创立了思想自由交流的书信体，“书信体有两个好处，一是不用太讲究逻辑，只需要说真话；二是可以有情感色彩的展现，虽然显得主观，但也更鲜活了。我很喜欢这种风格的交流，感谢韩老师的引领，让本集教研论文显得多姿多彩”。这是一种好“文风”，一种“心心相印的文风”，一种“人同心，心同理”的文风。说到底，这应该被称为“同理心”！在这个意义上，韩巍教授和马卫红教授之间关于教师天职问题的理论探讨，是深圳大学管理学院教学研究论文集制度的活化石，从这块活化石上，深圳大学管理学院成长的内在精神，既可“追远”，也可“慎终”。这就是说，透过韩巍教授和马卫红教授之间关于教师天职问题的理论探讨，不仅可看到深圳大学管理学院成长的“大历史”，还可看到深圳大学管理学院成长还未经历的“大未来”。

二、润滑剂

任何一名教师，特别是高等学校教师，都是一个活生生的生命个体，就像一棵树上没有两片相同的树叶一样，人世间也绝对不可能有两个相同的教师。

这几乎是一条公理。

韩巍教授和马卫红教授亦然。任何一个高等学校的教师都是时间之光中的“波”或“粒”，都终将是一颗孤独的星星，自我追逐生命的历史终究难以跨过亿万光年。

韩巍教授和马卫红教授在探讨高等学校教师天职的深度对话中没有专门探讨自我问题，但还是隐隐约约地流露出承认自我的看法，形成各具特色的自我观念。

在我看来，一个人关于自我的看法是一个个体生命的大问题。

说到底，这个大问题就是何为一个人的真生活，何为一个教师的真生活。

集中起来说，这个问题涉及一个教师的信息传递领域。展开来说，这个问题是同一个人的“三观”中的价值观、语言表达、孤独存在相关的问题。这个问题用一个命题来表达，人就是思想市场。

我们先来看看韩巍教授关于自我的系列看法。韩巍教授在文中多次提到自己学术研究者身份是一个诠释主义者，他在论文中以自己所带的研究生梁朝高为例，讲述了“一个关于自我成长的故事”。韩巍教授在论文中的设问提到了“自我价值”，“从‘绩效考核’的实际出发，不做‘发现型’研究的同行如何展现自我价值？”韩巍教授公开承认“思政”同自我意义上的“三观”相通，这是一个有意义的问题溪流。“‘思政’我不大懂，也许可以理解为‘三观’重塑。”“三观”就是价值观、世界观和人生观，这可是活生生的个体生命的全部意义。

特别有意思的是，韩巍教授高度重视个人意义上的语言问题，他强调了自我意义存在的语言方式。“我的表达一贯不够直白，争取尽量少讲‘黑话’……再自说自话（没办法，我还不够‘PQI’，还是‘可恶’的套路化思维）。但你应该清楚我谈正事从来都是比较真诚的，万一，还有些许启发呢！其他的都是修辞，不必在意。”“自说自话”4个字活灵活现地表明了个体生命中自我的存在。这就是汉字“语”的真义，意在“说我自己”。

总的看来，韩巍教授是承认自我存在的，他有一段话说得太直白了。“大学、学院最重要的是‘学生、教师’！每一个生命都该有自己的声音，唤醒他；每一个生命都该有自己的光芒，点亮他；每一个生命都该有自己的色彩，渲染他。”

话又说回来，韩巍教授对自我意义上的个体的认识是有些不彻底的，这反映在他关于自我边缘化的言说中。“一个学院，‘不思进取’的人可能有，但读了几十年书，在大学能谋一份教职，会有多差劲呢？‘自我边缘’恐怕也是事出有因吧。”从这段话看来，韩巍教授不承认有消极的人存在，这实在太马斯洛化了，著名心理学家亚伯拉罕·马斯洛就是太看重人的积极性了。马斯洛是这样，道格拉斯·麦格雷戈也是这样，源于人性假设中性本善的Y理论是麦格雷戈所倡导的基本主张。儒家思想中的君子人格神话也有这种倾向。中国人日常生活中的好人迷信更是这样思考。韩巍教授由于不太承认有消极的人存在，进而对“自我边缘”的理性选择或人生态度持完全怀疑态度，这实际上是不承认人的孤独面。这就为韩巍教授所说的“人各有命”埋下了伏笔，进而转向谈论组织环境的重要性，最终对个体生命内心的自由选择的重视打了折扣。

谈完韩巍教授的自我观后，我们再来看看马卫红教授对自我的看法。马卫红教授在回信中常常以第一人称“我”的身份来表达自己的“眼睛”“内心”“情绪”“构思”“言语表达”。

马卫红教授在回信中陈述自己“眼中时常充满着泪水”，“眼眶湿润”。之所以会这样，是因为眼睛是心灵的窗户，这是人所共知的常识。马卫红教授在回信中陈述自己“内心怀着深厚的情感”。正是“心”和“眼”的相互作用，形成了马卫红教授的“感受”“构思”“希望”。马卫红教授比韩巍教授更有鲜明的自我意识，承认了人的孤独面，她在文中写下了沉重的一笔：“这几年经历的事太多，随之的思考也多，可以言说的和无法言说的都在我的思绪中翻滚。”

结合韩巍教授的自我看法和马卫红教授的自我表达，有两点值得高度注意。

一是对真诚的强烈认同。真诚是一种公共需要，至少是两人之间的思想需要。马卫红教授用第一人称坦率地承认“我是一个真诚的人，但绝不是一个脆弱的人”。韩巍教授声明式地说“我谈正事从来都是比较真诚的，万一，还有些许启发呢！其他的都是修辞，不必在意”。

二是说心里话。马卫红教授真诚地道出了书信体的真正语言意义，“既然是书信，就不是为了‘表演’，而是需要真诚，说自己想说的话”。韩巍教授的语言世界远比马卫红教授的语言世界丰富得多，语言有可能是思维的细胞，也有可能是套路化思维，语言还有“套话”“黑话”“自说自话”之分。其中“自说自话”是 PQI 研究者的语言艺术风格。韩巍教授承认自己擅长用“隐语”表达，难免不说“黑话”，而说得最多的还是“自说自话”。“我的表达一贯不够直白，争取尽量少讲‘黑话’……再自说自话（没办法，我还不够‘PQI’，还是‘可恶’的套路化思维）。”细读这一段引言，完全可以看出韩巍教授的语言转换之痛。“自说自话”就是说出自己心里的话，这是 PQI 研究者所追求的语言艺术风格。“可恶”的套路化思维很有可能就是诠释主义者必须勇于面对的新陷阱。

真诚和“说真心话”是可以统一起来的。如果将这两点统一起来，那么就可以提出一个基本的命题——人就是思想市场。

这个命题道出了“人是生活在信息传递领域之中”的真相。

人就是思想市场，是“身”“心”之间的流动，也是“身”“心”之间的合一，还是“身”“心”之间的重叠。

说得具体些，人就是思想市场，点明了“眼”和“心”之间的内在联系。这就是“我们如何看见，又如何思考”。这种内在联系体现为马卫红教授回信中自问自答的疑问理性。马卫红教授在回信中首先提出了“为什么写得这么慢？是因为好多次，我构思的过程中禁不住眼眶湿润，无法继续，就只好搁置”。眼睛含着泪水，笔墨就难以流动。这是“眼”与“心”的双重“栓塞”。一面是从外界到内心的信息输入“栓塞”，另一面是从内心到外界的语言输出“栓塞”。接着马卫红教授提出了第二个问题，“我在想，我为什么在同一件事情上会反复‘动容’？是我很脆弱吗？绝对不是……这几年经历的事太多，随之的思考也多，可以言说的和无法言说的都在我的思绪中翻滚”。这说明“身”“心”之间总是处于无休止的“对撞”之中。正是基于“身”“心”之间的“栓塞”和“对撞”，马卫红教授寻找到了心灵之光，最终实现了“身”“心”合一。马卫红教授的回信就是鲜明的证据。“这封回信我是内心怀着深厚的情感、眼中时常充满着泪水写就的。”眼睛是心灵的窗户，心灵是沉默的思维，言语是来自心灵深处的声音，这些是最基本的心理学常识和语言学常识。汉代思想家扬雄在《法言·问神》中曾说：“故言，心声也；书，心画也。声画形，君子小人见矣。”

个人“身”“心”之间的联系是思想市场，两个人之间的联系就是扩大了的思想市场。前者是一个很容易被遗忘的思想市场，后者是一个很容易引起人们高度关注的思想市场。人际关系永远是双向的、相互的，这是扩大了的思想市场的通俗表达。扩大了的思想市场近似于韩巍教授所说的主体间性和马卫红教授所言的精神镜像。

事实上，韩巍教授同马卫红教授以通信方式探讨教师天职问题本身就是一个活生生的二人组合思想市场。因为这种通信方式用韩巍教授邀请马卫红教授回信中一个词来说，就是“礼尚往来”，意在深度对话。两人组合之间的思想是韩巍教授所说的主体间性中的“启发”。韩巍教授在文章中明确地谈到了“启发”是作者和读者之间的审美联系：“启发只能发生在‘主体间性’（intersubjective），作者表达应有自己的 style，但‘效果’取决于读者的审美。”style 可译成“风格”。读者和作者之间的审美风格差异往往影响两者之间的互动效果。这类似于近墨者黑，近朱者赤。韩巍教授和马卫红教授之间的通信本身就是一个“作者—读者—作者”之间的循环。马卫红教授是管理学院教学研究论文集征文的作者，像供给者一样，生产出了一篇有极大震惊力的论文集征文启事；韩巍教授是马卫红教授征文启事的读者，像消费者一样，消费了马卫红教授提供的论文集征文启事，即在阅读马卫红教授论文集征文启事后，深受马卫红教授论文集征文内在的真诚所感染，写出了《我们的天职是真求知，求真知》。用韩巍教授的话来说：“写这篇文章不是因为教研论文……主要是你撰写的这份‘邀约’让我有所触动。”在马卫红教授阅读韩巍教授来信的过程中，韩巍教授从作为消费者的读者变成了作为供给者的作者，马卫红教授从作为供给者的作者变成作为消费者的读者，写出了《管理世界的精神镜像》。韩巍教授和马卫红教授之间的角色互换是一种类似于供给者与消费者之间的市场联系，这是一种两人组合之间的思想市场。

马卫红教授从管理实践的角度，用“共享心智”替代韩巍教授的“主体间性”。基于这样的认识，“管理实践就可以理解为共享心智形成的过程。韩老师借用了‘主体间性’，我更喜欢用‘共享心智’这个词。共享心智就是意义的共鸣。比如‘来了就是深圳人’已经成为深圳人的共享心智，大家信奉它，无须多言它就在引导着大家的行为”。我认为这是一个不太好的替代，“共享心智”这个词能很好地解释管理实践内在默示的知识意义和管理学研究内在的跨学科知识整合，这同韩巍教授所说的主体间性中的启示有极其一致的一面。韩巍教授在文章中也强调了这一面，他批判实证主义者们无原则地照搬自然科学概念，人为地制造规律神话。实证主义者喜欢用概念“去表征世界潜藏的规律”，“除了微观世界‘测不准’的”，其他都是“主—客关系”。马卫红教授的“共享心智”可以说远比韩巍教授的“主体间性”更反对泛科学主义。正是这种彻底的反泛科学主义，使马卫红教授完全看不到且完全没有揭示出韩巍教授“主体间性”隐含的思想市场意义，更没有保留韩巍教授“主体间性”之间存在类似“生产者”与“消费者”的自由市场，最终丧失了发掘“作者”与“读者”之间思想市场意义的机会。韩巍教授在大文章中专门指出：“我们则是主体—主体间性的关系，而且存在‘双重诠释（double hermeneutic）’的困扰，显然，作为研究对象的人类可以发挥能动性改变被研究者‘强加’于自己的那些‘规律’。毕竟，人不是石头，也比大猩猩聪明。”这就是说人是一个有思想的动物，主体与主体间性的关系隐含了一定的基于语言联系的思想关系，这极有可能就是我所说的思想市场。

个人“身”“心”之间原生的思想市场效应是极其巨大的，它绝不会停留在二人组合的思想市场之中，它必定会演化为三人为众以上的无限的组织思想市场的长河，形成思想市场之河流、江域和海洋。这可称为复合性大众思想市场。

加拿大20世纪原创媒介理论家、思想家马歇尔·麦克卢汉主张媒介即人的延伸，这是复合性大众思想市场的学术表达。媒介是人的感觉能力的延伸或扩展。媒介和社会的发展史就是人的感官能力“统和”“分化”“再统和”的历史。原始的部落人主要由耳朵来把握感觉，进而牵动着以口为核心的感觉世界的相互作用和相互影响。部落人的感觉能力大体上是平衡的，部落人的行为与所处的环境显然是浑然一体的。这可能就是中国人常说的“耳聪”。

文明社会中的社会人以眼睛来把握感觉，眼睛总是孤立地起作用，观察的是一个单一的连续的世界，而每次只能偏重于一个局部，进而形成以文字和印刷媒介为主的视觉文化。视觉文化的特点是集中于细节，并把细节从整体中分化抽象出来，造成媒介从口语转向文字和印刷，实际上扩张的只是从人类感觉的集束中分离出的一种感觉。这种由感觉领域的分割造成的感觉分离，推动人们对事物抽象的、深层的认识，使人类对环境具有巨大的能动作用，而疏远其他感觉只重视视觉的副作用就是产生情感的分离，使人的总体感觉能力失衡或下降。这可能就是中国人常说的“目明”。

现代人以电视为主要媒介，电视扩张了人类的视觉和听觉，并以强烈的现场感和接触感扩展人类的触觉，这就使现代人开始找回长期失落的“感觉总体”，重新回到一种感觉平衡的状态。这可能就是中国人常说的“耳聪目明”，结果是“心明眼亮”“目达耳通”。

马卫红教授在回信中以设问方式提出了思想市场效应问题。“我又愿意公开书信，是因为想借助‘自我剖析’的方式引起同事们的思考，哪怕只有少数人因此动了心念、感受到触动，也是值得的，不是吗？”同样，韩巍教授在文章结尾语中也以提问方式道出了发自内心深处的怜悯之情，进而建构了三人以上大众思想市场问题。“卫红，这封冗长的‘信件’终于可以结尾了，我好奇你能否踏踏实实一口气看完。身为目睹中国大学34年剧烈变迁的普通老师，有再多的遗憾和感慨，也为时已晚、覆水难收了……我深知大家都不容易，写这封信是为了支持你的工作，也想给在困顿中煎熬的同行，尤其是那些还愿意听过来人唠叨的年轻人一丝宽慰。”

个人“身”“心”之间的思想市场隐含了内在的“自尊”，二人组合之间扩大了的思想市场包含内在的“尊敬”。

那么，三人以上的大众思想市场就包含了人类之间的同情和博爱。个人的自尊用韩巍教授的话来说就是“体面”一词，用马卫红教授的术语来说就是“羞愧感”。二人组合之间的思想市场包含了相互尊敬。韩巍教授费了不少笔墨来谈“尊敬”一词，足可见“尊敬”一词在他心灵深处永恒的价值意义。

韩巍教授在诠释马卫红教授的论文集征文启事时有一大段关于“尊敬”的诠释。现摘录如下：

卫红，印象中当年你刚上任副院长时，向我征求过关于大会发言的“注意事项”，我建议你讲话尽量简短。没想到你“从善如流”，竟然做到了。后来我又得寸进尺地提醒你少讲“情怀”，那与绝大多数听众的期待不符（context），你拒绝了我的“规劝”，一意孤行，不管台下的反应，只做自己了……可惜，“尊敬的老师”，在我看来，其实挺讽刺的。如果老师不过是“下蛋的母鸡”，产量多少决定优秀与否，又有多少值得尊敬的地方？埋头苦“下”吗？这是今天大学的常态，大家都半斤八两。所以，我在外面开会做报告时，从来都这么开头：“主席（主持人）、各位领导，或者张某、李某某老师……”尊敬，从何谈起？

从这段摘录来看，马卫红教授是尊敬韩巍教授的，她出任管理学院主管教学工作的副院长时，曾向韩巍教授询问管理之道和发言之要。马卫红教授高度尊重韩巍教授讲话要尽量简短的真诚建议，最终产生了出乎韩巍教授意料的“从善如流”之感。这里的“善”在我看来就是明显的、看得见的“尊敬”。只有有了看得见的尊敬，韩巍教授才会进一步地“规劝”马卫红教授少讲“情怀”。马卫红教授不是没有采纳韩巍教授的“规劝”，而是本着自己内心的尊重，做“得人心的事”，而不做“讨人心的事”，这是她心灵深处对管理学院所有教师的“尊敬”。韩巍教授深深地感受到当今现实生活中任务型高校组织对教师尊严的伤害，伤害到了让人难以觉醒，伤害到了不得不提出一个严肃的话题，就是——“尊敬，从何谈起？”由此可见韩巍教授心中的“尊敬”一词内在的价值多么神圣。唯有当今生活中的高校组织演化成为“有格调的组织”，人人都有尊严，“尊敬”二字才会产生它本身固有的价值意义。这就等于找回了“尊敬”二字的真义。

韩巍教授是一个遵守“尊敬”而自律的人。一般说来，君子动口不动手。韩巍教授比君子更严格要求自己，不仅不动手，还不动口，唯动自己内在的忧心。做到了行有所止，言有所界，事有所度。韩巍教授是个真君子。

韩巍教授内心的“尊敬”二字体现在韩巍教授对自己心灵之作的珍惜，也体现在对马卫红教授的尊敬之上，更体现在对马卫红教授作为主管教学领导的难为之处的“担心”之中。“记得当年你为另一本教研论文集约稿时曾答应不会轻易删改我的文字，希望你这一回依然信守承诺。如果你犹豫这封信是否该被收入教研论文集而‘压力山大’，请参看《定性研究》（*Qualitative Inquiry*）杂志（主流眼中的‘不入流’，我却觉得比很多主流研究有趣百倍）上的文章，一个资深营销教师的‘创意’也是有例可循的。况且，我再怎么affective，也会保留学术体面绝对不讲脏话。‘担心’不过是一种姿态，我确信卫红你从来不是那种‘我所不知道的，就不是知识’的主编。而且我们都愿意相信‘In writing，we can and do invent and reinvent the world’。”在这里，“affective”译为“情绪化”，而“In writing，we can and do invent and reinvent the world”译为“通过写作，我们能够且正在创造和重塑世界”。两者结合起来，重在突出“情绪”和“心智”之间内在的联系。正是这种内在的联系，韩巍教授出于“尊敬”的“担心”，是一种“己所不欲，勿施于人”式的自由，以此将“尊敬”的内在价值升华为“心灵自由”。

同韩巍教授的迂回论证不同，马卫红教授以自己的生活经历开门见山式地论证了“尊敬”。

马卫红教授在回信中写道：“我几乎能想象到您看到‘尊敬的’‘您’这两个字眼时的神情，但请相信，我是真诚地在使用这两个词。”马卫红教授心中的“尊敬”是一种自然意义上的行为习惯。用马卫红教授自己引用苏慧伦和成龙演唱的歌曲《在我生命中的每一天》中的歌词：“这些年，我常常感受到的是这样：我是如此平凡 / 却又如此幸运 / 我要说声谢谢你 / 在我生命中的每一天。所以，这一声‘尊敬’和征文启事中的‘尊敬’都是真诚的。”马卫红教授的尊敬是一种来自内心深处的“深厚情感”。“在我遇到困难和挑战时，只要我真诚以待，我总能幸运地得到很多老师的帮助、理解和支持。所以，我说的‘尊敬’是从我内心深处涌现出来的。”马卫红心中的“尊敬”是一种“深刻的意义感”，从行文来说，尊敬“尽管看上去它很格式化，但于我而言，‘尊敬’是有着深刻的意义感在里面的”。

在这里出现了一个问题：这个意义感是什么呢？在我看来，这个意义感就是苏慧伦和成龙演唱的歌曲中的“你”升华为“您”，即“我在你眼里”“您在我心里”。

写到这句话，我想起了20世纪德国著名的宗教哲学家、宗教存在主义代表人物马丁·布伯的代表性著作《我与你》。我一直认为马丁·布伯书名中的“你”应译为中文中的“您”，从“你”升华为“您”就是一种近似于宗教性的超越的爱。

这是一种博爱。

“我与你”关系的最大特点是“你在我眼里，我在你心里”。这种关系引申来讲，人与人之间是生而平等的关系。这是人与人之间神圣的一面。人与人之间共同守望，人生而平等、等待就是爱，进而升华为人情练达，最终心有灵犀一点通。“我”对待“你”，这是一种没有功利性的生活，一种没有目的性的生活。“我”愿意且能够站在“你”的角度看问题，这是一种没有心计的交流，一种不是口蜜腹剑的沟通，更不可能背后插刀。

“尊敬”是思想市场的“润滑剂”，更有作用的是“尊敬”解开人与人情感之间的纠结。“尊敬”是传递中流动的信息，更重要的是“尊敬”能黏合人与人心之间的裂缝。“尊敬”是对他人的信任，更有意义的是“尊敬”能打开自由的天门。“尊敬”是万物精华、人与人之间的平等博爱，更重要的是“尊敬”能有力地将思想市场转化为工作场域和组织结构。

基于思想是市场内在的“尊敬”，教师的真生活是一种无目的生活。这种生活是一种“真诚的投入”，或者说是“心的投入”。生活的乐趣总是存在于过程之中，生活目的的实现很可能是长长的过程之后一秒钟的高潮，往往昙花一现，稍纵即逝，好景不长。

成功往往是一种陷阱。

教师应该是一个“好玩”的人，一个喜欢发现并享受生活中“天趣”的人。教师应该是一个喜欢在快乐中寻找平衡的人，不过分地追求锦上添花，而是谨慎地防范雪上加霜。平衡快乐既是教师的生活态度，又是教师的生存状态。从这个意义上来说，教师应该是一个真正的存在主义者。

在这种寻找快乐的生活中，教师的确是一个思想的流浪者，前行在永远追求“真诚”的路上，清心寡欲，清除杂念，减少私欲，保持心的宁静，开拓心田，思想开放，观念解放。天生我材必有用，自用其才，没有丝毫利用他人之心。

在这个意义上，教师是一个“无用者”。

无用乃大用。清代诗人黄景仁的传世名句“百无一用是书生”可能讲的就是这个大道理，否则就不会有最后一句“春鸟秋虫自作声”。

教师的真生活表明：真正的教师最多就是做一个文化的冒险家，真正的教师至少是一个开拓小小思想市场的企业家。总而言之，教师算得上是一个心中有田的人，用两个字表示就是“心田”，用一个字表示就是“思”。“心田”就是“独立之精神”，“思”就是“自由之思想”。这是我多年来对在教师中流传的陈寅恪的名言精髓的心领神会。陈寅恪一生著作等身，其精髓集中体现在王国维纪念碑上写的话：“唯此独立之精神，自由之思想，历千万祀，与天壤而同久，共三光而永光。”这应该是今天谈论教师天职的基本前提。

教师在生活中是一个精神上的流浪者或独行者。

三、磨心石

同何为教师的真生活相关的问题，这就是何为教师的真工作了。

韩巍教授正确地指出“教师真生活”与“教师真工作”之间的内在联系。“学术有如人生，过往重要，当下重要，未来更重要，如果我们不那么在意一眼望到底的‘重复’，更关注‘差异性’（存在的本质）、可能性，从而更富想象力，在有生之年应该还有很多趣事可做，对吧！”韩巍教授在文中的另一个地方说得更明白：“我曾在一本教育学著作中读到一句话：‘学术作为人类的集体事业，它的基础既不是智力也不是技巧，而是真诚。’”这说明“真诚是何为教师真生活”和“何为教师之真工作”的共同答案。换句话来说，真诚乃思想市场之道，真诚乃工作场域灵魂。

马卫红教授在回韩巍教授的信中将韩巍教授的问题上升到一个理论高度，提出了一个基本的理论问题——“这就牵扯到作为管理者，必须学会处理的一个重要问题：个体性与公共性共生的问题。一切思想皆与行动相伴生。我们试图理解自己以及我们的世界，其目的是让我们学会如何生活。在长期的观察与思考中我逐渐领悟到，无论是一个健全的人还是一个健全的社会，都需要懂得公共性与个体性共生的深刻内涵。学生在大学阶段的各种学习和经历无非是帮助这些独立的个体更好地在历史维度的时空变幻中认识自己、认识社会、认识彼此之间的联结，并在此基础上为今后做出选择”。这就点明了

“教师真生活”内在的“个体性”和“教师真工作”内在的“公共性”。这是一个生活与工作的悖论。

“教师真工作”是马卫红教授在管理学院教学文集征文中所说的“天职”，即“我们的天职、我们应尽的责任和义务是带领学生一起求知，理解、探究、运用和共创管理知识”。马卫红教授在给韩巍教授的回信中进一步从管理职业教育角度对自己所触摸到的管理教师天职做出了深度释义：“我考虑更多的不是泛泛意义上的大学老师，而是从事管理教育的老师。我们要怎样去教我们的学生？教给他们什么？不管具体哪个专业哪个学科，也不管其身上有没有亮丽头衔或光环，如果一位从事管理学教学的老师对管理、管理实践、管理研究、管理教育、管理者没有广义的、一体化的思考和专研，恐怕学生很难从其所教中获益，给学生讲再多方法、工具、手段也都不会真的有用，因为这些方法、工具、手段缺乏有机土壤，早晚会干枯而亡。在我看来，不管是教授什么样性质的管理学的课程，都肩负着使学生理解管理、管理实践、管理研究、管理教育、管理者的重任。这也就是本辑征文的主题——‘我们的天职是求知’。”这样看来马卫红教授所讲的天职重点在强调管理教育的职业色彩，重心是在突出管理教育的大学科地位，这有一定的积极意义。但又不得不指出，过度看重这些积极意义，就难以触及教师天职问题的理论意义。

沿着马卫红教授的思路，韩巍教授做了积极的理论释义。首先，韩巍教授认同马卫红教授提出的教师天职问题。“非常认同，但作为一位营销系教师，我觉得‘真求知、求真知’更好。”其次，韩巍教授内心认同马卫红教授对管理学教师天职的认识，并从优化意义的高度做了更好的释义，提出浅显易懂的教师天职观，还冠以“我们”二字，一个响当当的大文章的论题摆在深圳大学管理学院每位教师的面前了，这就成为一个不得不“面向思的事情”。“我们的天职是真求知，求真知”，这个大论题的意义在于它是深圳大学管理学院人的集体自觉意识，有“大道至简”之真义，有“大美天成”之真感。这样教师的工作问题就同教师的天职问题紧紧地联结在一起，似乎成为一个一体化的联系。在具体论证的过程中，韩巍教授论证天职同他论证“尊敬”一样，采取了一种疑问理性式的间接论证。韩巍教授不是不相信教师天职，而是要通过质疑马卫红教授触摸到的教师天职来更深刻地探讨真正的教师天职问题。“卫红，我不知道你是真的好奇，还是期待什么回响。看看你的用词——‘天职’，多吓人啊！你不该用自己的情怀‘绑架’一群为生存忙碌，被关键绩效指标（Key Performance Indicator，KPI）折磨，每到监考担心迟到，担心督导的‘黄雀在后’以致精神恍惚的人。”在提出疑问后，韩巍教授公开表明：“当然，我是愿意跟你聊一聊‘天职’的。”

通读韩巍教授和马卫红教授的来往信件，好像两人的争论是围绕教师天职展开的，实际上争论的范围要宽泛得多。

集中起来说，教师天职大问题重在论证人际关系之中的个人的合作性、社会性和超越性。展开来说，这个大问题涉及人的学业、专业、职业、事业。简而言之就是建功立业，即功业。两者结合起来谈，这个大问题就是个人的天职，也可以说是人生三观中的“世界观”。

围绕教师天职问题，韩巍教授同马卫红教授展开了深度对话和深层交流。教师天职问题是马卫红教授触摸到的有现实意义的理论问题，而韩巍教授将这个有现实意义的理论问题上升为抽象理论高度的学术思想主题，他们两人进一步地共同探讨管理教育论题。

从韩巍教授提出教师天职问题的学术思想主题来说，细读韩巍教授的大文章，其由两部分构成，一部分是诠释马卫红教授起草的论文集征文启事，另一部分是论证韩巍教授自己提出的教师天职观问题。韩巍教授的教师天职观是他学术思想新转向的明证，可以看到他学术思想转向新气象的空间。长期以来，韩巍教授的学术思想战场主要在校外，用他自己的话来说：“我多年在校外跟同行争来辩去。”现在韩巍开始关注身边的事，甚至还谈到自己作为一个诠释主义者在学院工作场域中感受到的体悟，还和管理学院同行们交流心得体会。“说到‘天职’，其实不必舍近求远。当年为学院撰写‘改变源于成长与责任’，2016年吧，我就说过：‘teaching is our primary priority’，比主管教育的公职人员觉醒得早多了。可你们当领导的只留下这句口号，把我用心的解释全扔了。我知道在某些人那儿，如果把这句话当作‘令箭’，一堆问题就会纷至沓来。”读到这段话，我的心感受到韩巍教授真诚之心的跳动。看到韩巍教授同贺和平教授的交流，我仿佛旁听过他俩的自由交流。这些事件都证明韩巍教授回归到了自己的工作现场，回到了深圳大学管理学院，他的思考更多的是出自内心的感觉和体悟。

从马卫红教授触摸到的教师天职话题来看，马卫红教授的回信给教师天职论述描绘出一条思想主线，这条主线是马卫红教授起草教学研究论文集征文启事的初衷，更是马卫红教授自己主管管理学院教学工作的灵魂。这条主线的行文比重占马卫红教授回信三部分中的两部分。马卫红教授在回信中明确地说："从 2015 年至今，我负责主编了四本教研论文集，其名称的关键词分别是：责任、事业、世界、知识。这四本论文集我都在追问一个根本性的、一致的问题，试着搞明白从事管理学教育的老师应该做什么，或者我们老师首先应该成为什么样的人（或许也具有一般意义，大学老师应该做什么，或者什么样才算是大学老师）。"

对于这个元问题，马卫红教授形成了一个基本观点："我有这样一个认识：一个守底线能称得上'老师'的，可能靠的主要是书本，而一个好老师靠的主要是榜样，不是书本。或许可以说，不合格的老师有多种多样，合格的老师和好老师本质上大概具有相似性。"

以韩巍教授同马卫红教授共同探讨的管理教育论题而论，两位教授的思想分歧主要集中在如何认识高等学校教师绩效考评制度，进而涉及教师师资建设和科研型教师的研究方法选择。马卫红教授在回信中的确抓住了韩巍教授来信的一个核心焦点，即大学的绩效考核制度，并以此为突破口，对韩巍教授的教师天职观进行了部分赞同的评论，这是一段带有批评与建构色彩的评论，更是一段减少分歧与寻求共识的评论。这段评论反映了马卫红教授的批评路径带有泛道德主义倾向。马卫红教授在回信中明确地说："先回应韩老师着墨较多的令人失望的评价机制。"马卫红教授直接指出"在 2017 年出版的教研文集中，韩老师在《做一名称职的教师已经足够——致正在消失的'我们'》一文中已经对当前拙劣的评价机制有过犀利的评析。而且学术界也常常能听到类似的声音"。马卫红教授没有选择沿着韩巍教授的批评路径，而是明确地选择了告别韩巍式的批评路径，提出一个较为深刻的道德问题："我没有再去批评，我考虑的是如下的问题：揭露恶习的已经够多了，我们得到了什么改变吗？我们为何不试着讨论'尚善以及如何尚善'？恶习一定是尚善的障碍吗？未必！恶习可以与尚善共存，不必消灭它，也很难消灭它，只要更多的人不选择它，它就无法繁衍和复制。但是，这就要看欲尚善者有没有正义和勇气了。所以，我所做的更多的是想引导和激发尚善以及讨论如何尚善，哪怕只是一点点的'改变'，不也体现了我们的'成长与责任'吗？"

马卫红教授在提出一个令人深思的道德问题后，迅速地转向了泛道德主义，进而扭转了问题的论证方向，提出了独有的美德伦理主张。

"当前这个结果，主要是源自不够开放和宽容的学术生态，也不能只怪罪于评价机制。其背后更令人心寒的是学人们已经没有了宽容之心，很多人表面批判，骨子里却在用这套逻辑来评判别人。我们已经不能接受多样性了，因为这很费脑筋，数数这种拙劣评价的极端运用也从侧面证明了我们缺乏共识，只能表面化（我一直在思考：为什么我们这片土壤很难有学术共识？为什么我们不接受博耶那样的贡献分类？）如果我们每个人都冷漠了，都失去了宽容之心，还指望谁来改变呢？说白了，这个结果能盛行这么多年就是因为缺乏学术美德：正义、真诚、勇气。我们之所以越交往交流就越多，是因为我们都感受到了彼此具有此三种美德（这不是自夸和对您的恭维，而是真诚的言说，即便别人不认可，又如何呢？只要我是这么认为的，我就真诚地说出内心的话，别人信不信就由别人去了）。”马卫红教授提出的美德伦理主张在表象上极有说服力。

美德伦理是要讲的，也是人类需要的，更需警醒的是美德伦理往往经不起人性复杂性的考验。人类的工作领域是人际关系中的风险地带，特别是停留在信息传递领域的自由泛滥更是不可靠的。

这样看来，马卫红教授的美德伦理主张是有明显局限性的，也是值得深思的。

特别需要指出的是，马卫红教授的美德伦理是她在教学研究论文集中的记忆伦理的新发展。“管理学院教学研究文集第 9 辑将于 2021 年出版，诚挚邀请您为本辑供稿，把您在日常教学工作中对管理教育的探寻和思考记录下……我们热切盼望您分享在带领学生求知路上的感悟。”

考虑到“记忆伦理”和“美德伦理”之间的纠结，可以说马卫红教授的泛道德主义论证路径并没有击中韩巍教授批评教师绩效考评制度的要害。

话又说回来，马卫红教授的靶子还是找对了的，只是枪没有射中要害，因而彻底地否定了绩效主义。

韩巍教授的确没有看到整体意义上的组织绩效，没有思考重新定义绩效，而是将教师绩效考评制度夸大为组织绩效，最终套上一个令人生畏的形容词，即“KPI 之祸”。如果将这个形容词所出现的地方的一段话转录于此，“KPI 之祸”实际上就是一种原罪主义的论证路径。“还算幸运的是天下乌鸦一般黑。你知道我平时爱看文献，看过‘车载斗量’的批评管理学界、批评商学院的英文文章。理论与实践脱节的、自娱自乐的，范式霸权、美国霸权的，不负责任、没有担当的，误导实践的，A-journal、KPI 之祸的，学术失范、公然造假的，管理主义、新自由主义猖獗从而全面‘异化’（alienation）的。四面八方都是越来越高的声浪、越来越‘恶毒’的挞伐（*THE EMPEROR'S NEW CLOTHES, Dark Academia, The Imposter Syndrome*），Bothello 和 Roulet 的原话：‘Although the imposter syndrome is common in many professions, This cognitive dissonance leads a growing number of us to question whether we merit the status, legitimacy and rewards that are conferred upon us as members of a hyper-competitive scholarly community。’他们发愁的不是如何变好，或者继续变坏，简直就是‘配不配活’的问题。”读完这段引言，“A–journal”译为“A 类期刊”。（*THE EMPERORS NEW CLOTHES, Dark Academia, The Imposter Syndrome*），Bothello 和 Roulet 的原话：‘Although the imposter syndrome is common in many professions, This cognitive dissonance leads a growing number of us to question whether we merit the status, legitimacy and rewards that are conferred upon us as members of a hyper – competitive scholarly community。’”这段话可译为“（皇帝的新装，黑暗的学界，冒名综合征），伯瑟楼和奥莱的原话：尽管冒名综合征常见于很多职业，这种认知失调让更多的研究者产生自我怀疑，我们是否配得上从竞争激烈的学术共同体赢得的身份，拥有的合法性和获得的回报”。从译文来看，在追求 KPI 的过程中，教师的学术研究就是新瓶装旧酒，实在没有新意。韩巍教授心中的“KPI 之祸”实际上就是“KPI 原罪”，人（教师）“被 KPI 折磨”。这实际上是一种原罪主义论证路径。基于“KPI 原罪”，韩巍教授进而否定管理学存在的历史进步意义。“事实上，只要我们足够坦诚、坦荡，就应该拒绝‘神秘化’管理学知识及其生产过程。人类没有‘管理学’，照样源远流长；有了，也未见得就开天辟地，世界从此不同。”从这里可以看出，韩巍教授的“KPI 原罪”同马卫红教授的泛道德主义是相通的，相通之处在于它们神化“真诚”，没有认识到人性的复杂性，特别是没有认识到工作的风险性。这就是韩巍教授为什么极为赞赏管理同生活画等号的观点：“我的朋友刘辉（慕云五）说过一句很精辟的话：管理就是管理者的生活。”面对韩巍教授的 KPI 原罪主义论证路径，我们还得强调 KPI 是应该讲的，关键在于如何讲，特别是 KPI 的核心是什么？我们很难想象当代的学术研究工作离开了绩效主义会是什么样子。

面对韩巍教授和马卫红教授之间的根本分歧和异曲同工的分析思路，我认为问题远比高等学校教师绩效考评制度更为基本，主要是高等学校组织变革，涉及高等学校的经营管理、战略管理和知识管理。

这是一个流动的管理溪流，这是一套循环的血液系统，对高等学校组织的绩效、生命和凝聚力有决定性的影响。

基于这些基本问题的发现，我认为需要远比韩巍教授和马卫红教授更为开放的思维论证路径。

这就是我所倡导的绩效主义路径。

这条路径既可从总体上进行分析，也可从局部上进行分析。

总体上有两个问题，一个是现实生活中的高校组织变革问题，另一个是重新定义高校组织的绩效问题。

我们先从总体上分析现实生活中的高校组织变革问题。有良好管理的组织是现代性的中心。有良好管理的教育组织是现代性中心之中心。现实生活中的高等学校组织虽经多次改革，但组织变革方向仍处于探索之中，组织变革不能不说仍是今天需要面对的严峻挑战。特别是考虑到现实生活中单位传统历史，这种严峻挑战的艰巨性就更大了。

幸运的是，韩巍教授在文章中提出了一个“有格调的组织”概念，这是一个理想性的组织概念。针对这个理想性的组织概念，我提出了一个“任务型组织”概念，这是一个较为接近中国大学教育组织现实的概念。“任务型组织”的提出有严格的管理学理论基础和历史原型。基于理论的逻辑重构，任务型组织以管理组织理论中“直线制”为前提，“在直线结构中，职权集中于最高管理层并沿着直线向下递减。……这是最简单的组织结构，其特征是组织不同层次之间的联系是垂直关系。所有组织成员均按照指挥链接收指令。直线型结构的优点是，清晰的职权结构有助于快速做出决策并防止推卸责任。其缺点是可能会迫使管理者承担过多的职责去完成工作。这也容易使组织被一两个有能力承担这些职责的关键性人物所掌控。由于这种组织结构十分简单，它常为小型组织所采用”。[①]这就是管理学上组织形式演变所说的直线制。基于实践的逻辑应用，“直线制”的原型是一种军事组织。我们在电脑上输入“直线制”，“百度百科”会显示出“直线制是最早且最简单的组织形式，又称军队组织形式，它是企业各级行政单位从上到下实行垂直领导，没有职能机构”。这就直接说明了“直线制”和“军队组织形式”之间的内在联系。也就

① 鲁，拜厄斯．管理学：技能与应用［M］．刘松柏，译．13 版．北京：北京大学出版社，2013.

是说“军队组织形式”在人类历史中是“直线制”的“原型”。结合理论的逻辑重构和实践的逻辑应用，我提出了“任务型组织”概念。有了“有格调的组织”和“任务型组织”两个概念，现实生活中的大学组织变革的目标过程就是从“任务型的组织”演变成一个“有格调的组织”。任务型组织是一种以军事组织为原型的组织。任务型组织是一种保留大量军事传统的组织，是以动员、服从和打擦边球为基本特征的组织形态。动员意指上级发出召唤，底层组织成员响应，进而形成一种参与机制。服从是说上级特别是顶层发出命令，下层特别是底层只能执行，进而形成一条权力主线。打擦边球是指上层权力控制组织的任务，下层特别是底层在完成任务的过程享有灵活运用的高度机动性，进而形成一套工作安排制度。但这种高度灵活的机动性也埋藏着较大的风险性，组织底层有可能将任务放任成儿戏。我们可以从韩巍教授的论述中找到现实生活中高等教育具有任务型组织形态基本特征的痕迹。

从动员特征的表现来看，韩巍教授的表达是：“可上上下下的科学主义（实证主义）拥趸只求‘符合、遵从’的僵化头脑，也不允许任何‘创新性适应’的尝试，只顾‘照猫画虎’，不管假虎、真虎，还画得‘虎虎生风’。”韩巍教授在这里为现实生活中高等教育任务型组织的“动员特征”画了“一幅活生生的群体肖像”，这是可看得到的画面，它远远比最形象的语言描述更能给人留下清晰的烙印。韩巍教授将“动员”概括为“可上上下下的科学主义（实证主义）拥趸”，这是人人都能读懂的。这种动员做法应高度注意，它的自我繁衍能力难以想象，韩巍教授公开指出：“连小学生都能做基因研究了！”动员具有较强传染力，对中国高等教育体系产生影响。2021 年 9 月初，有网友向教育部提问：“请问专升本（非成人高招专升本）毕业后的第一学历是专科还是本科？”教育部官网“互动”栏目 9 月 29 日公布了教育部学生司对上述提问的答复：学历是指人们在教育机构中接受科学文化教育和技能训练的学习经历，国家教育行政部门相关政策及文件中没有使用“第一学历”这个概念。我们在管理过程中所说“学历”通常指的是个人获得的最高或最后的学历。[①]敬请仔细想一想今天“第一学历”这个概念的现实影响，还敬请认真琢磨今天“第一学历”这个概念的历史后果。这说明动员本身存在制度

① 教育部学生司：政策及文件中没有使用“第一学历”这个概念［EB/OL］.［2021-09-29］.https://edu. ifeng. com/c/89w6CbiTKNX.

化的局限。

从服从特征的表现来看，韩巍教授以最形象化的语言描述了高等学校的教师紧张的心理："他们或许对当下的环境稍有不满，但早已学会了小心翼翼，努力不给学院、学校添乱，自食其力，养家糊口，但求睡一个安稳觉……"

从擦边球特征的表现来看，韩巍教授以现实主义的态度将"擦边球"提升至"适应"的理论表达高度。"实话实说，我们都是情境动物，'适应'才是要务。"任务型组织的管理本来存在固有的 4 个不良的缺陷：管理组织中小环境或小气候缺失；管理丧失公共行政意义；教师承受过大的工作压力，特别是年轻教师普遍存在职场焦虑。

关于第一个缺陷，韩巍教授的认识极为深刻。在任务型组织中，"我们似乎从来看不到人与情境的'相互建构性'，看不到人的主观能动性；看不到必须开枪，也有选择抬高枪口两厘米的可能。是的，我们都知道有个大腿般的大环境，但为什么不能稍微动一动自己的小胳膊，以营造出一种稍有'个性'的小气候。We can breathe，我始终相信事在人为"！韩巍教授认识的深刻性主要体现在"We can breathe"这句英语中，即"我们可以呼吸"。这说明人在险境中还是有选择的余地。这种选择余地就是"独立判断"。"独立判断"可形象化为看得见的呼吸，还可以意象化为"将在外，军令有所不受"。"我们可以呼吸"表明韩巍教授意识到人极易丧失"独立判断"，通向"平庸之恶"。马卫红教授同韩巍教授一样，也看到了"评价机制"背后更深层次的"不够开放和宽容的学术生态"。管理说到底是成效，这是人所共知的常识。关于第二个缺陷，同第一个缺陷一样，韩巍教授对其的认识是极其深刻的。"领导者权力过大，管理与法治精神脱节。"关于第三个缺陷，韩巍教授的认识是比较清醒的。"……没什么，习惯成自然，调整 KPI，继续埋头'适应'！"这会养成一种"习惯性无助"，最终导致在工作中难以看到爱的迹象。工作是看得见的爱，工作是个良心活。"爱"与"良心"是工作的灵魂。

在政治上，军事化的任务型组织不利于推动和优化教育政策。韩巍教授对任务型组织的影响有深刻认识，只是表达得不太明晰而已，集中为一点就是"绩效考核"往往退化或还原为简单的投票行为。在社会上，军事化的任务型组织造成制度复制，不利于探索新的制度设计，更不利于推动基层实践。在经济上，军事化的任务型组织造成科研资源的非市场化配置，政府成为风险投资者。学校管理者往往在管理和科研之间缺少正确的平衡，不太重视管理者的角色，而十分在意研究者的角色。在文化上，韩巍教授看得更清楚了，“我看到更多的不是‘我们的天职是求知’，而是‘求知是为了职称（和生存）’”。这是多么真实的描述，这是多么深刻的认识。“职称”和“生存”之间是有联系的，“生存”可还原为吃饭，而“职称”包含了“生存”，但远比“吃饭”更重要，是一种生命意义的追求。说得透彻些，“活”绝对应该超过“混”。这是生命的本色。

面对这样一个活力不够充分的组织，军事化的任务型组织如何进一步发展？说得更准确些，如何进一步演化？这不得不说是一个大问题。

在这个问题上，马卫红教授基于大众思想市场和泛道德主义提出了一个理想中的大学组织。她心中理想的大学组织是一个用“合瓣”隐喻的组织。

“作为老师，我最关心的还是学生从我们这里能获得什么，我们能在什么意义上帮助学生成长。在这里我想借用我给行政管理本科生读书报告《合瓣文集》序言中写的一段话来表达：当今的知识社会和信息时代，学校的主要功能已经从知识传授演变为知识交换。在这里，学生需要训练的主要不是如何学习特定的知识，而是如何在师生互动中提升自主学习的能力，让他们一个人无法实现的成长，在一群人的互动中得到实现。期待合瓣花开，合瓣为冠。”马卫红教授承认教师同学生之间存在一种成本和效益的联系，这是一种类似于自由市场的联系，“学校的主要功能已经从知识传授演变为知识交换”。不过成本和效益之间的联系却被泛道德主义设问的乌云遮去了光芒。韩巍教授在这个问题上是忧心和信心交织，一方面是精疲力竭、疲惫不堪，另一方面是神采奕奕、生气勃勃。有时候，韩巍教授“身为目睹中国大学 34 年剧烈变迁的普通老师，有再多的遗憾和感慨，也为时已晚、覆水难收了……”，这是他忧心的一面；有时候，韩巍教授认为“一个友好的组织环境也非常重要”，“We can breathe，我始终相信事在人为”，这是他有信心的一面。在忧心和信心之间，他往往流露出韩巍式的无奈或韩巍式的幽默，或者说韩巍式的幸灾乐祸。韩巍教授不得不承认“人各有命”，“比较而言，我们衣食无忧，只要心够大，总体上还算快活”。透过韩巍教授的心理世界，我们发现他看到了任务型组织变革的真正方向，这就是“有格调的组织”。这个组织有如下基本特征：

第一个基本特征是以人为中心。“大学、学院最重要的是‘学生、教师’！

每一个生命都该有自己的声音，唤醒她；每一个生命都该有自己的光芒，点亮她；每一个生命都该有自己的色彩，渲染她。”

第二个基本特征是中介性的领导或“一个友好的组织环境”。“所谓领导，如果确有必要的话，就该是那个担当责任、创建环境、营造氛围的人。我们都是情境中的智慧型动物，总能做些有趣的事。作为领导，你应该做更多，这是更多话语权的‘should be’……身为领导，有责任保护那些年轻教师，初到中年的教师，如果他们还试图带给学生真正美好的事物，无论他/她口吐莲花，抑或笨嘴拙舌，哪怕教学内容、教学技巧尚有瑕疵（谁没有呢？），只要他们心怀善念，足够真诚，作为一个大写的人，能给学生最直接的示范，就很好了；如果再能引领并辅助学生完善心智、提升能力，多么美好啊！”理想的领导是新老教师之间的纽带，最善于为组织提供新鲜血液，因为年轻教师是创新的活力源泉。用韩巍教授的话来说，这叫“一个友好的组织环境”。如何进一步释义“友好的”这3个字，这可是一个深刻的问题。韩巍教授的答案很简单，这就是“should be”，中文意为“应当是”。“应当是”实际上是“权利”“责任”“义务”的统一，高等院校领导的真义应该是“领导”“教师”“学生”三者之间的相互成就。管理本该是相互成就，绝不是输赢的博弈。

第三个基本特征是人的尊严感。“我相信其中的绝大多数一定会乐于把自己最好的年华奉献给教育事业，惠及万千学子。这才叫有格调的组织，这才担得起‘尊敬’二字！”

结合马卫红教授的“合瓣”隐喻和韩巍教授的“有格调的组织”，未来的大学组织是一个知识型组织，这是一个基本的结论，也是一个经得起历史检验的结论。

这个组织在我看来有五点是值得注意的。我曾在2017年7月马卫红、丁夏齐主编的《我们心向的事业——深圳大学管理学院教学研究文集（7）》中的“话语的天穹”一章对后现代意义上的大学组织做过专门研究。大学是想象力的避难所、自由思想的港湾、常识的圣地、基础理论研究重镇和知识资源总部。今天要补充的仅有三个词，在作为知识型组织的大学中，疑问理性、高度风险和高度的不确定性总是存在的。

在探讨了组织变革后，我们有必要重新定义高等教育组织的绩效问题。

在这个问题上，马卫红教授的泛道德主义分析在中国学术界和社会中具有一定的代表性。马卫红教授心中的管理是基于人的本性的管理，而人的本性主要由人的自我意识和自我创造构成，进而将管理理解为“共享心智”。这就流露出一种多重绝对理性主义色彩。马卫红教授在回信中写道：“我对管理的理解是从人的本性出发的：以人为本，以势利导，以时为先，顺应人的天性和自然之道，比较相信管理的原点扎根于自然演进。我相信人的自我意识和自我创造在管理中起着重要作用。个体本性是在不断受创的过程中获得重建的……基于这样的认识，管理实践就可以理解为共享心智形成的过程。”

如果对照古训《增广贤文》中的“有意栽花花不开，无心插柳柳成荫”，我们就可以认识到马卫红教授有绝对理性主义倾向，她过于看重人的理性，反而弱化了她所注重的自然演进。

不得不说这是一个较大的遗憾。

人本主义和绝对理性主义合谋诛杀了自然主义。

在管理的泛理性主义理解基础上，马卫红教授通过一个学生的作业，基于美德伦理对教师的天职做了一个泛功能主义的理解。“我时常想，师者，是我们体现出来的、是学生体验到的、是被我们落在实处的；师者虽有多种含义，但应该有一个统一的作用，就是能够帮助学生克服和纠正成长中的弱点，而不是让他们从师者身上‘习得’更多弱点。”“一个统一的作用”道出了马卫红教授的美德伦理含有过度的功能主义倾向，将人与人的组织绩效解释为教师的“扬长避短”和学生的“取长补短”之和。

这种过度的功能主义集中表现在表面上将教师从神坛上拉到人间，实质上却更加神化了教师的作用。

“我的意思不是说教师都要是圣人，这不可能！我想表达的是教师首先是个普通人，但又不是普通的普通人。教师之所以能为师，是因为他有能力展现普通人面对日常时的不普通，他能够使学生受到某种启发，从而学会不普通地面对自己的日常。只有这样的人为师，或者为师的人只有这样做，一个社会才能是向好的。”这就将人与人构成组织的整体绩效解释为教师的“大雅大俗”和学生的“太雅太俗”之和，这样，一个美好的社会就出现了。

这样看来，马卫红教授有些简单化了，或者有些天真了。

同马卫红教授的泛道德主义分析不同，我提出一条绩效主义的分析路径。重新定义高校组织的绩效问题为一条管理溪流问题。这个问题涉及管理的“分”与“合”。管理从总体来说是“实践”，这种实践展开来说就是“人”与“绩效”，进而可分为“使命、责任和实践”。在这个链条中，我们可以看到马卫红教授和韩巍教授争论中的“天职”（责任）远远没有“绩效”所占的比重大，远远没有绩效具有总体性。“人”与“绩效”合二为一，这个命题就是绩效主义的精髓。

如何破解这个命题呢？这就不得不谈谈我所说的管理溪流问题。管理溪流是指经营管理、战略管理和知识管理之间内在的源流循环。这是我教“管理学原理”20余年的一个深层感悟。“人”与“绩效”实际上就是“经营管理之道”和“绩效”之间存在的“源”“流”关系，“经营管理之道”（人）为“源”，“绩效”为“流”，这是两者之间的相互转化。

换句话来说，“经营管理之道”决定“绩效”。

但“经营管理之道”绝不能直接转化为“绩效”，其中一个最为重要的转换机制就是“战略管理”，而最终的终极动力机制却不是战略管理，而是“知识管理”。

沿着我的绩效主义分析路径，我们先来谈谈组织经营管理之道。每个组织都有自己的经营管理之道，即一套自己的假设，涉及组织的业务、组织的目标、规定目标的方法、组织的客户、客户的价值和客户的需要。经营管理之道大于创新与营销之和。创新包括组织的业务、组织的目标、规定目标的方法；营销指组织的客户、客户的价值和客户的需要。“创新”的意义为“人”，“营销”的意义为“绩效”。“创新”可浓缩为“目标管理”，“营销”可放大为“市场”。“绩效”若无“经营”，则“营销”无意义。这样看来，韩巍教授在文章中已触及教育组织的经营管理之道，从总体上来说，任务型组织的经营管理之道将绩效等同于指标考核，落入技术治理陷阱之中。如果说“教书育人”含有经营管理之道，那么“造指标、填表”就是技术治理陷阱。这就提出了一个巨大的管理溪流问题。用韩巍教授的话来说：“我们一直面临的挑战，‘造指标、填表’大过‘教书育人’以来情急尤甚罢了。”面对这个巨大的挑战，韩巍教授进而探讨了“‘有格调的组织’的经营战略”。韩巍教授在谈到“课程思政与管理教育中的求知”时曾指出：“应该在管理教育中落实为‘真诚做好人’，不做大恶，少做‘小恶’，就容易走向‘真求知，求真知’。”

韩巍教授在说到“学生工作与人才培养”时明确提出：“学生才是大学的‘中心’，能不能成才先不说，至少让学生，也应该包括教师做到身心基本健康。”韩巍教授在构想有格调的组织时将大学的经营管理之道说得更明白：

“大学、学院最重要的是‘学生、教师’！每一个生命都该有自己的声音，唤醒她；每一个生命都该有自己的光芒，点亮她；每一个生命都该有自己的色彩，渲染她。”这些说法标示着韩巍教授对大学经营管理之道的新探索。

如果说韩巍教授有格调的组织对经营管理之道的探索相对较为分散，那么马卫红教授的探索则显得极为直接明了。“管理者是人才培养的最终目标……我认为我们需要明确地训练学生如何成为一个管理者……学会如何遵从工作的逻辑，作为管理者，如何把尊重他人的工作作为第一重要原则，如何帮助平凡的人做出不平凡的事。优秀的管理者懂得做什么和放弃什么，而不是守住什么。而且，优秀的管理者懂得实践‘月照千湖’和‘条条大路通罗马’。”

战略管理将经营管理之道转化为绩效，它的目的是帮助组织在不可预知的环境中取得预期的成效。战略有助于组织有目的地抓住一切有利机会，是对经营管理之道的检验。

如果在战略的指导下无法取得预期的成效，这就是需要重新思考经营管理之道的严重警告。如果意外取得成功，这就是更需要重新审视组织经营管理之道的明确信号。

如果没有战略，“机会”就不能称为机会，否则，组织就无法知道什么是真正推动组织实现其预期的绩效，什么是占用资源，什么是分散资源。这说明组织的战略管理同机会之间存在紧密的相关关系。若机会无战略，则市场无作用。战略管理带着机会嵌入组织经营管理之道与绩效链条之间。战略管理决定机会。

换句话来说，“战略管理”决定组织“生存”。关于组织的战略管理嵌入组织经营管理和生存嵌入绩效之中，韩巍教授说了一句意味深长的话：“身为目睹中国大学34年剧烈变迁的普通老师，有再多的遗憾和感慨，也为时已晚、覆水难收了……”这似乎是说现实生活中任务型的教育组织没有战略管理，也谈不上机会和生存意义。马卫红教授在回信中表明：“我深爱着的事业，我希望她好，而现实与预期反差越大时我内心深处的感受就越深沉。”这意味着马卫红教授深深地忧虑着现实生活中高校教育组织的战略管理问题。

如果说战略管理是经营管理和绩效之间的转换机制，那么知识管理就是经营管理和绩效之间的终极动力机制。

抛开管理学，寻找绩效管理的元典著作，我们发现英国革命时期独立派中影响卓著的思想家詹姆士·哈林顿的《大洋国》算得上是绩效管理比经典还要经典的元典著作。在这本著作中，詹姆士·哈林顿主要研究造成英国政治局面迅速变化的社会力量后面的推动力，他依据亚里士多德研究财产改革和政权变动关系的思路，以“财产因素”和“心灵因素”来论证自己的政治主张。这种论证思路在《联邦党人文集》和德鲁克《养老金革命》中延续至今，为分析知识管理提供了一个很好的框架。

在我看来，知识管理就是在直接将战略管理转化为生存机会的同时，也间接地并最终将经营管理转化为绩效。知识管理的目的是为组织在信息无知的条件下有力地争夺机会选择权提供个体意义上的私有财产的知识。知识管理有助于组织有目的地集聚个体意义上的私有财产为公共资源。知识是对战略管理的检验。如果知识无法提供可选择机会，就说明有必要重新制定新的战略。如果机会是意料之外的，就更需要制定新的战略。如果没有知识，这个“个体意义上的私有财产”就不能称为公共资源，否则组织就不可能获得真正意义上的私有财产。这说明知识管理同私有财产存在密切的联系。私有财产无知识，则公共资源无效用。知识管理带着私有财产嵌入战略管理与生存机会之间。知识决定公共资源，也就是说知识管理决定私有财产。

这段难以理解的话是我花近 20 年的时间论证出来的心灵感悟。

2020 年 6 月，我应上海《探索与争鸣》编辑部之邀请参加“构建中国知识体系：新时代的理论自觉”的“圆桌笔谈”，以“知识体系立体结构”为论题，将对知识管理的感悟凝结成一篇 4000 字的理论文章，发表在 2020 年 9 月《探索与争鸣》第 9 期上。

“综合来看，知识的意义昭示出知识是人类社会最天然的公共资源，知识的结构和过程则证实了知识是人类社会最显然的私有财产，这就是知识体系问题隐含的悖论，也是知识体系内在的元问题。这个问题恰似树木年轮，穿透人的心扉，会通人的灵犀，道出知识再生产的逻辑。”私有财产意义上的知识是一种心智因素，公共资源意义上的知识是一种财富因素，这两种意义的结合决定了组织的凝聚力。

“组织的凝聚力”是知识管理的终极意义。如果“组织的凝聚力”无“私有财产意义上的知识”，“人”就无“人力资源意义”。

马卫红教授注意到了“现代社会数据、信息、知识的关系”，进而提出“知识在隐性和显性之间连续流动，其中的主要挑战是如何采取有效方法将组织的隐性知识转化为显性知识”。这种分类离开了“文明的传承”和“文化的再生产”，看不到知识的私有财产意义和公共资源意义，更不可能看到知识内在的“组织凝聚力”。韩巍教授不过分纠缠于知识的释义，而是用“好理论”来代替对“数据、信息、知识”三者关系的探讨。“要点可能是掌握方法工具，更要掌握‘好理论’，因为只有‘好理论’（也是知识、信息）才会善用数据、信息及某些工具型知识，比如数据科学家更要讲人性和审美。”这就比马卫红教授更远离了组织的知识管理问题，并极大地消解了知识管理问题存在的意义，也就等于彻底地告别了绩效主义。

现在可将我所说的管理溪流绘成一条复合性的相互嵌入的直线，或者一个多重意义上的同心圆。经营管理—组织绩效—战略管理—生存机会—知识管理—组织凝聚力，这是一条直线。经营管理、战略管理、知识管理用方形表示，组织绩效、生存机会、组织凝聚力用椭圆形表示，这是一个大的同心圆（见图 6–1）。从这个大的同心圆上，我们就可以看出绩效主义路径，即组织凝聚力决定生存机会并最终决定绩效。

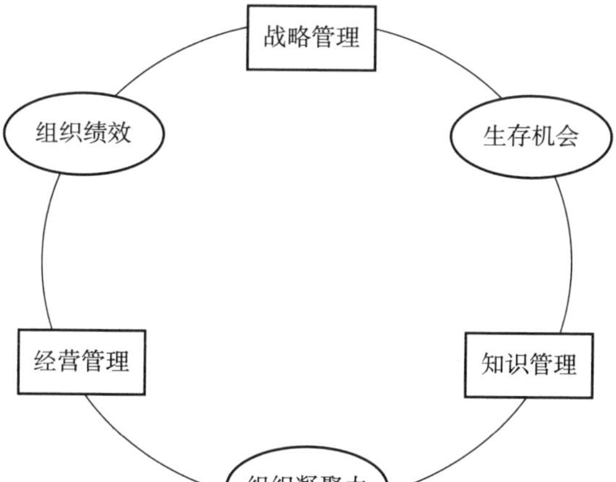

图 6–1 绩效主义路径

说到底绩效最终来源于“知识”，这就是我所说的绩效主义。

分析完了两个总体问题，我们转入局部问题分析，也就是现实生活中高校教育组织的人力资源多样性的管理问题。

严格说来，这肯定是一个局部问题，但又不得不指出这是一个靠近总体问题边缘的局部问题。这样看来，这就是管理网络中的“支点问题”或“杠杆问题”。

马卫红教授在回信中聪明地将韩巍教授对绩效制度的批评转换为一个教师尚善的自由选择问题，不得不说这个转换含有智慧的因素。智慧之处在于这种转换中隐含了教师队伍人力资源多样性的管理问题。现实生活中的教师绩效评价制度的确存在“不太好”的结果。“当前这个结果，主要是源自不够开放和宽容的学术生态，也不能只怪罪于评价机制。其背后更令人心寒的是学人们已经没有了宽容之心，很多人表面批判，骨子里却在用这套逻辑来评判别人。我们已经不能接受多样性了。”

人力资源多样性的管理问题在韩巍教授的大文章里是一个极其重要的问题，可以说它是韩巍教授大文章的写作背景。韩巍教授在文章中从“‘个人’与‘组织’关系角度”明确地表示学校视教师为“财富”，教师就会自然地认同学校。“学院、大学，如果真心‘尊敬’它的老师、员工，真的把别人当作‘财富’，又会有多少人‘以怨报德’呢？”“个人”与“组织”关系是一种“认同”与“财富”的联系，这就突出了学校人力资源管理的重要性，还在一定程度上填补了忽视知识管理的缺陷。

没错，“个人”与“组织”关系是一种人力资源关系，但是不能停留在这个认识层面，更应该看到“个人”与“组织”关系是一个劳动力市场关系，因为个人总是处于组织内外竞争状态中的个体。

这就是说，个人既是处在组织之内的内部劳动力市场之中的个人，也是处在组织之外的外部劳动力市场之中的个人。

正是基于组织内外的双重劳动力市场联系，个人既要认同组织内部一致性，也要面对组织外部竞争性。马卫红教授触摸到了这个问题的内部劳动力市场关系，但不太注重外部劳动力市场关系。韩巍教授则谈到了内部和外部劳动力市场：“一个学院，‘不思进取’的人可能有，但读了几十年书，在大学能谋一份教职，会有多差劲呢？‘自我边缘’恐怕也是事出有因吧。”遗憾的是韩巍教授没有展开来论述。

总的来说，韩巍教授和马卫红教授在通信中都没有高度重视劳动力市场问题，也就不可能进一步提出一个更深层次的复合型的劳动力市场问题。这个问题的确是人力资源多样性管理的关键问题。

内部一致性是内部劳动力市场充分发展的核心要义。

内部一致性通常被称为内部公平性，是指组织内部不同工作 / 技能 / 能力之间的关系体现出来的劳动力市场关系。公平有程序公平和分配公平之分。公平不公平主要表现为组织成员对差异的认同程度。内部一致性主要包括弹性设计、层级结构和职业成长。从构建内部劳动力市场来说，韩巍教授和马卫红教授的通信中各自暗含不同的分析方法。马卫红教授采用的是基于职位的结构分析方法，这种方法主要考察教师所从事的任务，即“讲授课程”，还有组织所期望的结果。马卫红教授提出了一个内部劳动力市场多元化模式：“我考虑更多的不是泛泛意义上的大学老师，而是从事管理教育的老师。我们要怎样去教我们的学生？教给他们什么？不管具体哪个专业哪个学科，也不管其身上有没有亮丽头衔或光环，如果一位从事管理学教学的老师对管理、管理实践、管理研究、管理教育、管理者没有广义的、一体化的思考和钻研，恐怕学生很难从其所教中获益，给学生讲再多方法、工具、手段也都不会真的有用，因为这些方法、工具、手段缺乏有机土壤，早晚会干枯而亡。在我看来，不管是教授什么样性质的管理学的课程，都肩负着使学生理解管理、管理实践、管理研究、管理教育、管理者的重任。”在这里，马卫红教授特别强调“广义的管理”和“课程”之间的联系，这种联系中隐含一个基于职位的内部劳动力市场。

如果说马卫红教授的内部劳动力市场没有过多地关注现实生活中高校管理的组织变化，那么韩巍教授正好相反，他高度关注现实生活中的高校组织变化。

现实生活中的教育组织特别是高校组织在改革开放中正在努力建构内部劳动力市场，不过这个正在形成的内部劳动力市场还是一个粗放型的市场。之所以粗放，是因为这种劳动力市场是基于教师二元分类式的管理市场。一般来说，往往采取二元分类法对教师进行分类，即纯科研型教师和纯教学型教师，这就带有极强的非黑即白色彩。现实一点的高校会在这两个极端类型之间加上一个中间形态，即“教学—研究型教师”。

我们生活的深圳大学就是这种折中色彩的典型。这种二元分类法假设一个教师只完成一项工作任务，要么是从事教学，要么是从事科研。事实上，教学和科研都是教师的基本工作，只是受时间、精力、能力和偏好的影响，教师选择的侧重点有所不同而已。韩巍教授对这种二元分类法的认识有一个从“部分认同”到“基本否定”的过程。他开始不仅没有质疑这种二元分类法，还对这种二元分类法表示部分认同。“光搞教学，科研怎么办？先进的国际经验不就是‘publish or perish’吗？其实，作为一名‘教学—研究型’教师，我也是部分认同这种正在‘祸国殃民’的说法，不发表论文怎么能证明你是一名大学教师？”面对“教学与科研型教师”的二元分类法，韩巍教授呈现出一种矛盾的心理，一方面表达了“部分认同”，另一方面提出了“不断追问”。韩巍教授之所以没有质疑这种二元分类法，很可能是因为自己本身就是一名中间形态的教师，即“一名‘教学—研究型’教师”，这就间接说明个人反思之重要性。韩巍教授是一个具有反思精神的教师，他在这里连续提出了3个问题，呈现出一条问题的溪流。从这条问题溪流来看，韩巍教授意识到“光搞教学，科研怎么办？”这是一个两难选择的问题。面对这个两难选择问题，韩巍教授以设问的方式提供给我们一个答案，这个答案用英文可表达为“publish or perish”。韩巍教授认识到了这是一条“先进的国际经验”，以“疑问理性”的方式高度质疑这条国际经验的先进性，还正确地指出这条经验是“一种正在‘祸国殃民’的说法”，韩巍教授进而提出“作为一名‘教学与研究型’教师……不发表论文怎么能证明你是一名大学教师？”这是一个终极性的追问。正是这个追问将韩巍教授倒逼到了自我反思的墙角。这意味着韩巍教授会尽快告别教学与科研教师二元分类方法，迈向发现更好的方法的探索征程。这说明韩巍教授对这种二元分类方法的“连续追问”远比“部分认同”有更多的“思想自由”。“思想自由”总是在“真理”与“真诚”相遇的过程中成长。

韩巍教授是一个真诚的读书人，看到了美国教育家博耶的四种学术类型，告别了二元分类法。韩巍教授是这样描述这个转变的：“碰巧被美国教育家博耶的四种学术类型拨开了迷雾。原来大学教师可以在‘scholarship of discovery，scholarship of teaching，scholarship of application，scholarship of integration’间做出选择。这才符合常识吧！”韩巍教授非常认同博耶提出的基于学术类型的教师四分法。即发现型学术教师（scholarship of discovery）、教学型学术教师（scholarship of teaching）、应用型学术教师（scholarship of application）和整合型学术教师（scholarship of integration）。韩巍教授将“博耶的四种学术类型”等同于一个基本常识，这标志着二元分类法在他心中破灭了。韩巍教授的态度变化并不能否定组织内部劳动力市场的存在，而是说明内部劳动力市场急需朝更自由的方向发展。在韩巍教授认识转变的基础上，马卫红教授进一步指出现实生活中人力资源管理多样性远离博耶分类的深层原因。“因为这很费脑筋，数数这种拙劣评价的极端运用也从侧面证明了我们缺乏共识，只能表面化。（我一直在思考：为什么我们这个土壤很难有学术共识？为什么我们不接受博耶那样的贡献分类？）”

韩巍教授采取了不同于马卫红教授的“基于职位的结构分析方法”，而是灵活运用了“以人为基础的结构分析方法”。这个方法主要考察从事工作的人（教师）的自我价值、技能和能力。

每位教师都是有自我价值的个人。每位教师都是天生我材必有用的。

换句话说，每位教师都应学会自用其才。

韩巍教授极为关心不做“发现型”研究的教师，这是一种“纯教学”的教师，他们仍是有“自我价值”的教师。“从‘绩效考核’的实际出发，不做‘发现型’研究的同行如何展现自我价值？用现在通行的‘数豆子’肯定不行，但也并非无计可施。我这里只说‘纯教学’，如果有传统意义上的著作、论文最好，有你主编的这种文集论文也行，没有，其实也无所谓。只要人家表达，working paper，开口说话就行。评价一个教师，有那么难吗？他的信念、经验、学识、激情，无从分辨吗？受教于他的学生们的三观、心智、能力有没有提升，无从知晓吗？我不太理解为什么有些人那么迷恋‘论文发表’，还养成那么顽固的‘以刊论文’的习惯！”这段引文的每个字，不仅显示出韩巍教授对教学型学术教师的“独立精神”的尊重，还流露出韩巍教授对教学型学术教师的“自由思想的包容”。特别是“working paper”英文中隐含的“中文意义”，即“工作论文”。何谓工作论文？工作是个良心活，工作论文就是个人人格的传统记忆。工作是看得见的爱，工作论文就是个人价值的精神寄托。“工作”内含“语言”。被称为“职场语言”。“工作”内化为“爱心”，“言为心声，书为心画”。工作既是教学型学术教师的经历的影子，也是教学型学术教师的镜子。说得透彻些，“working paper”就是“腹稿”，“腹有诗书气自华”。说得直白些，“working paper”就是“讲稿”，“听君一席谈胜读十年书”。

特别有意思的是，韩巍教授提出了“做个合格的教师是否足够”的问题。这个问题是从能力层面提出了一个教师自我能力的发现方法，将自己的能力与组织的任务匹配，特别是与教学任务匹配。韩巍教授在文章中写道：“卫红，我们为什么要读（各类）管理学博士，为求真理吗？好吧，至少在这个时代，读了才‘配得上’大学老师的身份。但读了未必一定要走‘发现学术’的道路，这不是浪费社会资源，这是‘自我发现’，如果还能践行于整个职业生涯，反倒会给国家节约很多资源。显而易见，如果通过读博觉悟到自己做不出像样的‘发现’型研究，至少可以尝试‘整合、应用’。”韩巍教授提出的这个教师能力与任务匹配的模式受到了陈明哲教授的高度重视。

这至少说明韩巍教授的分析模式是有道理的。“特别是专注地做一名启迪学生［称职（qualified）］的老师，不是很好吗？‘足够了’，这是 AOM（国际管理学会）前主席陈明哲给我的答案，后来他还把我们的对话写进一篇英文文章，最近发邮件还说他在继续回答我“做个合格的教师是否足够”的问题，还附上一篇他和另外两个同行即将发表的一篇文章——《成为一名全面的学者》（*Becoming an All-Around Scholar*）……第一段话有些意思：“学术界有一个共同的目标：通过教育学生在世界上留下印记。这种崇高的抱负在当今各自为政的学术领域可能从未像现在这样具有挑战性。我们倾向于以牺牲教学为代价过度强调研究，我们对学术的定义过于狭隘，甚至用单一的衡量标准，比如在 A 级期刊上的发表记录。”（Academics share a goal: To make a mark on the world by educating students. This noble ambition has perhaps never been more challenging than in today's compartmentalized academic quarters. We tend to overemphasize research at the expense of teaching, and we define scholarship too narrowly, even by single measures like publication record in A-journals. ）

韩巍教授在文章中对科研型教师做了较多的分析，指出了现实生活中的教育组织过于偏重科研型教师，重视可见的绩效指标，绩效同财务高度挂钩。这就导致科研型教师科研工作生计化、形式化、重复化，甚至出现伪科研现象。这在韩巍教授的文章中处处可见。

将韩巍教授的批评集中为一点，这就是他发现“智慧”（或智力）与“创造力”关系不大。用韩巍教授自己的话来说：“我曾在一本教育学著作中读到一句话：‘学术作为人类的集体事业，它的基础既不是智力也不是技巧，而是真诚。’”“只有真诚求知，才谈得上求得真知；只要能真诚求知，求得真知或许也就水到渠成。”这里的真诚很可能否定的就是“创造力”。韩巍教授文章的后半部分说道：“我们都是情境中的智慧型动物，总能做些有趣的事。”智慧在韩巍教授心中有多层含义，有同智力相关的智慧，这种智慧可等同于智力，“智力当然内含创造力”，还有生存意义上的智慧，即“所谓智慧型动物”，而“生存智慧的个中滋味一言难尽”。

说到这里，我记起了佛教中的一个通常说法，即“去伪存真，转识成智”。韩巍教授所说“生存智慧”隐含“去伪存真”。这道出了生活是残酷的，人在通向求真的过程中难免不要“小聪明”。这种小聪明往往表现为“机智”，意为“圆滑”。对于这种“小聪明”，韩巍教授说了一句意味深长的话，“生存智慧的个中滋味一言难尽”。“小聪明”是求真的天敌。这可是一句警世之言。韩巍教授还提出一种同创造力相关的智慧，这种智慧可等同于“智力”。“智力”与“智慧”相互转换，这是一种“大智”。这就是“转识成智”中的“智”。“转识成智”的“智力当然内含‘创造力’”，集中体现为“明智”，意为“远见”。原创性的学术研究最需要的智慧是中国民间所说的“大智若愚”之“大智”，这种“大智”就是细心地做艰巨性的创新工作。

首先，韩巍教授借用了一个教师隐喻来形容“科研型教师”：“如果老师不过是‘下蛋的母鸡’，产量多少决定优秀与否，又有多少值得尊敬的地方？埋头苦‘下’吗？”这就道出了管理研究普遍存在的倾向。

管理研究学术界流行一种泛科学主义思潮，这种泛科学主义思想倾向人为地夸大“创造力”，即“理论创新点”，人为地制造“理论创新神话”。

其次，韩巍教授在文中指出了“理论创新神话”。“很多管理研究者，哈耶克所讽刺的‘科学主义’信徒，为了显示科学性，追求研究样式的‘形似性’。耐人寻味的是，管理研究者只要着手研究，就会有比较‘可靠’的结论。”“理论创新神话”的最终影响就是管理研究退化为伪学术研究，韩巍教授深刻地认识到理论创新是一项极为艰难的任务，近距离地观察到高校学术研究现实中“理论创新神话”的幻觉世界，并清醒地说道：“世上哪有那么多‘研究者’真能做出‘发现型’研究成果？”这可算是当今管理学术思想界的一句警世通言。

人为的“理论创新”和实质的知识创造力应该不同吧。

再次，关于管理经验研究的“游戏化”现象，韩巍教授进而指出了高校学者管理经验研究的不足，“管理世界的经验研究者几乎从来做不到‘完备归纳’，理论（比如某些管理科学与工程）研究者在过于简化的‘数学演绎’中也从来找不到应对人类复杂性的逻辑样式。而如今，许多经验研究者无视理论的价值取向、前提假定、适用边界、不同理论间可能存在的不可通约性

(incommensurable)，在‘演绎－假设’上的操弄越来越‘随心所欲’……作者一怒之下诅咒该结束这无聊的研究。会吗？‘游戏’在我们这儿才刚刚拉开序幕吧……只能是一个 day dream”。Day dream 直译就是“白日梦”。这就道出了游戏化式的管理经验研究最后无果而终，“竹篮打水一场空”。

最后，管理研究的学术生态存在不良现象。在韩巍教授看来，高校管理研究学术生态的不良现象主要体现在管理者的“逼”和教师的“懒”。“如果非逼着老师发表‘学术（发现型）’研究成果，老师再逼着（诱导）各类学生争相发表，长期而言，对“培育人才”能做到利大于弊吗？”“等到关键时刻，一堆教授正襟危坐地‘数数’，说更公平，可除了最不公平的人情关系，小学生不会‘数数’吗？机器难道数得不是更好吗？我们懒到连花一点儿时间读一读别人的‘伟大发现’都不肯，是因为对论文质量没有期待，是自身缺乏辨别力，还是甘愿做其他审稿人、期刊编辑手里的提线‘木偶’呢？”细细品味，韩巍教授的形象化的“逼”和“懒”，让中国汉字顿生光辉，这两个字隐含的意义多么重要！透过“逼”和“懒”这种双重现象，我们至少可以看到现实生活中的任务型高校组织的经营管理和战略管理多少是有些缺失的。

现实生活中的管理研究的确是乱象丛生，如何走出这个乱局呢？韩巍教授提出了一个关键的突破口和一个基本的思路。

这个关键的突破口就是管理研究中的经验研究领域：“理论研究以外，经验研究应该鼓励多元范式、多种方法。”这个基本的思路就是“方法应该跟着问题走，尽可能‘匹配’”。两者结合起来，就是韩巍教授说过的一句名言：“不要空洞的多元范式，让问题决定方法。”这就需要管理研究学术思想界彻底放弃“最佳方法迷信”。

外部竞争性体现为外部劳动力市场的充分发展。这种外部竞争性，说得远些可称为全球竞争，说得近些可称为国内竞争或地方竞争。出于全球化的考虑，现代教育组织必须高度注意全球竞争。全球竞争不是一种国际标杆式的标杆管理，将管理的理念局限在模仿之上，并将管理的行为锁闭在最佳实践之中。标杆管理是一种最佳实践，是一种制度模仿行为。相反全球竞争是管理溪流最适合的匹配，是一种全球标准话语权竞争，是探寻人类无知世界的前沿探险。

说得明白些，外部劳动力市场主要指教师行业进出的门槛问题。外部劳动力市场在马卫红教授的回信中没有受到重视，而在韩巍教授的文章中有所涉及。韩巍教授在文章中曾指出商学院的大学教师们，“读了几十年书，在大学能谋一份教职”，有可能成为“不思进取的人”，但不太会“自我边缘”化，还是有一定的竞争力的。

韩巍教授认为，“考虑科系划分的制度障碍，普通老师的思考大概最多叫作‘我有一个想法’（I have a dream）”。这是教师内部劳动力市场的专业限制。这种专业限制在一定的意义上是可以克服的弱项，这是摆在教学型教师面前的挑战，也可能是激发科研型教师发挥长处的机会。一旦科研型教师突破专业限制，一个开放的复合型的劳动力市场就会出现。“当然，如果有些人‘教有余力’，总会有的，我深信不疑，他们应该多做研究，多出声响（比如发表论文等）——基于怀特海所说的‘重要性感受’。最好不仅仅是为了职称和奖金，而主要是为了让世界变得更加美好。与这样的同事为伍，相信很多人都会倍感骄傲。”

教师真工作不是教师真生活的简单移植。

工作是个良心活，处处存在信息无知或信息不对称，风险难以转移、过程不可控制性和结果不确定性。工作是管理溪流中流动的血液。

工作是组织制度的原点。工作说明书是工作场域的宪法。工作的总体精神是绩效主义精神。工作不是在记忆伦理和美德伦理之间来回行走，也不是绩效考评制度原罪的发源地。

基于工作的职业伦理是教师远眺教师天职的天文台，是牵引教师通向教师天职之路迎风飘扬的红飘带。说到底，工作是教师个人的磨心石。在这个意义上，教师是个实验者。心会越磨越细，内心的境界就会越来越高，伦理就会流进天职的世界。这是谈论教师天职理论问题的基本出发点。

教师在工作中是一个思想上的自由人。

四、北极星

我通读完韩巍教授和马卫红教授的通信后，走出了两人之间教师天职之论争与分歧，剥离出教师的真生活和教师的真工作。

教师的真生活和教师的真工作同教师天职的确是存在一丝或一些关系，但不是最基本或最直接的联系，更谈不上是真正的天职。教师的真生活说到底在很大程度上就是一个社会关系意义上的社会个体，有私人意义，也有社会意义，而社会意义大于私人意义。在这个意义上的伦理是记忆伦理或美德伦理。

教师的真工作归根结底是一个人与人紧密社会性合作的关系，合作关系大于个体间的亲密关系。在这个意义上的伦理是职业伦理，离天职还有一段较长的距离。这就让我内心深处总觉得还要提出一个更基本的问题，这个问题就是何为教师的真学习。

何为教师的真学习？这是一个远比何为教师的真生活和何为教师的真工作这两个问题更具有总体性或者说更具有集成性的问题。换句话说，教师的真学习问题放大了，会从根本上影响到教师的真生活和教师的真工作。

何为教师的真学习？这是一个决定何为教师的真生活和何为教师的真工作的张力或活力机制问题。

何为教师的真学习，近似于人的人生观问题，它同人的大脑有直接联系。人生观问题就是一个大写的人的问题。

何为教师的真学习，还可表述为中国古代说的人生三不朽（立功、立德、立言）之中的“立言”。这实际上涉及管理中的决策制定领域。

为了探讨何为教师的真学习，我们进入教师的决策制定领域。首先要发现教师的信仰地带，近距离观察，用显微镜探寻教师的敬畏之心，这是教师天职的边界，准确地说是教师的信仰信念。

在发现了教师天职的范围后，我们有必要确定求知的空白地带，主要包括教师的精神镜像同知识地图之间的空白地带、设计研究与实践研究之间的空白地带、好理论与坏理论之间的空白地带。这 3 个空白地带是寻找教师天职边界中的重要界碑。

这些是探讨何为教师的真学习必须完成的任务。这条搜寻教师天职的道路，既没有马卫红教授的泛伦理主义色彩，也没有韩巍教授的泛真诚主义色彩，而是一颗出自对无知的敬畏之心，一种脱离了阴谋论的疑问理性，一心超越了奇迹传说的潜力培养，一种走出美德迷信的后果主义和义务论。

一句话，教师是理性有限、能力有限和责任有限的人。

说到底，教师的真学习的意义在于教师永远是无知的人。

我们先来谈谈教师的敬畏心。敬畏心，说到底就是公开承认人在无知面前是平等的。这是我同韩巍教授和马卫红教授不同的地方。我深知人贵有自知之明，重在承认无知，这可能是世俗头脑走向谦卑的唯一途径。承认无知是真正的美德。诚意正心，格物致知。无知无觉心之本，有知有觉意之动。

知知知觉是良知，为知去觉是格物。大约在 15 年前，我曾应管理学院学生邀请，在学生会主办的刊物《知行天地》上发表过一篇题为《管理知识自然演进论》的论文。2011 年 9 月，我对《管理知识自然演进论》稍做修改，收录到陈智民主编的《基于创新创业人才培养的高校教学改革探索与实践——深圳大学管理学院教学研究论文集（4）》，这本论文集在 2011 年 12 月由暨南大学出版社出版。

现将我当年论述无知的部分转录下来，以便读者有个全面了解。

“人之平等的基础究竟是什么？是‘上帝’、是法律，还是生命之来源。这些都不足以证明人之平等的终极基础。从终极意义上来说，人在‘无知’面前有可能是最平等的，这种平等是人之平等中其他平等的基础，可直接被称为‘无知’。‘无知是理性的必要的条件’。[①]

“‘无知’是理性的原点。从这个原点出发，‘善’的诉求和‘真’的追寻都会显得极不重要，相反，它显示出人们在意识之中过分要求‘善’和‘真’，这是一种赤裸的低级功利主义，更不可能找到道德应有的意义和真理应有的归宿。道德极易堕落为‘伪善’，真理极易变质为‘狡智’。‘伪善’和‘狡智’常常联合，对‘无知’进行‘谋杀’，将‘无知’摧残成‘拒知’。正是在这个意义上，‘拒知’成为‘无知’的‘反动’。卡尔·波普尔曾经深刻地认识到这一点，他警示人们说：‘真正的无知是拒知。’更严重的是，‘伪善’和‘狡智’对‘无知’的‘谋杀’往往演变为一种对‘美’的‘诛杀’。

“对于‘伪善’和‘狡智’的残暴来说，‘无知’和‘美’简直成了难兄难弟。但这不足以表明‘伪善’和‘狡智’的残暴本质。事实上，‘美’和‘无知’的关系是一体关系，就像人的‘身体’和‘心脏’关系一样密不可分。‘身体’不存，焉有‘心脏’？‘心脏’不存，焉有‘身体’？这种密切关系可转喻到探讨‘美’与‘无知’的关系，‘美’不存，焉有‘无知’？‘无知’不存，焉有‘美’？基于‘无知’和‘美’的密切关系而言，‘伪善’和‘狡智’完全没有必要将对无知的‘谋杀’演变为‘诛杀’，它们细小的行动都足以轻而易举地实现其理想的目标。这足以显示出‘伪善’和‘狡智’的残暴效应。

---

① ALBERT J M. Some epistemological aspects of cost - benefit analysis [J]. George Washington Law Review，1977，45（5）：1030.

“幸运的是，‘无知’与‘美’之间存在一种常人难以想象的‘默契’。正是因这种‘默契’，使‘无知’与‘美’艰难地摆脱‘伪善’和‘狡智’的残暴。‘美’（更可能是美的反面‘丑’）暗示着人们心灵深处的向往，这就是人们常说的‘爱美之心人皆有之’（或许‘审丑之心人之更烈’更对）。随着‘伪善’和‘狡智’的残暴，‘美’的呼吸会将人类固有的‘无知’之心引发，并频频跳动。面对‘伪善’和‘狡智’的残暴，‘美’和‘无知’这对难兄难弟更是相互依赖，两者之间的‘默契’程度呈几何级数增长。‘美’将其潜藏的‘对美的向往’传给‘无知’，并将‘无知’所在的精神荒原浇灌，最终向世人绽放出‘管理的基本标准’这朵生长在人类理性原点深处的‘理性之花’。可用‘万绿丛中一点红’来形容之。管理的基本标准就是‘有效性以及与目标相符合的功能性’。有了这个基本标准，‘伪善’和‘狡智’终于退缩了，‘无知’获得了‘绝对的价值中立’，并为人类知识的生长腾出了更为广阔的空间。这片空间几乎可以说是无限的。”①

这段长达1044个字符的引文对于我的师生观、教学相长的态度有极为重要的意义。我认为教师与学生的关系并不完全是名师出高徒的关系，也有可能是高徒逼名师的关系。教学过程是一个绝对不能假设成已知的过程，绝不是只有教师提出问题而学生解答，也绝不可能是学生提出问题教师解答。教学过程更多的是教师和学生共同面对未知问题的过程，甚至是一个信息无知的过程，是一场理性冒险，还需要共同探险、相互合作，幸运的话，有可能解决问题，但必须承认无解问题也有可能存在。

在教学过程中，我强调“发现问题远比解决问题重要”，注重培养学生设问的能力。这一点是我教学工作的本色。这个教学本色后来成为韩巍教授通过学生了解我的主要渠道。韩巍教授在《做一名称职的教师已经足够——致正在消失的“我们”》一文中曾提过这条信息渠道：“事实上，直到今天笔者也从未走进过杨龙芳的课堂，对他更多的好感，有私下交流和听他讲座的印象，主要源自学生的反馈（voices of the others）：其一，杨龙芳乐于在学生面前提起笔者这个‘新人’（是私心作祟，也未尝不是对其‘鉴别力’的赞赏，人类难免自恋）；其二，学生们总会提及杨龙芳的‘管理学原理’等相关

① 陈智民.基于创新创业人才培养的高校教学改革探索与实践：深圳大学管理学院教学研究文集（4）[M].广州：暨南大学出版社，2011.

课程，从对‘无知的敬畏’入手，广泛涉猎‘历史、政治、哲学、文学、美学等’，引导学生沉浸于‘管理学经典著作’，尤其以德鲁克著作的解读为最，对部分学生的心智成长产生了极大的影响。今日之管理学，已日渐成为一门分工细密的‘专业化’学科，不再具有‘PhD’之原始意涵。但从管理实践的具体性、历史性、复杂性角度看，原本多么需要举目四望的‘知识谱系’，多么需要‘通识化’的恣意汪洋。行走中国管理学‘江湖’多年，尽管经验有限，印象中只有西北大学刘文瑞（更以史学见长）有一样的风采。”这是韩巍教授了解我内心深处敬畏无知的重要渠道，他还通过听讲座的方式了解我敬畏无知之心。

在同一篇文章中，韩巍教授写道：“君子之交，并非只有相互‘吹捧’。杨龙芳不大标准的普通话、时而含混的标志性措辞，加之密集的概念化表达、大量的断言，以及经典文本的‘旁征博引’所编织起来的‘话语文本’（discourse text，比如听他讲座留下的印象），的确会让他的同事，更不用说学生‘听而生畏’。一方面，油然而生的‘无知感’是杨龙芳教学的部分用意所在；另一方面，如何让同行听众、学生，特别是部分‘好学之士’获得一种‘浸入感’，也是他需要面对的挑战。杨龙芳习惯讲‘逻辑’，但又把逻辑近乎用作一种修辞，更准确地说，一种隐喻。

“在笔者看来，‘宏大叙事’对‘本质追问’恰恰存在显著的消解，如碰到我们‘共同’的学生，笔者总会提醒他们要警惕被杨龙芳‘误导’——管理学知识当然不会只有‘实用性’，但管理学院的目标和功能要求我们必须回到‘现实’，回到管理实践的具体问题。”①

我内心深处对无知的敬畏感远比韩巍教授听到和看到的还难以感觉，这反映在他对我关于韩愈《师说》中“传道授业解惑”的看法的认识上：“当然，笔者最不认同杨龙芳对于‘传道、授业、解惑’的保留态度。的确，本质上，在‘无知’的隐喻中，我们每个人几乎都没有‘资格’出演这种角色。但就经验而论，作为一个建构主义信徒，笔者认为这是大学教师，乃至天下所有教师生活意义之源头、合法性之基础。”我心中的无知是“人类平等的起点之一”，师生关系更要尊重这层意义上的无知。

---

① 马卫红，丁夏齐.我们心向的事业：深圳大学管理学院教学研究文集（7）[M].广州：暨南大学出版社，2017.

师生关系不能用权力的逻辑来释义，这种释义的路径有多种：其一是“一日为师，终身为父”。这是清代诗人罗振玉在《鸣沙石室佚书·太公家教》中的释义，是父权制下的释义。其二是“天地君亲师”，据钱穆考证，“天、地、君、亲、师五字并称，始见于荀子之书”。这是以广义的权力来解释教师的权力。其三是“学高为师，德高为范”，这是著名教育学家陶行知先生的说法，重在提倡职业道德。这种释义是难以排除神化道德和垄断知识的权力的逻辑释义。

我比较赞成遵循知识的逻辑来解释教师之道，这也有三种释义。其一是“三人行，必有吾师”。这在本文的第一部分就有所论述。这是出自孔子《论语·述而》的一种释义，即“三人行，必有我师焉。择其善者而从之，其不善者而改之”。其二是“圣人无常师”，这是韩愈《师说》中最精华的一句，但远没有“传道授业解惑”传播得久远。“圣人无常师。孔子师郯子、苌弘、师襄、老聃。郯子之徒，其贤不及孔子。孔子曰：三人行，则必有我师。是故弟子不必不如师，师不必贤于弟子，闻道有先后，术业有专攻，如是而已。”“圣人无常师”的精髓在于防范知识人自我神化的权力，强调了知识人继续探索未知空间的权利。其三是“但开风气不为师”，这是知识创新意义上的社会开放释义。这种释义出自清代著名学者龚自珍《己亥杂诗》：“河汾房杜有人疑，名位千秋处士卑。一事平生无龂龁，但开风气不为师。”胡适先生特别喜欢“但开风气不为师”，一生信奉为师之道。沿着“但开风气不为师”的社会开放释义，结合人类进入知识社会的新现实，我曾对最后一种释义做了新探索，这就是我所说的知识既是私有财产也是公共资源。

这正是为什么知识产权问题在今天成为全球关注的大问题。

如果说两年前韩巍教授对我关于基于无知面前人人平等的师生关系的观点持完全否定态度，那么两年后的今天韩巍教授的观点发生了些许变化。这可从韩巍教授在给马卫红教授的信中找到痕迹。韩巍教授的信是这样开始的：“马卫红主编，问好！先打个招呼，我们相熟多年，而我又比你年长，后面就叫卫红了。”这个开头显得韩巍教授是一个多么传统的人。韩巍教授的信是这样结束的：“卫红，这封冗长的‘信件’终于可以结尾了，我好奇你能否踏踏实实一口气看完。……记得当年你为另一本教研论文集约稿时曾答应不会轻易删改我的文字，希望你这一回依然信守承诺。如果你犹豫这封信是否该被收入教研论文集而‘压力山大’请参看《定性研究》（*Qualitative Inquiry*）杂志（主流眼中的‘不入流’，我却觉得比很多主流研究有趣百倍）上的文章，一个资深营销教师的‘创意’也是有例可循的。况且，我再怎么affective，也会保留学术体面绝对不讲脏话。‘担心’不过是一种姿态，我确信卫红你从来不是那种‘我所不知道的，就不是知识’的主编。而且我们都愿意相信‘In writing, we can and do invent and reinvent the world’。”其中有一句值得高度注意的话——“我所不知道的，就不是知识”。这是出自剑桥三一学院院长休厄尔的一首据说人所共知的诗歌中的句子：“我是这所学院的主事，我所不知道的东西，就不是知识。”[①]著名数学家、哲学家和教育家怀特海在《思维方式》中引用这句话，表达出了一种“话中带刺”式的讽刺，道出了波普尔所说的“拒知的反动”！

“真正的无知不是知识的缺乏，而是拒绝获取知识。”

一个令人震惊的大事实不是无知，而是不知道自己的无知。

韩巍教授看到了“拒知的反动”，承认了敬畏无知的意义。在这一点上，韩巍教授变成了一个学术思想开放的现代人。这很可能是韩巍教授向“无知面前人人平等”迈出的一小步，也可以说是韩巍教授学术新转向中学术人格成长的一大步。用韩巍教授自己的话来说：“学术有如人生，过往重要，当下重要，未来更重要，如果我们不那么在意一眼望到底的‘重复’，更关注‘差异性’（存在的本质）、可能性，从而更富想象力，在有生之年应该还有很多趣事可做，对吧！”“学术”和“人生”往往融为一体，“学术”有了新转向，“人生”定会有新开端。“人生”有了新方向，“学术”必定会有新探索。做负责任的好学问，绝对是以承认无知为基本前提的。

一般说来，拒绝求知往往带给人盲目的自信，而不是追索知识的志趣。人往往很愿意生活在已知知识的孤岛之中，而不是选择走出孤岛，来到无知的大海边，更不会主动游到未知的知识大海中生存。

人已知的知识面就像是一座孤岛的面积，前沿的知识就像孤岛的海岸线，未知的知识就像茫茫大海，一望无边。一个人认识到已知的知识越多，所能触碰到的前沿知识的海岸线就会越长，所能遥望到的未知知识的海洋就会无穷大。在这个无穷大的未知的知识海洋面前，人往往是没有信心的，唯有一颗敬畏之心，可以伴人如履薄冰前行。

---

① 怀特海．思维方式［M］．刘放桐，译．北京：商务印书馆，2010.

古希腊思想家苏格拉底，一方面强调“我唯一知道的，就是我一无所知”，另一方面持有“承认我们的无知，乃是开启智慧之母”的观点，最终意识到“自知无知乃一切真知之始”。

人往往所知越多，越觉无知。爱因斯坦以形象化的方式说：“用一个大圆圈代表我所学到的知识，但是圆圈之外是那么多的空白，对我来说就意味着无知。而且圆圈越大，它的圆周就越长，它与外界空白的接触面也就越大。由此可见，我感到不懂的地方还大得很呢。”

承认人人在无知面前平等，阐明了“无知之智”在信息时代的特殊价值。每个个体化生命都在宇宙间占据着特定的时空点。这就是为什么人人都必须以无知的态度面对他人，面对不同的观点和不同的生活模式。因为每个人拥有不可替代的生活阅历、心灵体验、人格特征、知识结构和社会地位，所以每个人对宇宙奥秘和人生真谛的认知和感悟都存在自己的局限性。

一个拥有无知之智的人，会以富于弹性的态度，不断反省自己，随时准备放弃自己原有的见解和执念。一个拥有无知之智的人，会以开放的胸襟，不断接收外部信息，随时准备接收新的知识和见解。一个拥有无知之智的人，会以宽容的态度面对他者的信念，以同情的理解看待他者的生活方式。这就是说敬畏无知之心是人生成长的本色，这就是无知无觉心之本。这应是每个教师最深层次的信仰。做学问就是有限与无限的游戏，做学问是一种让人开心和自由的人生观。只有有了这种深层次的信仰，教师才会自知无知去求知，自知无畏要拼搏。

去求知什么？“知无不言。”要拼搏什么？“言无不尽。”如何去求知？“不在沉默中爆发，就在沉默中灭亡。”这是作为教师的鲁迅诠释出的人生真谛。如何去拼搏？“宁鸣而死，不默而生。”这是作为教师的胡适一生的追求。因此，“知无不言，言无不尽”可以说是教师的天职范围，也就是教师的天职边界。换句话来说，“无知无觉心之本”即“正心”。

承认人人在无知面前平等，最终突出了知识占有的“个人性”特征。这是哈耶克知识哲学的精髓所在。人类的知识是以“分立的个人知识”的形式存在的，绝不存在一种整合过的“整体知识”，即人类的知识以分散的、不完全的形式存在。人类的知识总是以彼此冲突的信念形式散布于个人之间，没有人能把散布的个人知识整合为一个正确的体系。“知识的分立特性”告诉我们一个道理：人类知识的总量越大，个人占有的相对份额就越小。也就是说，人类整体所知越多，人类个体的无知越会被凸显出来。个人既不可能完全整合人类的知识体系，也不可能完全吸纳人类的知识精华。个体意义上的知识总是存在永远的空白。无知总是充盈在个体生命的长河之中，敬畏感常在个体意识的生长之上。正是因这种绵延不断的敬畏感，一个人的心灵会释放发现未知知识的光芒。

一旦在敬畏无知之心上有了近似的观点，我们就可以开始探讨人的精神镜像与知识地图之间的关系了。这是教师天职边界上的第一个界碑。在这个界碑上，教师的理想追求和相关的原生知识显得极为重要。韩巍教授在文章中触及了这个问题："管理研究者应该多学一点儿科学哲学和更高阶的社会理论，不是为了自惭形秽、自毁长城，是为了学会敬畏，小学生都懂——谦虚使人进步。"在这里，韩巍教授提到了"学会敬畏"，这是一个涉及管理研究者的人生目的的深刻认识，算得上是真知灼见了。其中当然包含了敬畏无知之心。在这里，韩巍教授还指出一个小学生都懂的"基本常识"，即"谦虚使人进步"。"谦虚"的确是"知识进步的阶梯"。在这里，韩巍教授倡导一个基本的主张，即"管理研究者应该多学一点儿科学哲学和更高阶的社会理论"。多学一点儿科学哲学和更高阶的社会理论确实是一条管理研究者通向未知知识世界的有效途径。"敬畏"无知之心和"谦虚"，像两只车轮推动韩巍教授探讨"哲学""艺术"等精神镜像同知识地图意义上的"社会理论"之间的内在联系。特别需要指出的是，韩巍教授有时将精神镜像同知识地图二者之间的关系看成是独立的并列关系，有时又将二者之间的关系看成是"源""流"关系。韩巍教授在文章中写道："除了众所周知的'社会学、经济学、心理学'以外，'宗教、文学、哲学、音乐'可以帮助人们理解、改变个体。群体认知和行为的知识……"马卫红教授不像韩巍教授那样纠结，而将精神镜像同知识地图看成是高度一体的内在联系。"我强调管理中的心灵之镜，但我不是说管理学就是心理学，也不赞同心理学主宰管理学，管理学需要借助更多的学科：人类学、经济学、社会学、历史学、哲学、法学、信息科学、计算机科学。"这种描述似乎抹杀了精神镜像和知识地图之间存在的广阔空白地带。

从精神镜像层面来说，马卫红教授在回信中以"管理世界的精神镜像"为题，虽然直接用了"精神镜像"一词，但她没有做更多的研究。"共享心智"可以等同于"精神镜像"，体现为教师的"意义感"。这样看来，马卫红教授的精神镜像是一种整体主义上的精神镜像，从而排除了精神镜像的多样性。韩巍教授没有使用“精神镜像”一词，而是使用了“学术想象力”这个词，很好地迸发出精神镜像的思想火花。说到想象力，韩巍教授明确地说：“当然，作为诠释主义者，我对‘逻辑’的兴趣不大，那不过是研究者‘强加’给经验世界的东西，我觉得反思、可能性、想象力才更有意义。是的，意义！”人的精神镜像往往是多元的，至少有宗教、历史、哲学、科学、艺术。韩巍教授能认识到精神镜像的多样性，他曾提到过“宗教”“哲学”“科学”“艺术”。正是默认多种精神镜像，韩巍教授才对管理学界流行的单一化的科学精神镜像深表质疑，这种不满主要体现在对科学实证主义的批判之中。

除了单一的科学镜像外，管理学术思想界还流行一种强调“科学”和“艺术”两种精神镜像的思想时尚。信奉这种思想时尚的人，有时仅强调“科学”，有时只强调“艺术”，当然还有二者并重的。

针对生活的单一科学面向，韩巍教授提出了一个严峻的问题：“生活怎么可能只有‘科学’一个面向？！我敢说没有哪个管理研究者的个人、家庭生活只服从于他所熟悉的‘科学知识’。想想看，作为管理研究者，我们生产了那么多以别人的生活为‘证据’的所谓‘科学知识’，而我们自己的组织生活呢？”这真是一个莫大反讽啊！韩巍教授对单一的科学精神镜像论的批判是彻底的。“我知道有些人会担心一旦管理知识的生产过程和成果看起来不再‘科学’，就会 anything goes，天下大乱。怎么会如此脆弱？世界就是非黑即白吗？大可不必，知识原本就是谱系化的。”韩巍教授提醒管理研究工作中最容易犯的一个错误，这就是把“科学”同“研究的工作规范”相混淆。管理知识的生产，既同科学精神相关，也同研究工作相系，两者统一于管理实践。这就是说管理知识并不是管理研究工作规范的延伸。这应成为管理知识共同体的基本常识。在这个意义上，科学精神只会解放管理研究工作，而不是担忧管理知识共同体的科学一统天下。管理研究工作需要一种“anything goes”，即“什么都行”。这就是管理研究工作的“自由灵魂”。一种基于实践的自由。实践出真知。这只会带来管理知识的发展，而不会造成管理知识共同体的“天下大乱”。针对单一艺术精神镜像，韩巍教授简单明了地说出了艺术单一精神镜像退化，在这个意义上艺术好像成为“权力斗争”的代名词。“时常只见‘艺术’吧！钩心斗角的‘艺术’，拉帮结派的‘艺术’，胡萝卜+大棒的‘艺术’，稍微学术一点儿的‘分配性努力’的‘艺术’。这用得着学术研究、科学知识吗？找一本《三国演义》再加《厚黑学》，足够了吧！”

从知识地图层面来看，韩巍教授基于自己对精神镜像独特的“想象力”看法，提出了他称为“启发”的知识。“启发”是韩巍教授关于知识地图的独到见解，是一种带有原生意义的知识。这是从韩巍教授在文章中多次谈到了“启发”的描述中得出来的结论。韩巍教授在文章的开头部分指出：“启发只能发生在‘主体间性’（inter-subjective），作者表达应有自己的style，但‘效果’取决于读者的审美。”在这里，韩巍教授以“作者与读者”的关系建构出一个主体间性模型。用我的话来说，这就是一个二人组合的思想市场，或者说“知识场”。作者是厂商，读者是顾客，每个厂商都有自己的“style”，即“风格”，这往往体现为知识的原生要素“创意”。每个顾客都有自己的审美意识，这常常显现为知识传播首要因素“挑剔”。正是两者之间“创意”与“挑剔”相遇形成一种“效果”意义上的“感觉”，而这种感觉就是作者与读者之间的思想产品的原始形态，即“启发”。这说明“主体间性”是原生性知识启发产生的基本条件。韩巍教授在文章的中间部分举例证明了启发形成过程。“至于逻辑，我希望布尔迪厄的洞见可以提供一点儿启发：‘实践有一种逻辑，一种不是逻辑的逻辑，这样才不至于过多地要求实践给出它所不能给出的逻辑，从而避免强行向实践索取某种连贯性，或把一种牵强的连贯性强加给它。’”布尔迪厄的洞见在韩巍教授看来就是一个典型的例证。

韩巍教授在文章的后半部分明确地谈到“启发”与“管理‘真知’”是一个意思，即“启发，我所理解的管理‘真知’”。“启发”的“原始知识”意义在韩巍教授心中是极其重要的，这还可以从给马卫红教授的信中看出：“马卫红主编，问好！……你应该清楚我谈正事从来都是比较真诚的，万一，还有些许启发呢！”

在强调“启发”的原生性知识意义的基础上，韩巍教授提出管理知识面对的人类知识竞争格局。“当然，除了众所周知的‘社会学、经济学、心理学’以外，‘宗教、文学、哲学、音乐’等，某些处理复杂系统的‘自然科学、工程技术’等足以帮助人们理解、改变个体、群体认知和行为的知识……的确有可能也应该成为现有管理知识强有力的竞争者。”

在有关精神镜像的论述中，韩巍教授显得有些矛盾，这表现在他给我们讲述的一个故事中。“记得有一次上课，班上有个小朋友，我那天安排了小组讨论，她一个人坐在角落，低头看着什么。‘拒绝’参与讨论，当然不行。我走到她身边，一问才知是来‘旁听’的外系本科生，那就听之任之。离开时瞄了一眼她正在‘画道’的文章——‘辱虐型领导……中介效应’。50 多岁的人了，不想打击小孩子的学习热情。可心里想：你小小年纪关心什么领导研究？你能明白‘领导’二字是什么意思？还辱虐型……小朋友，你见过几个领导？你能分清领导讲的是人话还是鬼话？！”

这个故事太有趣了。这个故事反映了韩巍教授敬畏无知心的不彻底，也说明韩巍教授想象力意义上的精神镜像缺乏张力。难道这名旁听的女学生就不可能存在想象力吗？她有权想象领导，也是可以想象领导的。俗话说：“没吃过猪肉，也看见过猪跑。”

精神镜像同知识地图之间的空白地带是存在的。这种存在可用一个成语“源远流长”来分析。“源远”之“远”在于精神镜像，它往往表现为“觉”，韩巍教授所说的“想象力”。“流长”之“长”在于知识地图的具体知识，它主要体现为“意”，韩巍教授所说的“启发”。“想象力”与“启发”之间的相互流动，类似于“有知有觉意之动”。说到这里，想起了爱因斯坦说过的一段话，用在这里特别切合：“想象力比知识更重要，因为知识是有限的，而想象力概括着世界上的一切，推动着进步，并且是知识进化的源泉。严肃地说，想象力是科学研究中的实在因素。”这就是古话所说的“诚意”。

想象力的确比知识更重要，正如哲学家赵鑫珊在《哲学与当代世界》中所言：“想象力是能动的知识，是创造力和智慧的必要背景。”但想象力更多的是与艺术精神镜像有联系，正如 18 世纪的英国文学家，《格列佛游记》的作者斯威夫特在《杂感》中所说：“想象力是观察无形事物的艺术。”这就说出了想象力在催生知识过程中的局限性。

设计研究与实践研究之间的空白地带是教师天职边界上的第二个界碑。对这个空白地带进行问题构建是相当困难的，这涉及韩巍教授和马卫红教授通信中所谈的管理研究方法论。马卫红教授在管理学院教学研究论文集中明确地提出“接近自然科学的方法是进行管理研究和解决组织问题的最佳方法吗”的问题。

这个问题可称为“马卫红问题”。它同马卫红教授在教学研究论文集征文启事中所提出的培养学生的长远目的息息相关，是一种有意识的战略选择。“我们着重培养学生探求知识的可行能力比仅仅提供给他们几个工具方法对他们未来的成长具有更深远的影响。”韩巍教授深刻地认识到了这个战略选择的重要意义，对马卫红教授的战略选择深表认同。“比较认同，在理想的状况下可以如此展望。现实是工具方法的掌握也可能是问题，因为如果老师只知道那些，掌握得还不够好，就不能太过乐观。毕竟，掌握方法也不是照葫芦画瓢，也有钉钉子不砸手的部分。”在认同马卫红教授培养学生的战略选择基础上，他将马卫红教授的问题界定为一个重要的理论问题：“什么是接近自然科学的方法，看起来像吗？什么是‘最佳方法’，会有人信吗？”韩巍教授在文章中最终将这个问题同教师天职紧密地联系在一起。“是否真求，是否求真，的确与‘接近自然科学的……最佳研究方法’的议题有关，说白了就是科学主义（等于实证主义）在管理学界的主导地位究竟靠不靠谱的问题。”从最佳方法之争的来龙去脉来看，最佳方法之争源于马卫红教授对管理教育的长远目的的认识，最佳方法的流向是“科学主义（等于实证主义）在管理学界的主导地位究竟靠不靠谱的问题”。马卫红教授谈论的是战略选择，韩巍教授论述的是方法论选择。马卫红教授谈的战略选择突出了管理教育的历史使命和愿景，这在某种意义上淡化了工具方法；韩巍教授议论的重点是管理研究方法，并将它同教师天职“是否真求，是否求真”紧扣在一起，这显得有点针锋相对，让人颇有针尖对麦芒之感。

韩巍教授和马卫红教授之间好像存在一场学术思想上的交锋或论战。但细细思之，两人之间并没有论战，更没有交锋，这似乎是一场没有开始就结束了的学术思想论战。

事实上，韩巍教授同马卫红教授之间不存在鲜明的争论焦点，一个谈的是管理教育，一个论的是管理研究方法。结果是马卫红教授将管理工具相关的方法问题消解到泛美德伦理之中。

首先，用“公共精神”消解“怀疑精神”。“相比管理实践和管理研究而言，管理教育是个新问题，我们不太知道该怎样教授学生，而且普遍存在教育锁闭现象：没有怀疑精神，只有精耕细作。我认为我们的管理教育应该起到的作用是，在管理思想、管理学术和管理实践的探讨中带领学生思考如何更有利于拓展公共精神、建设美好社会和推进人类文明。”其次，用“现代大型组织”消解“一种经验、直觉或本能，其构成要素和条件还能够被系统地分析、归纳和学习”。“我们一系列的课程教授，是为了让学生明白管理不仅仅是一种经验、直觉或本能，其构成要素和条件还能够被系统地分析、归纳和学习；让学生明白管理依托的是现代大型组织，没有现代大型组织，就没有对管理学的需求。”最后，用“管理知识属性”消解“管理学的研究方法”，得出“不能简单地谈论定量定性孰优孰劣”。“让学生明白管理不是经济、定量或行为科学知识，管理学需要综合性和整合性的研究方法，不能简单地谈论定量定性孰优孰劣。”

为什么会出现这3个方面的思想消解现象呢？这个秘密就隐含在马卫红教授提出的一个问题之中：“让学生懂得管理者对现代社会及其公民具有至关重要的影响，需要高度自律。然而，这些管理学的多面性在我们的知识传授中就只剩下了单维度的：管理就是分析和计划，方法最好选择量化，绩效就是王道，哪里还考虑什么伦理道德？”马卫红教授的确正确地认识到了管理的泛理性主义、量化方法迷信、绩效为王等弊端，这同韩巍教授是高度一致的，她不同于韩巍教授的地方，是她太相信伦理道德，甚至可以说她太迷信伦理道德，具有极浓的泛美德伦理色彩。马卫红教授赋予“自律”美德的正能量太多了。

“自律”真的是难以承受之重。正是这种泛美德伦理消解了马卫红教授关于最佳方法之论争。

如果说马卫红教授是以美德伦理消解对方法论问题的深入探讨，那么韩巍教授又是以什么样的方式消解了方法论背后深层次问题的思考呢？韩巍教授对泛科学主义和实证主义的批评是深刻的，但是不彻底。这就是说，韩巍教授的批评是存在局限性的，甚至可以说他给自己挖了一个坑，自己还勇敢地跳下去了。前面说过韩巍教授承认多元精神镜像，但没有坚守多元精神镜像之间的开放性，更没有去研究科学精神镜像内在的开放性。同宗教、历史、哲学和艺术精神镜像相比，科学精神镜像是更具有开放性的精神镜像。法国微生物学家、化学家巴斯德曾说：“科学是没有国界的，因为她是属于全人类的财富，是照亮世界的火把，但学者是属于祖国的。”

在奢谈全球化的今天，细心品味巴斯德的话，科学可以说是全球化的急先锋。

苏联数学家柯尔莫哥洛夫将科学开放的世界性上升到人类本身的历史：“科学是人类的共同财富，而真正的科学家的任务就是丰富这个令人类都能受益的知识宝库。”科学既可成为人类受益的知识宝库，也可成为人类共同的财富。科学精神镜像的开放性来自科学研究本身内在的精神劳动。这一点很多学者和思想家都论述过，试举几例。俄国思想家赫尔岑说：“科学不是可以不劳而获的，诚然，在科学上除了汗流满面，是没有其他获得的方法的；热情也罢，幻想也罢，以整个身心去渴望也罢，都不能代替劳动。”这强调了科学是一种需要全心全意的身心投入的精神劳动。马克思说得更透彻：“在科学上没有平坦的大道，只有不畏劳苦沿着陡峭山路攀登的人，才有希望达到光辉的顶点。”这就指出了科学是一种理性的冒险。1978 年 6 月 28 日华罗庚在《光明日报》发文说：“科学上没有平坦的大道，真理长河中有无数礁石和险滩。只有不畏攀登的采药者，只有不怕巨浪的弄潮儿，才能攀登高峰采得仙草，深入水底寻得骊珠。”这说明了科学是一种具有首创精神的事业。科学家冯·伯尔用最精辟的语言概括了科学精神的精髓：“科学的永恒性就在于坚持不懈地寻求之中，科学就其容量而言，是不枯竭的，就其目标而言，是永远不可企及的。”

韩巍教授没有去深入地探讨科学的永恒性、精神性和劳动性，而是沉浸在科学的分类之中，不知不觉地建构了一个自然科学和管理研究的二分法框架，形成了一种比照式的研究。正是这个分类法，让韩巍教授掉进了实证主义或泛科学主义批评的陷阱之中。韩巍教授将研究分为“自然科学研究”和“管理研究”。在韩巍教授看来，“自然科学研究”同“经验科学”可以画等号，其基本方法是“归纳—演绎循环”。韩巍教授非常清楚地谈到了自己心中的自然科学研究：“自然科学（经验科学）研究，大家应该都了解（归纳—演绎循环），无数次的失败中得到暂时可靠的知识，并等待下一次被‘证伪’，是必须在乎经验（而不是统计学意义上）的‘可重复性’的。”同自然科学研究相比，韩巍教授在文中并没有概括性地描述自己心中的管理研究，只强调了“管理科学与工程研究”的典型性和代表性。

比照自然科学的“经验科学”属性和“归纳—演绎循环”，韩巍教授写道：“很多管理研究者，哈耶克所讽刺的‘科学主义’信徒，为了显示科学性，追求研究样式的‘形似性’。”这意味着管理研究就是自然科学的剽窃者，停留在“形剽”的初级水平，还没有达到“神剽”的高级水平。韩巍教授在另一个地方用“照猫画虎”来描绘这种“形剽”现象：“只顾‘照猫画虎’，不管假虎、真虎，还画得‘虎虎生风’。”

比照自然科学的“‘假设—检验’套路”，管理研究“管理知识的生产，无论‘真假’，不都（至少声称）是从（具体）实践到（抽象）知识，再从抽象知识回到具体实践中得到检验吗？不然怎么会有那么多‘假设—检验’？

这就是自然科学研究的套路……”

比照自然科学的“归纳—演绎循环”，“管理世界的经验研究者几乎从来做不到‘完备归纳’，理论（比如某些管理科学与工程）研究者在过于简化的‘数学演绎’中也从来找不到应对人类复杂性的逻辑样式……在‘演绎－假设’上的操弄越来越‘随心所欲’”。

这种比照二分法在管理学界较为流行。韩巍教授对这种学术思想时尚做了描绘：“至少管理学界的中文论文里，已经有很多争论……不过以我多年在校外跟同行争来辩去的体会，已经彻底明白了‘科学社会学’的伟大。‘最佳、适宜’不是什么‘科学/学术’问题，而是信念之别，I do believe，so what，who cares，不会有任何结果……这么讲可能显得武断，那就提供一个简略‘证明’：管理研究可以（接近）按照自然科学的研究方法，当且仅当满足以下三个条件：①人类生活的‘恒常’实在性（建构主义否定了这种可能性，人类实践有太多的从无到有，而且终将从有到无）；②概念指称的‘唯一性’（自然科学很少有例外，关于人类研究，存在普遍的共识才是例外）；③测量的可靠性（注意：是经验研究的信效度，至关重要的‘重复性’，不是统计数据呈现的信效度）。而且，还得认真回应前面提到的两个概念（也是问题）：主体间性和双重诠释。再乐观，我也看不到管理研究满足这三个条件的可能。”

这段引文是韩巍教授大文章中最具有逻辑性的引文，有假设、有证据、有结论。基本的假设来自韩巍教授的学术研究经验。从韩巍教授长期学术生命成长过程来看，他多次身处中国管理学界长期争论的旋涡之中，多年跟同行争来辩去，最终发现了一个基本的假设。这个假设用韩巍教授的话来说，“已经彻底明白了‘科学社会学’的伟大”。这里的“科学社会学”是实证主义的另一种说法。这是一种含有反讽的表达，具体体现在“伟大”二字之中。在“伟大”二字的背后暗含科学实证主义的浪漫主义气息。在这个假设之后，韩巍教授提出了一个基本结论，“‘最佳、适宜’不是什么‘科学/学术’问题，而是信念之别”。这个结论由两个问题构成，一个是否定的结论，即“‘最佳、适宜’不是什么‘科学/学术’问题”；另一个是肯定的结论，即“‘最佳、适宜’是信念之别”。前者是一种怀疑论，后者是一种信念论。两者统一起来，韩巍教授实际上提出的结论是一个悖论，但悖论中怀疑论和信念论并不是同等重要的。这可从韩巍教授用英文和中文相结合表达了内心的态度中得知。“I do believe，so what，who cares，不会有任何结果。”我们将这句话中的英文直译成中文，变成前后一贯的中文，“我确信，又能如何，谁会在意，不会有任何结果”。这句完整的中文，让汉语之美顿生光辉，流露出韩巍教授无可奈何的心理，真是爱莫能助。好在韩巍教授是一个严谨的学者，承认自己的这种无奈之中可能含有“武断”，用韩巍教授的话来说，“这么讲可能显得武断”。正是这种对武断的警惕，韩巍教授认同悖论中的“怀疑论”远远重于“信念论”。正是这种对武断的警惕，韩巍教授勇敢地迈向寻找证据之路，“那就提供一个简略‘证明’：管理研究可以（接近）按照自然科学的研究方法，当且仅当满足以下三个条件”。

证据一，“人类生活的‘恒常’实在性”。韩巍教授在论证过程中认同建构主义否定了人类生活的“恒常”存在的可能性，强调了“人类实践有太多的从无到有，而且终将从有到无”。这实际上是承认了人类实践中的基本理性就是试错理性，这就给怀疑论留下了广阔的空间。实践总是在路上，用韩巍教授的话来说，实践总是在“从无到有”“终将从有到无”循环的路上。这是韩巍教授悖论中“怀疑论”的铁证。“无—有—无”之间的循环，重点虽然落在两个“无”字上，但难以排除一个“有”之。“无”是“虚无”，“有”很可能就是“存在”。人类的实践说到底是存在与虚无，这是一个大的哲学问题，在这个问题中人类的实践包含存在。说得浅白些，“虚无”就是“时间”，“存在”就是“自由意志”。

证据二，“概念指称的‘唯一性’”。概念是同“发现问题”相关，概念是问题的存在形式，这是一个基本的常识。无论是自然科学，还是关于人类研究管理科学，这是一个基本的前提。人类发现问题的过程是一个探寻“一”的过程，而解决问题是一个寻找“多”的过程。前者的表现形式是“概念”，后者的表现形式是“技术”。“概念”和“技术”之间的“张力”就是“疑问理性”。韩巍教授忽视了概念内在发现问题的意义，将“概念”等同于“共识”，进而将“共识”等同于“唯一性”，最终提出“自然科学很少有例外，关于人类研究，存在普遍的共识才是例外”。这就神化了自然科学，走上了唯科学主义的道路，最终掉进实证主义的陷阱。在这个意义上韩巍教授彻底否定了自己的观点。这是一种无效的证明。韩巍教授毕竟是一个严谨的学者，在这个无效的证据后面，他最终猛醒了，不仅承认“概念”内含“问题”，还明确主体间性和双重诠释是两个基本问题，指出了论证可能隐含的疑问理性路径。“还得认真回应前面提到的两个概念（也是问题）：主体间性和双重诠释。”

证据三，测量的可靠性。在这里，韩巍教授以肯定和否定相结合的方式严格地限定“测量的可靠性”，明确地指出“测量的可靠性”“是经验研究的信效度”，“不是统计数据呈现的信效度”。肯定和否定之间的边界取决于“至关重要的‘重复性’”。在这里，“重复性”的理解就显得重要了。韩巍教授在人类经验史面前呈现出忽视“重复性”的倾向。这是一种无限的乐天主义。这是人类难以承受的进步主义。韩巍教授是一个严谨的学者，在论证的结尾中意识到了这一点，还是以批判的方式意识到这一点。韩巍教授将“‘科学社会学’的伟大”的反讽假设还原为科学实证主义内在的“乐天主义”，甚至可以说是“浪漫主义”。韩巍教授用了“再乐观”3个字，这是意味深长的3个字。从这3个字中，“我也看不到管理研究满足这三个条件的可能”。在这里，韩巍教授走出了乐天主义，来到了人类经验的面前，开始了沉思。无论怎样理解，人类的经验是不可能驱逐“重复性”的，这是人类难以承受的代价。这是人类历史文明的本色。苦难兴邦。苦难成就辉煌。“已有的事、后必再有。已行的事、后必再行。日光之下并无新事。”这是《圣经旧约传道书》中的话。“盖良知之在人心，亘万古、塞宇宙而无不同。”这是王阳明的心学的精华。历史学家赫伯特·乔治·威尔斯告诉世人，人类历史越来越成为灾难与教训竞争的历史。历史学家威尔·杜兰特一生研究世界文明史，将毕生心血浓缩为《历史的教训》。哲学家卡尔·波普尔多次发表演讲，将注意力倾注在《20世纪的教训》。加拿大国际关系研究学者珍妮弗·韦尔什在《历史回归——21世纪的冲突、迁徙和地缘政治》中指出，21世纪的世界并未如福山所预言的一般，自由民主可能是“人类意识形态进步的终点”与“人类统治的最后形态”，并导致“历史的终结”。战争与难民、政治与经济的国际角力、贫富不均与社会不公等问题依然存在，甚至愈演愈烈。如果历史正在回归，它具有怎样的当下特色？人们如何使用历史？这是人类还得面对的基本问题。因此，韦尔什提出了一个发人深省的观点：历史还未终结，事实上，它只是回到了“当代”。世界知名的科学哲学家布鲁诺·拉图尔打破自然与历史之间的割裂，缩小前现代、现代和后现代之间的分裂，通过组建准客体，重构其所谓的“现代性宪法”（the modern constitution），写出了惊世之作《我们从未现代过：对称性人类学论集》。这些全球史学界的新探索将人类的认知都指向了人类文明可能的代价，警示人类历史的重复性，甚至僵化和倒退。

通过论证路径的剖析，我们看到了韩巍教授内心的挣扎，认识到比照二分法的根本局限，正是这种比照二分法导致了韩巍教授没有更深入地探讨科学研究的元方法。韩巍教授的比照二分法还直接影响了马卫红教授的研究，她跟随在韩巍教授后面，不知不觉地被韩巍教授的比照二分法俘虏了。马卫红教授在回信中写道："在研究方法上，我们始终受到功能主义的统治，更多地关注现实各类系统的功能、交互和社会行为，偏爱实证主义。我们不太能接受多元共存论，也很少运用诠释学和人文主义的方法论，这些词汇只是在批评实证主义的时候才派上用场，而在发现知识、贡献知识方面，就受到了很多的约束。"这可能是公开承认了比照二分法是为了批判实证主义而批判实证主义，是一种急功近利的批判，是一种没有建设意义的批判。

话又说回来，韩巍教授的文章是一篇大文章，有大量的隐含信息。这在"接近自然科学的最佳研究方法的议题"中体现得极为明显。事实上，韩巍教授在比照二分法外还有一种超越分类法的元方法，他在比照自然科学研究的事实和逻辑的背后为这种元方法留下了后路。比照自然科学的"事实"，韩巍教授写道："老实说，当'后真相时代''另一种事实'变成热词，当人类固守各自信念，只用特定视角来观察世界时，除了一地鸡毛，还有比'罗生门'更恰当的隐喻吗？"这等于承认"多角度分析方法"的存在。比照自然科学的"逻辑"，韩巍教授先是独立地提到"逻辑"，后来又同诠释主义联系起来谈"逻辑"。从文章后半部分谈"逻辑"来看，韩巍教授的"逻辑"深受当代法国最具国际性影响的思想大师皮埃尔·布尔迪厄的影响。"至于逻辑，我希望布尔迪厄的洞见可以提供一点儿启发：'实践有一种逻辑，一种不是逻辑的逻辑，这样才不至于过多地要求实践给出它所不能给出的逻辑，从而避免强行向实践索取某种连贯性，或把一种牵强的连贯性强加给它。'"这就比韩巍教授在论文前半部分谈"逻辑"隐含了更多的意义，一是比照自然科学来谈"逻辑"，二是结合自己诠释主义学术传统来谈"逻辑"。

比照自然科学来谈"逻辑"，韩巍教授承认了自然科学研究对管理研究的消极影响，道出了自然科学研究和管理研究似乎存在某种联系。"如果只论'逻辑'，管理研究者或许应该大谈'溯因推理'（abduction），按照我的理解，在有限的经验素材（现象）基础上提出暂时性的'最合理猜想'，既是我们的宿命，好像也说得过去！"从这段引文中可以看出韩巍教授好像在自然科学研究中看到了管理研究悲哀的明天，这真是管理研究一种无奈的存在。在从自然科学看到管理研究悲哀的明天的同时，韩巍教授实际上却想到了管理研究还可能有一种美好的存在。“当然，作为诠释主义者，我对‘逻辑’的兴趣不大，那不过是研究者‘强加’给经验世界的东西，我觉得反思、可能性、想象力才更有意义。是的，意义！”

在比照自然科学的“事实”“逻辑”上，韩巍教授在“接近自然科学的最佳研究方法”的议题上体现出一种学术论战，这种论战不是体现为韩巍教授同马卫红教授之间的学术思想争论，而是表现为韩巍教授自己学术转型的痛苦和自我挣扎。考虑到韩巍教授一贯的“不要空洞的多元范式，让问题决定方法”的大思路，他在比照二分法背后的元方法就开始显露出来了。在我看来，任何研究都难以摆脱历史研究的时间空间线索，时间可以指事物的变化，变化是历史，空间可以指向规模，规模首先是时间的，然后才是空间的。基于时间变化来考察，任何事物都呈现为过程，而过程往往显示出过去与未来之间的张力。“过去”与“未来”之间的张力可能是对称的，也可能是非对称的，这是任何研究都不得不面对的一个最基本的事实。在这一点上，任何研究都是历史研究。基于空间变化来考察，任何规模都呈现为态势，而态势往往显示出“惯例”（常态或多数）和“例外”（非常态或少数）之间的张力。从“惯例”和“例外”的变化来看，事态的变化往往有三种状态。

第一种状态是模式重构或模式转换，这往往体现为同时超越常态和超越例外。韩巍教授明确描述了这种状态，即“人类生活的‘恒常’实在性（建构主义否定了这种可能性，人类实践有太多的从无到有，而且终将从有到无）”。针对这种类型的变化态势，连续性意义上的历史是没有多少意义的，它主要是一种断裂性。在这一点上，历史决定论会是极度贫困的。因为这是从线性时间序列转换到非线性时间序列。在非线性时间序列里，没有持续性、规律性、数据可靠性和有效性，更不可能存在长期趋势、季节性变动和周期性波动。在非线性时间序列里，我们面临的是摆动、周期、增长曲线、衰减曲线和剧变。剧变就是中断的变化模式。

第二种状态是“惯例”和“例外”之间存在的相互作用状态。“惯例”和“例外”之间的张力可能是正向的，也可能是反向的，两者之间体现出来的是一种正反两面的历史经验，进而形成并存关系、相互冲突关系或相互融合关系，近现代以来学术界的“体”“用”关系之争或“反本开新”之说就是这种存在状态。用当代的视域来看，这种状态主要体现为外部问题，也就是开放问题或全球化问题。

第三种状态是“惯例”内部的变化状态。“惯例”往往隐含长时间内的“事实与价值”之争和短时间内的“经验与效用”之争，两者之间折射出一种拨乱反正的历史经验，进而形成“古”“今”关系之争或“固本培元”之说，甚至还有“破旧立新”之论。用当代的视域来看，这种状态主要体现为内部问题，也就是改革问题或转型问题。

韩巍教授和马卫红教授之间的通信主要针对第三种状态叙述了各自心中的方法。韩巍教授用“初心”和“常识”描述了自己心中的第三种状态。说到“初心”和“常识”，韩巍教授写道：“有时候，回归初心，回归常识就是答案，集不集、跨不跨没那么重要。”“常识”很可能是一种长时期的知识，“初心”有可能是一种短时期的经验。在“初心”和“常识”的基础之上，韩巍教授有时候将管理研究分为“理论研究”和“经验研究”。“理论研究”同理论知识相关，而“经验研究”同经验阅历有联系。韩巍教授有时承认在“理论研究”和“经验研究”两个极端之间存在一个“分”与“合”的小的内在中间领域，还承认在“理论研究”和“经验研究”两个极端之外存在一个没有“分”与“合”的大的外在中间领域。也就是说，两极端之间或两极端之外。韩巍教授在文中写道：“我不是绝对排斥学生参与学术研究，因为管理研究中确实有一些问题与经验阅历、理论知识关系不大。”这些研究领域很可能就是文化问题、价值问题、制度问题等外在环境大问题。有时表现为内部危机，有时表现为外部危机。从这里可以体会到多重分析方法的意义。在这一点上，韩巍教授同马卫红教授的理念是相通的。马卫红教授基于第三种状态存在的事实，认为管理研究可分为价值研究和经验研究。“管理的知识是关涉价值观的，与信仰有关、与意义有关、与行动有关（而我们很多管理研究只关注了行动，忽略了价值层面的追问和探寻）。”

第三种状态意义上的“惯例”内部变化，既可能是横向变化，也可能是纵向变化，横向变化体现为可能性、合理性和规范性，纵向变化体现为实践性、合法性和真实性。可能性说到底就是从 0 到 1，是从“空想”到“科学”，是先导性的探索，论证的是“说得通”，这里存在的问题可称为设计问题，洞察力显得极为重要；合理性就是从 1 到 N，是从“理想”到“现实”，是连续性创新，论证的是“行得通”，这个地方的问题可称为经验问题，经验显得意义重大；规范性说到底是从 N 到 N+1 的突破，是从“理论”到“实践”，是应用性突破，论证的是“做得通”，从“一个组织（地方、国家）”到“另一个组织（地方、国家）”，这里的问题是实践问题，试错是绝对重要的。从外部来看，设计问题、经验问题和实践问题同等重要。从内部而论，相对于经验问题，设计问题和实践问题更为重要，设计问题涉及韩巍教授所说的“真求知”，实践问题关系到韩巍教授所论的“求真知”。设计问题和实践问题的相对重要性，用一句话来说，即“知知知觉是良知”。设计问题是“知知”，显示出的是“洞察力”；实践问题是“知觉”，流露出来的是“试错”。而两者统一起来就是“良知”，即“致知”。

同实践研究相比，设计研究显得重要些，这是因为设计研究包括的空白地带更广阔。设计研究需要“大胆假设，小心求证”。这一原则在彼得·德鲁克晚年所写《21 世纪的管理挑战》的“序言”中有很好的论证，他专门用一小节论证了“为什么要重视假设”。现将最为重要的部分文字摘录于此，以便读者更好地审视设计研究的基本原则。

“有关事实的基本假设是管理学等社会科学业已盖棺论定的范式。它们通常存在于学者、作家、教师和社会科学实践者的潜意识中。而且，这些假设在很大程度上也决定了这些学科的学者、作家、教师和其他社会科学的实践者对事实的认知。

“这些学科研究的方向取决于它们对事实的基本假设。这些假设确定了这些学科对‘实际情况’的判定，同时实际上也影响了这些学科对其自身的研究课题的判定。这些基本假设多半也会判断出这些学科可以忽视的观点或者作为‘恼人的例外’可以放置在一边的情况。它们确定了特定学科关注的焦点以及可以忽略或忽视的内容。

“……

“然而，尽管基本假设是非常重要的，但是人们鲜有兴趣对这些假设进行分析、研究和提出疑问——实际上也很少有机会对这些假设予以明确的解释。对管理学这样的社会科学来说，基本假设的重要性实际上比自然科学的范式重要性大得多。范式，即主流的一般理论，对自然科学毫无影响。无论范式声称太阳绕着地球转，还是说地球绕着太阳转，太阳和地球都不会受到影响。自然科学研究的是客体的行为，而像管理这样的社会科学，关注的是人和社会机构的行为。因此，社会科学的实践者往往将该学科假设奉为行动的准绳。

自然科学的现实，即物质世界及其规律都不会发生变化（或者如果发生变化，这种改变则是一个长期的过程，是不可能在几十年或几个世纪内完成的），这一点是非常重要的。社会科学不存在这种‘自然规律’，它始终处于不断变化之中。这意味着昨天还站得住脚的假设，今天就不再有效，甚至瞬间就变成完全错误的理论。

“……

“因此，在像管理学这样的社会科学中，最重要的是基本假设，其发生变化也变得越来越重要。” ①

考虑到彼得·德鲁克的管理研究假设极端重要的观点，现在有必要再次转引韩巍教授的“溯因推理”和“最合理猜想”观点。“如果只论‘逻辑’，管理研究者或许应该大谈‘溯因推理’，按照我的理解，在有限的经验素材（现象）基础上提出暂时性的‘最合理猜想’，既是我们的宿命，好像也说得过去！”如果将彼得·德鲁克的管理研究假设极端重要的观点同韩巍教授的“溯因推理”和“最合理猜想”观点相对照，韩巍教授和德鲁克有相通的地方，但是一种相反相成的相通。韩巍教授是被哈耶克俘虏了的泛科学主义的批评者，彼得·德鲁克是受库恩激励的解放了的科学主义者。韩巍教授太受《科学的反革命——理性滥用之研究》的影响，彼得·德鲁克太受益于《科学革命的结构》。从这里可以看出，科学精神镜像有多么重要的意义。

走出设计研究与实践研究之间的空白地带，离发现教师天职的核心地带就越来越近了。这就是教师天职边界上的第三个界碑——好理论与坏理论之间的空白地带。辩论是全部问题的核心，学习的微习惯是最明确的成长路径。马卫红教授在起草的教学研究论文集征文启事中提出一个鲜明的主题，即“教学过程中如何帮助学生更好地理解现代社会数据、信息、知识的关系”。面对这个主题，韩巍教授非常直白地承认自己同马卫红教授在数据、信息、知识 3 个概念的理解上是没有共识的：“坦白讲，我们彼此对‘数据、信息’，尤其是‘知识’三个概念未必存在共识，草率将其并置在一起容易引发理解上的困扰。”韩巍教授进而指出数据、信息、知识的关系的关键之处是两个掌握：“要点可能是掌握方法工具，更要掌握‘好理论’。”正是“掌握方法工具”和“掌握‘好理论’”真正地击中了马卫红教授“现代社会数据、信息、

① 彼得·德鲁克．21 世纪的管理挑战［M］．朱雁斌，译．北京：机械工业出版社，2009.

知识的关系”的要害，这个要害就在于马卫红教授过度相信管理研究对管理实践的依赖。“管理研究是基于对管理实践有深刻理解而展开的，绝不是数据和模型可以推导的。”这句话有意义的是后半句，无意义的是前半句。在马卫红教授管理研究过度依赖管理实践的基础上，韩巍教授最终提出了“好理论”命题。

这个命题可称为韩巍式命题。

“只有‘好理论’（也是知识、信息）才会善用数据、信息及某些工具型知识，比如数据科学家更要讲人性和审美。”韩巍教授彻底地将马卫红教授提出的“现代社会数据、信息、知识的关系”的主题转化为一个条件结果关系的命题，即“只有‘好理论’（也是知识、信息）才会善用数据、信息及某些工具型知识”。韩巍教授之所以能提出“好理论”命题，主要在于他有丰富的理论研究经验。韩巍教授曾同导师席酉民合作进行理论研究，并写了《和谐管理理论》的著作。当代中国管理学中有独特理论贡献的人并不多，中国学术界公开承认席酉民的“和谐管理理论”。湖北大学王圆圆教授在《近代以来中国管理学发展史》中用最精准的话概述了席酉民的“和谐管理理论”：“西安交通大学席酉民在 1987 年的博士论文中首次提出‘和谐理论’，随后不断对其进行完善，至今已形成融合了系统论思想、具有较强可操作性、比较系统的‘和谐管理理论’。其著作《和谐管理理论》，正是对日益复杂和多变的内外环境所带来的大量不和谐现象进行反思的结果，和谐管理就是要在科学设计的基础上，充分调动人的能动性、创造性和组织的能动性来应对社会的不确定性。

“席酉民用中国的‘和谐’两个字来概括他的理论：‘和’是人及人群的观念、行为在组织中‘合意’地‘嵌入’，侧重人的心理感受；而‘谐’是指一切物质要素在组织中‘合理’地‘投入’，讲究比例协调、配合得当、可以科学安排。对‘谐’的问题要用到运筹学、系统工程等所有科学设计方法、生产管理和组织设计理论，对‘和’的问题要应用心理学、组织行为、企业文化等理论。

“和谐管理理论是在坚持‘总体论’的前提下对现有条件下组织整体有效性问题的思考，认为管理问题的有效解决无法简单（有时也没必要）地将主观情感的一面归结或转化为客观科学的一面。也就是说，管理必须遵循两个规则：用优化思路解决客观科学的一面，用减少不确定性的思路解决主观情感的一面，并设法使二者有机地结合起来，互动作用，实现整体的一致性和更高的绩效。”①

从这段长长的引文中，我们可以看出一个好理论形成的完整过程，至少是不同学科知识、理论之间会通的一致过程，绝对不是实践的简单提升。席西民“和谐管理理论”从提出到完善的过程对作为他的学生的韩巍教授不能说不产生影响，更何况韩巍教授本就是一个以读文献见长的学者。席西民“和谐管理理论”在韩巍教授学术人生成长中肯定是一个有生命力的学术沉淀。

马卫红教授并没有注意到韩巍教授的条件结果命题，在回信中大谈自己关于数据、信息、知识 3 个概念及其关系的看法：“于我而言，管理具有广义性和多样性，管理研究需要对数据、信息、知识有深入理解……数据是通过我们的感官从外部世界获得的对已有事实或事务的感知，信息是有含义、关联和目的的数据，知识是可付诸行动的信息……与信息或数据相比，知识能帮助我们更有效地行动。”

“好理论”命题提出了做正确的理论研究问题，这是理论研究中的效能问题。韩巍教授在论述自然科学研究的“归纳—演绎循环”时，对管理研究特别是管理科学与工程研究中的“归纳—演绎循环”深表怀疑：“理论（比如某些管理科学与工程）研究者在过于简化的‘数学演绎’中也从来找不到应对人类复杂性的逻辑样式。”这就导致管理研究“坏理论”泛滥。“而如今，许多经验研究者无视理论的价值取向、前提假定、适用边界、不同理论间可能存在的不可通约性（incommensurable），在‘演绎—假设’上的操弄越来越‘随心所欲’。”韩巍教授以例证的方式提供了一个“坏理论”研究的典型例子：“有一篇 AMP（高级时尚与奢侈品管理项目）讨论‘魅力型—变革型’领导研究的综述文章，发现同行们从 3 个基础模型出发（看起来大同小异），多年下来，虽然没有多少认识上的进步，却先后‘发现’52 个中介变量、58 个调节变量……”坏理论往往是“理论与实践脱节的、自娱自乐的”。坏理论是一种资源浪费。

如何进行好理论研究？这是一个理论研究的效率问题。在这个问题上，韩巍教授提供了一个确定无疑的基本原则：“我比较确定管理研究不可能有任何意义上的‘最佳方法’……理论研究以外，经验研究应该鼓励多元范式、

① 王圆圆．近代以来中国管理学发展史［M］．北京：清华大学出版社，2014.

多种方法，尽管不同方法确有‘形式化、结构化’程度的差异。”这是一个典型的韩巍式表达方式，这种表达方式用韩巍教授的话来说就是“我的表达一贯不够直白”。由此看出，探寻如何进行好理论研究我们不得不透过韩巍式表达，探寻好理论的研究方式。从文字表述来看，韩巍教授表达的是一个自相矛盾的观点。他彻底否定了管理研究存在“最佳方法”，这是一个合理的，也是一个正确的管理研究的好原则。但问题在于这个原则如何贯彻到理论研究之中，韩巍教授来了一句“除理论研究外”这样“一个条件限制”，给人留下了“一个悬念”，好像“最佳方法”不适宜于理论研究。

特别是，韩巍教授在给出一个悬念后又提出如何做经验研究的基本原则，即“经验研究应该鼓励多元范式、多种方法”。这是一个好主张，这是管理研究彻底否定“最佳方法”在经验研究的延伸。这样看来韩巍教授彻底否定了“最佳方法”适宜于经验研究，而不适宜于理论研究的观点，那么一个重要的问题就自然显现出来了，韩巍教授并没有直接回答如何进行好理论研究，甚至认为“至少在人文社科领域，好理论为自己‘立法’”。“好理论”的确具有自明性的一面，但在人文科社科领域不宜过于夸大这种自明性，这也是应高度注意的事实。这是文字层面的破解。

透过文字，进入文字背后，也许可以看到韩巍教授的“除理论研究外”具有双重含义，既要固守管理研究不可能有任何意义上的“最佳方法”，这是理论研究的“本”，还要想到比经验研究更坚守“多元范式、多种方法”，这是理论研究“元”。这两方面结合起来就是中国人常说的“固本培元”。即使赋予“除理论研究外”双重含义，特别是考虑到韩巍教授对待管理研究假设的态度，我们仍有必要打开韩巍式表达不太直白的“悬疑”，这就需要我们探索韩巍式表达中隐含的深层含义。在我看来，这个深层的含义就是“多元范式、多种方法”背后的正面，即“学术思想辩论”。这是教师的核心天职！韩巍教授会赞同我这个观点，他在文章中提到了管理学界的学术思想辩论：“科学主义（等于实证主义）在管理学界的主导地位究竟靠不靠谱的问题。至少管理学界的中文论文里，已经有很多争论。”这里的“争论”就是“辩论”。韩巍教授本人还经常参与管理学界的学术思想辩论。大家都知道韩巍教授是一个“墙里开花墙外香”的人，他的学术主战场不在深圳大学管理学院内，而是经常同站在中国管理学界前沿的人相聚，本着内心的真诚表达他的学术观点，有时还会舌战群儒，甚至舌战来自国外的知名学者。韩巍教授在文章中谈到过自己参与辩论的体会："不过以我多年在校外跟同行争来辩去的体会，已经彻底明白了'科学社会学'的伟大。'最佳、适宜'不是什么'科学/学术'问题，而是信念之别，I do believe，so what，who cares（我确信，又能如何，谁会在意），不会有任何结果。"学术思想辩论不会很快有结果，这是一个人们期盼的可观察的结果。比起这样一个人们期盼的可观察的结果，学术思想辩论是观念对观念，是观念解放的存在方式，是通向思想解放和开放思想的大门。只有穿过这个大门，教师的真学习才会同教师的真生活久别重逢，倍感心悦。

考虑到韩巍教授的"方法应该跟着问题走"，以及语言的高度敏感性和真诚的神圣性，学术思想辩论更应该是好理论研究的正确方式。马卫红教授在管理学院教学研究论文集征文启事中从"后果主义与义务论"的双重伦理高度谈到管理学院的使命和宗旨："放眼未来，我们培养学生的最终结果不是为他们提供一个可靠的答案，而是让他们学会用不同的方式思考问题，获得对问题本质更好的把握。"韩巍教授一方面"基本认同"马卫红教授表达出来的管理学院的使命和宗旨，另一方面用"除了'本质'二字"明确表示不认同马卫红教授不彻底的疑问理性。"除了'本质'二字"的言外之意就是韩巍教授的一种倡议："我们做研究的人，使用语言要多些敏感、审慎。何为'把握'，何为'本质'，众说纷纭吧。"在我看来，这就是学术思想辩论。这个结论是韩巍教授"方法应该跟着问题走"中固有的含义。

韩巍教授做学问特别重视语言问题，这在前文就曾谈论过。这个问题极为重要，在这里还得多谈谈。古代希腊百科全书式的学者亚里士多德特别喜爱修辞学，认为语言与文风和人格有关系。"语言的准确性，是优良风格的基础。"亚里士多德的学术精神是西方经验主义传统的原生元素，这是今天管理学术思想界难以摆脱的幽灵。韩巍教授对语言问题有自己独特的谈论方式，就是放到社会知识生产这个大问题中去谈。而社会知识生产这个大问题又可分散到"社会知识生产的'实践转向'（practice turn）"问题和"社会知识生产的'语言转向'（linguistic turn）"问题中去谈。韩巍教授的这种论证方式包含了一个一分为二的命题和一个合二为一的命题。一分为二的命题比较明显，韩巍教授在社会知识生产问题上既重视"社会知识生产的'实践转向'"，也重视"社会知识生产的'语言转向'"。在谈到"社会知识生产的'实践转向'"时，韩巍教授直接指出："我们还得习惯在永不可及的'实践'面前

‘保持沉默’……”这说明“社会知识生产的‘实践转向’”说到底就是“知无不言”。如果说“社会知识生产的‘实践转向’”易于推论和理解，对“社会知识生产的‘语言转向’”的理解和推论就难多了。在谈到“社会知识生产的‘语言转向’”时，韩巍教授提醒马卫红教授应深究这个转向的学术思想意义：“这自然非同小可，细究下去，不仅管理知识的‘真理性、逼真性’不复存在……要对语言的局限性、‘述行性’（performative）、建构性足够敏感。”在这里，关键有两点：一是如何理解“管理知识的‘真理性、逼真性’不复存在”；二是如何理解“语言的局限性、‘述行性’（performative）、建构性”。

在我看来，管理知识的真理性是指任何管理研究者都不可能以真理自居，更不能垄断真理，也就是说管理研究者必须走出唯一正确的真理观陷阱。管理知识的逼真性意为管理研究者必须充分认识到管理的复杂性，任何一个管理研究者都不可能穷尽管理的复杂性，最多是观察到管理的多样性，这仅仅是迈向或靠近认识复杂性征程中的一小步，当然也可能是学科思想发展中的一大步，这是学术思想复杂平衡中的重要支点。在这个意义上，必要的多样性是认识复杂性的必要条件。这种必要的多样性显然为学术思想辩论埋下了伏笔。

至于语言的局限性，是指任何一个管理研究者在表达具体的指称物时都存在言不达意的情况，特别是个体经验意义上的默示的知识更是语言难以表达的。马卫红教授基于人生经验在回信中做了一个明确的区分，即“可以言说的”和“无法言说的”。这个区分是马卫红教授近年来人生经验的浓缩。一个基本的大事实是语言的内涵是说给知情者的。通常的语言表达，往往只完成了语言功能的一半。正是语言的局限性最终导致音乐、绘画、书法、舞蹈等艺术的产生。人们之所以要听音乐、看绘画、练书法、观舞蹈、赏花鸟，其中的一个意义，就在于我们发现：语言，也有其极大的局限性。个体生命是极其渺小的，在日常生活中常遭人微言轻的际遇，常叹对牛弹琴的无奈，往往知音难觅，倍感困惑、孤独，甚至绝望。这可能不仅是语言的局限，更可谓语言之恶！正是语言之恶表明了辩论是个体生命中固有的元素。

语言的述行性重在表明语言本身就是行为。维特根斯坦明确地说：“言词即行为。”语言是难以摆脱行为而独立存在的，语言总是一种述行语。述行语言是一种“伪叙述”，不是对事物的“描述”“说明”“报告”。先秦思想家李耳在《老子》开篇即云：“道可道，非常道。”汉代经学大师郑玄注《老子》说：“可道之道，可名之名，指事造形，非其常也。”可以说出来的道，只是我们对道的描述，不是道的本体。这就是讲语言的述行性的中国远古版本。任何一个管理研究者的语言总是含有“述行成分”，用来专门表述行为，很难对管理进行描述和说明。正是语言的述行性之“伪”证实了辩论是个体生命之间特别是学者之间“真诚之心”的“公共需要”。说到这一点，这可能是中国大学中最缺失的。

语言的建构性是指语言不是客观实在的反映，而是建构的积极媒介，是社会和个体在话语实践中不断建构出来的。这就是说语言有“言外之意”，也即“说者无心，听者有意”。基于语言的建构性，东晋末期至南宋初期的著名田园诗人陶渊明主张读书“不求甚解”，只求“偶有所得”。自古中国语言学史有一条主线就是“言意之辩”，这可能是语言建构性的最好的思想史诠释。“一个人的宇宙边界就是他使用的语言。”维特根斯坦道出了语言建构性的生命力。

中外思想家的思想相通之处在于语言建构性内含学术思想辩论。语言的局限性、语言的述行性和语言的建构性都表明辩论是语言固有内在元素，是个体生命中的现实存在，是心灵之内与心灵之外的对撞。从这种对撞中，我们可以看到真理不能被垄断，也不可能被垄断。

任何人都不可以用真理代替语言，真理在语言中新生或重生。靠近真理的“理论是灰色的”，靠近语言的“生命之树常青”。真理永远存在于争鸣之中。

换句话说，真理永远离不开语言的流动。说到底，真理是语言中永远流动的血液。

以此类推，任何一个管理学研究者在生命成长的征程中都难以摆脱学术思想辩论。我们可以从韩巍教授的语言的局限性、语言的述行性和语言的建构性得出一个基本结论——学术思想辩论是存在的，这种存在就是“言无不尽”。一旦明白韩巍教授所说的“社会知识生产的‘实践转向’”意在表明“知无不言”，而“社会知识生产的‘语言转向’”意在证明“言无不尽”，社会知识生产问题就转为一个“知无不言，言无不尽”的问题，这正是语言学大悖论。马歇尔·麦克卢汉在这个大问题上的态度值得我们学习。对于真理来说，麦克卢汉警醒我们：“我从来没有把探索的结果当作揭示的真理。我没有固定不变的观点，不死守任何一种理论——既不死守我自己的，也不死守别人的。”对于观点来说，马歇尔·麦克卢汉明示我们：“事实上，如果后来的发展并不能证明我的观点，如果我发现自己的言论并不能有助于对问题的了解，我随时准备抛弃我就任何课题发表过的言论。”在社会知识生产大悖论的后面隐藏着一个存在主义的大问题，即存在与虚无。这是生命个体的日常生活在生死之间经历了恐惧、焦虑、孤独、荒谬等体会后，唤起的对人的存在的深层次思考。在这个意义上，管理学同存在主义结下了难解的友谊，形成了管理学最隐秘的精神世界。

韩巍教授对语言的深刻认识是同他对真诚的信仰分不开的，他的文章中有一句沉甸甸的话：“只有真诚求知，才谈得上求得真知；只要能真诚求知，求得真知或许也就水到渠成了。”“为诚而辩，凭信而论”，“诚”的实现需要“辩”，“论”的根本在于“信”，此乃“辩论”之真义！真诚靠辩论来护理。当然，辩论永远存在偏见，辩论不可能消灭偏见，但可以减少偏见。如同伏尔泰在《哲学辞典》中所言：“偏见是缺乏判断的意见。”只有真诚，偏见才可能被克服，也会被克服。这可以注释为“为知去觉是格物”。韩巍教授的真诚神圣性道出了“为知”，克服自以为是的偏见就是“去觉”，进而学术思想辩论中的一个最基本的准则就显现出来了，就是“真诚”消解“偏见”！这很可能就是西汉思想家戴圣在《礼记·大学》中所说的“格物”，至少其含有辩论的原始意义。“事实上，只要我们足够坦诚、坦荡，就应该拒绝‘神秘化’管理学知识及其生产过程。”韩巍教授隐含的辩论精神深深地触动我的学术总体精神，即“发现基本问题，寻找多种释义，固守不易替代之解释”。这是我多年来一直遵循的学术信仰。

学术思想辩论是做好理论的基本方式。理想的辩论方式最好是深度对话。英国思想家托马斯·卡莱尔在《成衣匠的改制》中曾说：“谈话是抑制和保留思想的艺术。”学术思想辩论是提高学术思想绩效的最好路径，当代中国最有人格魅力和独立思想的经济学家孙冶方就敏锐地看到了这一点——“两个物体相撞会同归于尽，而两个智慧相撞会迸发出天才的火花”。

正确的理论研究方式是辩论是有道理的，至少能自圆其说。学术研究就是没话找话说，有话想说不敢说，有话要说不知怎么说，此话非说不可不吐不快，不仅要说还要自圆其说，不仅自圆其说还要新说，不仅新说还要尽心地听他人说。这是我多年带硕士研究生的一条心灵感悟。说到底，理论研究必定有争论和论战。学术思想辩论是真正的学习的一口深底锅，或者说是一个大熔炉，它最终兼容真正的生活和真正的工作。说到这里，汉代学者戴圣的“博学之”闪现在我的脑海里。“博学之，审问之，慎思之，明辨之，笃行之。有弗学，学之弗能，弗措也。有弗问，问之弗知，弗措也；有弗思，思之弗得，弗措也。有弗辨，辨之弗明，弗措也。有弗行，行之弗笃，弗措也。人一能之，己百之；人十能之，己千之。果能此道矣，虽愚必明，虽柔必强。”

如何培养正确理论研究习惯呢？这就是教师的自我管理问题。自我管理是一个无特例的管理问题。彼得·德鲁克曾明确说过：“如今，大多数人必须学会自我管理，天资平庸者也不例外。”自我管理是人的现代化的核心要义。教师必须学会自我管理，并贯彻到观察、反思和研究之中。2015 年 12 月，我收录在马卫红教授主编的《我们重负的责任——深圳大学管理学院教学研究文集（6）》中的《不确定性之美》的论文，探讨过教师的观察、反思和研究。观察是从事实中磨砺信念，反思是从结果中汲取思想，研究是从研究中归纳观点。这样看来教师的自我管理就成为管理知识生长过程的内在要素。“管理知识的自主生长过程由三个基本环节构成，即从事实中磨砺信念、从结果中汲取思想、从研究中归纳观点。这三个基本环节本身就是教师个体管理知识自主性生成的基本路径。”① 在观察、反思、研究之间，学习是流动的血液。

阅读是学习的一个微习惯。阅读是深度的精神论战，是没有公开的辩论。阅读是生活的总演习，是心灵深处原生的思想市场。这是阅读的终极归宿！前者追远教师的真正生活，后者慎终教师真正的工作！每一次阅读都贯通着过去与未来。阅读与写作之间存在紧密的内在关系。唐朝大诗人杜甫在《奉赠韦左丞丈二十二韵》中说得好：“读书破万卷，下笔如有神。”阅读是心领神会，写作是文以载道。阅读是一饱眼福，写作是从事一种娱乐行业。教师很容易成为一个读过书的人，而很难成为一个读透书的人，特别是成为一个读破书的人。教师读书重在博览群书，重在把书反复地精读，要细读并在细节中寻找无字之字。只有经过读过书、读透书和读破书后，教师才会在写作时运用起来得心应手。北宋文学家、书法家苏轼在《柳氏二外甥求笔迹》中说：“读书万卷始通神。”这句话道出了阅读与字形存在联系，练习书法的人，要多读书，书读通了，字才有神韵。这样看来，只有懂字的神韵，教师才会做出好理论。这恰好验证了生于四川绵阳的江西北宋政治家、文学家欧阳修的观点：“立身以立学为先，立学以读书为本。”阅读还验证了苏联作家高尔

---

① 马卫红. 我们重负的责任：深圳大学管理学院教学研究文集（6）[M]. 广州：暨南大学出版社，2015.

基在《高尔基论青年人》中的基本主张："热爱书吧——这是知识的源泉！只有知识才是有用的，只有它才能够使我们在精神上成为坚强、忠诚和有理智的人，成为能够真正爱人类、尊重人类劳动、衷心地欣赏人类不间断的伟大劳动所产生的美好果实的人。"高尔基画龙点睛地说明了阅读在教师真生活和真工作之间的凝聚力和张力。

马卫红教授和韩巍教授都是高度领会了学习重要性的人。韩巍教授告知我们 PQI 研究者们"看重'理论'修养（多读书）"，让我们知道他曾同贺和平教授谈读书，他还有一个爱读书的关门弟子，他本人爱看前沿文献。韩巍教授是一个书山上的苦行僧，还是一个学海中的畅游人！韩巍教授"通过朝高这个不够积极却也不算荒唐的例子想做个提醒，别再折腾硕士生、本科生发表什么'学术论文'了，不是因为教育部的最新要求，而是他们的'天职'就应该是'读书'、思考，以健康的身心为进入社会做好准备"。"朝高"全名"梁朝高"，是韩巍教授指导的写本科论文的学生。从指导本科论文写作的体悟中，韩巍教授倡导"管理研究者应该多学一点儿科学哲学和更高阶的社会理论"。读书是教师天职生长的原点！书房是教师精神最后的避难所！

说到底，教师在学习时是一个勇敢面对无知的原始人。

五、结语

写到这里，我得感谢韩巍教授和马卫红教授，两位教授的通信让我体悟并明白了"三人行，必有我师"的深刻道理，让我能在国庆节期间在家中过着精神旅游的生活，还明白了什么是康德式的人生。康德一辈子都没有远离过他出生的小城镇，这很有可能是因为那个小城镇的人都是他的精神导师。我之所以感谢韩巍教授和马卫红教授，是因为两人都是我 2021 年国庆节精神成长的导师。

我感谢韩巍教授，从他的信中，我深刻地认识到"诚者神"三字。用韩巍教授的话来说，一个人的"真诚"绝对重要，怎样估价都不过分。但"真诚"隐含"自我神化"，更何况人都有可能自欺欺人的现象，这也是应该高度重视的现象。"做领导、做老师，做研究，尤其做人，最基础的也就是真诚。"韩巍教授这句话令我反思又反思。

特别是，"真诚"与领导之间的内在联系，我不否认，但我认为领导是一个远比真诚更复杂的现实问题。"领导"会直接诉求"权力"，这直接同"以法治权的法治精神”有直接联系，还涉及中国今天能不能建成法治国家。我知道韩国著名学者张铉根写有一本名为《圣王：东方领导人的原型》，这是我很想阅读的书，但我不懂韩语，只能等待译本的出现。教师是君子，还要远远胜过君子，“君子动口不动手”，教师不仅“不动手”，还要“不动心”，这叫“心田”，也就是“思”。无“思”何谈“想”？无思想何以成为“教师”！教师，特别是研究型的教师，应该在知识发现方式上是一个真正的保守主义者。正是这种保守主义为他人的创新留下了无限的空间。这是开放社会之根本！在《朱子语录》里，朱熹告诫学者们：“虚心顺理，学者当守此四字。”

我感谢马卫红教授，从她的回信中，我认识到，神化教师是没有必要的，教师是没有神话的人。用马卫红教授的话来说：“我的意思不是说教师都要是圣人，这不可能！我想表达的是教师首先是个普通人，但又不是普通的普通人。”教授的英译就是“professor”，同“profession”直接相连，这说明教授是天下最具有职业精神的人。因此，教师既不可能成为“道德的化身”，也不可能成为“知识的象征”，更不可能成为“人生的榜样”。教师既不可能拥有“绝对的理性”，也不可能成为“真理的垄断者”，更不可能成为“话语的权力者”。但马卫红教授回信中的一段话让我深思了又深思：“在我看来，不管是教授什么样性质的管理学的课程，都肩负着使学生理解管理、管理实践、管理研究、管理教育、管理者的重任。”这段话隐含了泛理性主义“一条龙”！更何况人都有可能自以为是的现象。在我心中，管理、实战、研究、教育的背后都存在一个专业化的问题，“一条龙”式的理性是普通人难以承受之重。管理确实同理性主义有深深的联系，但管理更多具有知识的色彩！

说到底，韩巍教授就马卫红教授的学术思想对话，让我更加坚信人有自以为是和自欺欺人的致命弱点。

我还得感谢我自己，我是一个精神上的流浪者，还有机会在国庆节成为一个精神上的欣赏者和旁观者，利用集成的自由时间对韩巍教授和马卫红教授的通信进行咬文嚼字式的通读，并尽可能融会贯通式地心领神会，将它们先“磨成面粉”，后在家中学做“蒸包子”，最后写下了这篇“读”后感。教师可能是一名无用者，也可能是一位实验者，最有可能是一个无知者。

教师的天职近似于可用一句话表达，即“知无不言，言无不尽”。“知无不言”是“求知”，“向权力说真话”，至少保持沉默，尽可能做到不自欺欺人；“言无不尽”是“求真”，“向真理说人话”，至少不垄断真理，尽可能做到不自以为是。“知无不言”“言无不尽”之间存在一条永远难以修完的万里长城，在这条弯弯曲曲的万里长城上有三座岗哨，这就是“知无不言，言无不尽”这句话中隐含的“诚”“悟”“语”3个字，这是教师真正意义上的天职。

鲁迅说过一句名言：“沉默是最高的轻蔑，讲真话是最大的勇气。”这就是教师的尊严与自由，折射出来的是知识和权力之间存在的悖论。真正的教师完全有必要超越自由与尊严，沉淀下来的最有可能是“尊敬”和“真诚”。“尊严”有可能要挟“真诚”，易伤“生命”，“自由”有可能放荡“尊敬”，易灭“思想”。

最后再一次感谢韩巍教授和马卫红教授通信提供的“好文本”，说的是您二人的观点，论的是您二人的短长，乐的是您二人的思想，打扫的是我自己的思想小屋，清理的是我自己零星杂乱的思绪，写下了“自己的心里话”。这是一种经学分析，即“我注六经，六经注我”，也是一种文本分析，即“言之无文，行而不远”。经学分析和文本分析结合起来，可以说是自我意义上的“古今经学之争”，这就是我心中的诠释学。在这个意义上，这篇读后感式的文章可算是走了一段心路历程，也可算是一次心灵净化，还可看成是小之又小的看不见的微型思想解放运动。

这篇读后感已接近尾声，该就此结束了。

“诚”为“波”；“思诚”为“粒”；“真诚”似“光”。沿着这束光，可以看见管理学的“源”与“流”，还有可能寻找到管理学的“元典”“原典”“经典”——《真理与真诚》《知识与权力——信息如何影响决策及财富创造》《领导变革》《存在与虚无》《管理实践》《超越绩效——组织健康是最大的竞争优势》《超越自由与尊严》《公共理性》《后果主义与义务论》……

从这些典籍中打捞遗忘的记忆，可写一本“管理学源流考”。

这是一件未来需要做的事！
等待就是爱，
我爱管理学。
但我曾经看不起管理学，
这叫无知。
后来爱上管理学，
这算敬畏。

《时间与自由意志》。

《存在与时间》。

深圳大学校训很好，

中国无双。

自立、自律、自强……

生命之光！

本章源自马卫红主编《我们的天职是求知——深圳大学管理学院教学研究文集（9）》（中国经济出版社，2021年12月）。

后　记

平凡者微笑

我在状元故里长大。

文字是灵魂的舞者。“悟”和“语”是我心中两个最神圣的汉字，它们是我个体生命中的双螺旋结构。“悟”意味着言之有物，物之成理，而“语”是自我批评，贵在自知之明。这是我的自我意识本色中的自然与理性。正如西晋文学家陆机在《文赋·序》中所言：“意不称物，文不逮意。”“悟”和“语”是我心中来自故乡的云。举头望明月，低头思故乡。今日知何日，他乡忆故乡。身寄他乡远，心惊土俗殊。在城望乡。我是人世间最平凡的人。

我的父亲母亲是严父慈母的典范，有“平易”“载物”的风范。提到平易，我总忘不了母亲爱说“优秀的人是吃苦不叫苦的人”，这是我母亲心中的声音，道出“吃苦”解放“吃饭”，远比“吃饭”有更丰富的内涵。“吃苦”不是“吃得苦中苦，方为人上人”的人生设陷，而是寻找陌生自我的生命旅程，我永远做一个平易的人。说到载物，我会浮想起父亲讲过“好好工作就是最大的孝顺”，这是我父亲心中的巨画，呈现“爱·生活·学习”，包含“生活·读书·新知”，但远比“生活·读书·新知”有更广阔的意象诗学。工作是精神的寄居、思想的熔炉、制度的原点、善良的天地，充满爱的光芒，我永远有一颗载物的心。

凝视父亲心中的巨画，丰富我的心灵，放眼四海，神游太虚，与天地而共生，发现知识演化，纵论古今韬略；聆听母亲心中的声音，拓展我的视野，身居斗室，心游四海，览万物而同怀，明辨信息涌动，横务天下经纶。人在宇宙中微微笑，一切都会好起来，这似乎是父母心释并心传给我的《道德经》的写意画。我感恩母亲，让我知道什么是眼，什么是信息流；我感恩父亲，让我明白什么是心，什么是知识。心和知识，眼和信息流就是我知识建筑中的榫卯结构，也是我精神镜像聚合的“十字架”。

待在竹林观蓝天，慢行小道看远方，思索人道寻天道，真诚真理真相遇。“义云：竹得风，其体夭屈如人之笑。未知其审。”笑一笑十年少。心比天高、命比纸薄，依然笑对人生。笑是我父母心传写意画中的永恒主题，也是我探索生命意义的大议题，贯穿在我“游学”“思学”“做学”之中。以2023年9月退休为界，在这之前，我以“思学”为中心，畅通于“游学”和“做学”之间，在这之后，我以“思学”为中心，贯通于“做学”和“游学”之间。内在“思学”中心变化往往影响外在“做学”“游学”之间的顺序变化。

游学

我总是在知识迷宫中搜寻自学的小路。沿着这条曲径，我读中学，上大学，接受研究生教育，任助教，选择工作、家庭学习和结识这本书的两位编辑。游学是时间与自由意志的合一，这可描述为汉语中的“精”字。

我从中学母校旁边的状元桥踏上游学的征程。中学历史老师石万均先生是我选择学文科的坚强后盾，他让我明白文字记载的历史是时空意象中的意识流，历史与思想相通，思想与当代交融。他还让我记住《左传》中“国之大事，在祀与戎”的说辞，这可能是我最终且长期自学管理学的预见。他在生命最后的日子里来电，邀我回成都陪他玩麻将。大年初三，我飞回成都，同石老师好好打了几天麻将。石老师的最后一课让我意识到文明崛起与衰落的命运就隐藏在游戏之中。麻将是通向大海的游戏，隐含领土问题；围棋是回归家的游戏，隐含安全问题；象棋是前往森林的游戏，隐含人口问题。我感激石万均先生，他是我学术生命成长中的“维生素”。

上海是中国的经济中心，也是我读大学的地方。“学问在空间，不在纸上。”这是来自我大学老师们常说的当代历史学家吕思勉的箴言。我在上海勘探过华东师范大学丽娃河的文脉，孙道天教授是那山峰上的学者。孙老师让我意识到意义是传奇和史实之间的细流，认识到厚望与愿望之间的挑战，让我在自己的毕业纪念册上写下一句：“上帝对我总是哭，我对上帝总是笑——

自我素质之抽象。”孙老师后来到我工作的西南师范大学历史系主持研究生论文答辩。听说我有了女朋友，他专程同我到重庆医科大学约见了我未来的妻子二妹，我们一同前往朝天门码头。在候船时，孙老师单独同二妹交谈，等到他起步踏上轮船时，轻声告诉我“这是一个好姑娘”。在某种意义上，孙老师是我和二妹婚礼未到而证婚提前的“证婚人”。我感谢孙道天教授，他是我的启蒙之师。

大学本科毕业，我停留重庆5年。我初为大学助教，过着近似游学的真生活，听老教授讲解世界现代史，批阅学生小论文。我总在西南大学的梅园、青杠山（现改名“秀峰山”）和图书馆之间来来往往。我很感谢王兴运教授，他是我学术生命中的“钙”，因为他让我明白学问是精进的事业。王老师鼓励我从一个古希腊的爱好者转向一个当代世界史的学习者，从中国历史学界的边缘踏进中国政治学界的核心地带，勇敢拒绝晋升讲师职称的眼前诱惑，坚毅地乘坐北上的火车，开启北京大学的游学征程。

北京是中国的政治中心，也是我读研究生的地方。我在首都发掘过北京大学未名湖的语丝，黄宗良教授是那海中央的诗人。黄宗良教授擅长历史理论实践，文以载道，细于观察反思比较，画龙点睛，明于“心”与“事”的变化，字字传神，让我彻底搞明白自觉和自发之间的“无知”的价值意义，选择“高薪养神”的知识增长战略，告别我心中的北京大学，婉拒中国人民大学，向往早该前往的深圳大学。前往深圳大学，对黄教授来说，意味着他对我的言传身教很快就会成为我生命中的学术资产，但他还是赠送给我妻子和女儿一人一匹绚丽的丝绸，算是从心里认同我是他带出来的真正的第一个博士。我诚谢黄宗良教授的宽容，他是我生命中做开放学问的精神之师。

1997年，我获得北京大学法学博士学位后，自愿向深圳大学求职，这是我人生选择中的大决策，出自我有限理性的独立判断，求职的全过程是我生命中独有的游学记忆。我能到深圳大学工作，离不开北京大学赵宝煦教授的信任，他向深圳大学杨中新教授推荐我，体现出真诚的力量，精诚所至，金石为开，这是我人生大决策中充满想象的意象。我能到深圳大学工作，离不开深圳大学杨中新教授的帮助，他向深圳大学校领导们引荐我，这是我人生大决策中的基本事实。我能到深圳大学工作，离不开时任深圳大学的校领导们，他们并没有因我缺席面试而不接纳我，这是我人生大决策中的写作零度事件，因为我不知道是哪位校领导最终选择了我。这极大的可能性就在于他们对真理的向往，这是我人生大决策中展现出来的真实景象，我感谢时任深圳大学的校领导们。由此看来，任何决策都是在寻找“事件”与“事实”之间的“事物”。换句话来说，个体生命选择就是人生大决策，它是一个道德谱系，“真诚”与“真理”总是高高悬挂在这个谱系的两端。进一步来说，人生大决策总是理性与自由之间的社会选择。概而言之，决策就是成己与成物。我感谢赵宝煦教授和杨中新教授。

我之所以特别感激赵宝煦教授，还因为我心中有一个“赵宝煦命题”。1997 年 7 月 10 日 19 时至 23 时，这是我前往深圳大学之前向赵宝煦教授辞行的四小时。在这四个小时里，赵宝煦教授语重心长地给我讲一个主题：什么是真正的教授？他提出一个令我思考终生的大命题：教授就是以一贯的逻辑持续地重构不断丰富的人生。换言之，赵宝煦命题是教授的生命之“光”，具有“波”“粒”二象性。“波”是“一贯的逻辑”，“粒”是“不断丰富的人生”。赵宝煦命题不仅深深触及教授的“专”与“博”，还令人深思教授的“名”和“实”。赵宝煦命题呈现出教授的职业主义精神镜像。中文的教授两字源于“传教授业”的字义，在现当代汉语语境中，多作为英语“professor”的同义语使用。英语“professor”指在现代高等教育机构中执教的资深教师。英语“professor”同“profession”高度关联，融为一体，“profession”多指需要较高学识和专门技能从事有一定社会地位的职业。由此可见，“professor”与“profession”之间是“人”与“物”，“象征”与“符号”的关系。

说到 profession 和 professor，我在这里还得做一番论证。基于构词法来考察，profession 和 professor 之间的联系在于两词的词根相同，即关于“说”的词根——fess。Profession 源自 12 世纪的古法语 profession，直接源自拉丁语 professionem（主格 professio），即“公开声明”。动作名词来自 profiteri 的过去分词词干“公开宣布”。profession 由三部分构成：前缀 pro-（before，前面）、动词词根 fess-（speak，宣布）和名词后缀 -ion，表示人（医生、律师、法官等）“在众人面前宣誓入职”。professor（教授）源自 14 世纪的古法语 professeur，直接源自拉丁语 professor，意思是“自称是某种艺术或科学专家的人；最高级别的教师”。professor 也由三部分构成：pro-（before，前面）、fess-（speak，说）、-or（人），意思是“在众人面前讲话的人”。

从语意演变来说，profession 和 professor 之间的联系在于两个词内部都隐含一个单词，就是 profess。profess 由两部分组成，前面的 pro- 表示 before，

“在……前面”的意思；后面的 fess 是“说”的意思，所以 profess 这个单词的含义是“在很多人面前说”，实际上就是“公开宣布”的意思。在这个基本意义的基础上，单词 profess 的引申意思就是“承认，声称”。profess 作为动词含义更广，比如“声称，自称，宣布信奉，准予加入，教授，做教授”。profess 作为动词含义虽广，但主要用于宗教领域和教育领域。profess 在宗教领域表示“宣布信奉某个宗教，正式准予加入某个教会”；在教育领域表示“教授某门课程，做教授”。

在 profess 后面加上名词后缀 –ion，就组成一个新名词 profession，基本含义就是“在人群面前公开宣布”，进而引申为“加入某个行业公会”，表示“职业、行业、专业”。公元前 1200 年，profession 指“进入宗教团体时所作的誓言”；14 世纪中期，profession 意思是“任何庄严的声明”；15 世纪初开始，profession 指“一个人声称自己擅长的职业，一个职业”；1610 年开始，profession 指“从事某种职业的人群”。1888 年开始，profession 是“卖淫”的委婉说法。profession 作为一种中世纪的文化传统，表明每个比较正式的行业都会有自己的行业公会。新入行者想要加入某个行业，必须向行业公会提出申请，遵守行业公会规则。行业公会审核后，如果同意，就会发布通告，公开宣布新入行者已经进入本行业。因此，profession（公开宣布）一词被引申出“行业、专业、职业”的意思。和 profession 一词相关的就是名词 professor，意指教授。professor 是一个具有拓展意义的名词，它的字面意思就是“公开宣布加入教师行业公会的人”。教授的原本意义就是宣扬宗教信仰的人。15 世纪开始，英国清教徒使教授内在的本来意义得到复兴，意思是“公开宣扬宗教信仰的人”。伊丽莎白时期，这种复兴意义演化为一种行业话术或符号，随后这种说法就变得过时了。professor 作为一种西方中世纪大学文化，表明研究生候选人取得研究生学历时，将举行隆重的仪式，公开宣布自己加入“教师行业公会”，正式获得收徒授课的资格，可以在大学里教书，大学就会宣布正式准予他加入“教师行会”。举行完仪式后，这个研究生就成为教师行会的一分子，变成一位 professor，意即“教授”，本意仍为“公开宣布的人”。简而言之，profession 和 professor 之间的区别主要体现在它们所指的职业领域和社会角色。profession 是一个更广泛的术语，用于描述各种不同的职业领域，而 professor 则特指在学术界从事教学和研究的工作人员。

特别需要从传统社会向知识社会发展意义方面强调指出的是，profession

有从“公开宣布”引申出来的“行业、专业”之意，它可以表示一个人的“职业”，指的不是一般的可以养家糊口的体力性的工作，而是专业性较高的职业性的知识工作。在这个意义上，profession 派生出形容词 professional，意思是“专业性的，职业性的”，赋予知识工作社会革命的意义。这对西方文明体系来说，是一种根深蒂固的价值选择。西方特别习惯把神学、法律和医学这些中世纪的精神现象和知识谱系称为 the professions。随着科学和学习应用向其他部门事务长期扩展，这种特指开始向其他职业领域延伸，最后归宿为专业性的知识工作。profession 意味着在特定知识方面的公开承认，与纯粹的技能相区分；与纯粹研究或调查的实际事务处理相区分；以及将这种知识应用于为他人谋生的职业，与为自己的目的而追求相区分。这是一种严格意义上的知识工作，通常根据法律或惯例要求进行资格的初步考试，并要求获得基于此的许可证或其他官方授权。专业性强的职业 profession 的出现，同专业性不强的职业 occupation 形成鲜明对比，体现为社会的现代性和后现代性。occupation 派生自动词 occupy，意思为“占据、占用，使忙于”，字面意思既有“占用自己的时间和精力的事情，忙碌的事情”，也有“占用他人的时间和精力的事情”。occupation 主要指一般意义上的工作。profession 指的可不是一般意义上的工作，指门槛较高，需要专门技能和正式资格的知识工作。profession 强调具有特定选择意义的工作，同个人的价值观高度关联的有意义的工作。说得简单点，occupation 含有“混日子”的意思，而 profession 有“活出生命的意义”来进行价值追求，认识自己的时间，做出贡献，发现长处，要事第一，独立判断，最终成为卓有成效的管理者的意思。由此可见，profession 和 occupation 相差甚远，折射出传统社会与知识社会的本质差别。与此不同，profession 和 professor 高度关联，意义相通，道出了教育与知识社会转型之间的内在联系和深远的历史意义。

赵宝煦命题意在表明“语言与生命问题”是教授的“问题情境”，“独立精神”与“自由思想”就是教授的“问题感知”。教授应对语言一直怀有恭敬之心。语言不是信息，不是媒介，语言本身就是意义。真正的教授是对语言负有不可推卸责任的社会生态学家。教授是一个对语言有恭敬之心、乐于助人的作家。说到底，教授绝不是一个“见人说人话，见鬼说鬼话”的人。这是一个教授应该在职业生涯中“活出生命的意义”的样子。赵宝煦命题提出教授职业主义内在的“元问题”，即“知识与权力问题”。这个问题有两方面含义：一方面是教授最需要做面向思的事，另一方面是教授不得不面对职业拼图中的围城。做面向思的事决定教授自我管理的卓有成效，职业拼图中的围城影响教授职业成长的人际关系。在围城的内与外，经常会发生“反对教条主义”“反对本本主义”“实事求是”的“攻坚战”和“不唯上”“不唯书”“只唯实”的“游击战”，兼容“真理”“善良”“美德”和“自由”“平等”“正义”，逐步提升精神境界。围城的内与外有一条通用原则，就是宽容比自由更重要，宽容绝对难以被排除在人类历史的美与好之外。人类的故事就是宽容的故事。赵宝煦命题还引申出管理学作为大学科的基础问题，即信息如何影响决策及财富创造。正是在赵宝煦命题的问题导向下，我开始从一个政治学知识的学习者向一个管理学知识学习者的角色转变。

1997 年 7 月 11 日晚上 11 时，我乘飞机来到深圳大学，开始长达 26 年滞留深圳的游学历程。这是我人生中最长的近似游学的历程。我作为一名大学教师，常常在深圳大学粤海门和西丽湖两校区之间来来往往，体验流动的社会。深圳大学是一所光彩夺目的大学，特区大学是本色，“面向未来”，意含思在脑，将“从空想到科学”书面化；窗口大学是底色，“面向世界”，意含能在身，将“从理想到现实”口语化；实验大学是特色，“面向现代化”，意含技在手，将“从理论到实践”数字化。深圳大学的发展折射出大学教育组织发展的深圳城市史意义、社会发展的中国开放史意义和自我发展的世界文明史意义。深圳大学是诗化教育的圣地。最典型的就是学校正门内的时光广场素有“时间钥匙”之美誉，“存在”“时间”“虚无”是这美誉之中内含的元问题。

在深圳大学的校园里，我有幸结识过灵魂深处敬畏无知的大学教授，真诚地感谢苏东斌教授、李景镇教授、胡经之教授、章必功教授、何道宽教授、阮伟教授、相南翔教授、侯莉颖教授、张涛教授、吕元礼教授、李彤教授、韩巍教授、马卫红教授、贺和平教授、张祥云教授、刘子建教授、刘声雨教授、丁南教授、侯富强教授、孔庆平教授、景海峰教授、王立新教授、王兴国教授、赵东明教授、问永宁教授、杨东林教授、左江教授、刘军教授，他们的言行举止给我留下深刻印象。“问题是尚未打开的天书”，这是有学识的无知。《〈天问〉讲稿》是“风赋比兴雅颂”潜移默化的“游思”，这既是“夜行船”的高级隐喻，“学海无涯苦作舟”，也是学问永无止境的大写意，融诗书画印于一体。超高速转镜成像的科学研究工作内在的“基础研究”决定当今其他科学研究工作相应实验的“实时”(复杂性、多样性、重复性、功能性、结构意义)、“记录”(图表化、文字化、符号化、历史化、源头意义)和“成果形态”(方法选择、分析路径、结果、影响、流向意义)。这意味着超高速转镜成像技术打开了太空前沿探索“无知之幕”的“天窗”。真学者的心路是朝向自我的旅程，真学术研究内在的结构呈现为批判、建构及反思，这是学科知识增长的凤凰涅槃。身为一院之长，主动同下属探讨学院使命，细读下属在全院教授委员会上推荐的《精神镜像》，这算得上敬畏无知面前的“真谦卑”。人到中年的女教授，绝不把权力当镜像，主动地告别权力场，带领教师们从事管理学原理基础课程建设，这可真是有无知美德的人。我还特别感谢曾锡环教授、肖俊教授，他俩让我明白真正的学习机会场域在世界上存在的微小状态。深圳大学就是蕴藏“无知美德”之“种子”的“天空牧场”。

唐代女诗人李冶创作的六言诗《八至》，是我读过的最有宇宙意象的诗：“至近至远东西，至深至浅清溪。至高至明日月，至亲至疏夫妻。”“至亲至疏夫妻”道出家庭是游学的极致之地。我很感谢我妻子二妹，她让我永远思考什么是诗，什么是远方。语重心长可能是最基本的选项，脚踏实地可能是这个选项最有效的行动，要事第一可能是这个选项的物理学意义的速度现象，相互成就是渐行渐远途径中留下的路标。二妹成就我研究生学习和教师职业成长，而我成就她研究生训练和医师职业精进。我还感谢我家女儿，女孩是天赐的，她是未来人性的镜子，她让我体会人性中的善良，让我看懂暴力为什么会减少。“绝不应以爱的名义行使暴力。”这句话算得上明言、通言和恒言，可起到喻世、警世和醒世的作用。等待就是爱。

中国经济出版社是一个在读写与编译之间发生“story”(故事)的地方，我在这里开启人生游学的下半场。我有幸偶遇和结缘中国经济出版社两位负责任的编辑——姜静编辑和王西琨编辑。姜静编辑在约稿、合约、构思上给我启发，而王西琨编辑在统稿、审阅、校对中给我灵感。她俩让我意识到用编辑的天性写，用作家的天性读。尽心知性知天，存心养性事天，这就是“history”(经历)。我非常感谢姜静编辑和王西琨编辑，她们是开启我后半生学术生命深度对话的大写的人，也是我后半生学术生命的启蒙之师。“三人行，必有我师焉。”这是儒家圣师孔子在《论语·述而》中说出来的真谛。

本书的出版是我长期而多元的游学的集成。我算是一个知识生产者，有幸遇到的读者算是一个精神消费者。这意味着我们之间建构起一个思想交流的桥梁。这是汉字“读”的固有之意。“读”字是一个会意字，基本意义是照着文字念。其字形左边为“言”(“讠”)，说明“读”与说话有关，右边为“卖”，意思是读书时要张嘴发出声音，就像叫卖一样。我感谢读者，但敬请读者自慎，成为一个有判断力的消费者。让我们共同面对这些问题：本书中研究的问题有意义吗？本书中的问题研究能够分清相关关系和因果关系吗？本书中的问题探寻还有替代性的解释吗？

本书的出版，不仅标志着我人生下半场“游学”即将发生大转折，也呈现出我人生上半场“做学”的大结晶。

做学

我生命中的“做学”，将自由意志专注于“要事第一”，从事实中磨砺信念、从可验证的结果中纠正认知偏差、从调查研究中归纳观点、从证据中发现信息。做学是生命与记忆的合一，这可描述为汉语中的“气”字。

我真正的做学始于博士毕业论文创作之际。我将写好的《市场社会主义思潮演变的四个阶段》投稿给《当代世界与社会主义》编辑部，并在1997年第1期公开发表。这是我在北京大学游学6年的结晶之一，也是我公开发表的第一篇学术论文。这篇论文可以说是开启我做学的第一个精品，引起学术界的高度关注，1997年被《新华文摘》第5期全文转载，1998年入选《社会主义论库》上中下三卷之下卷。2022年是中国国际共产主义运动史学会成立40周年，学会组织专家认真研究和论证，精选出会刊《当代世界与社会主义》发表的92篇优秀成果，以《国际共产主义研究40年》为题，编撰出一套纪念文集。我的这篇论文在时隔25年后被编入该文集，交由人民出版社出版发行。这篇学术论文以理论逻辑为核心维度，兼顾历史逻辑和实践逻辑，揭示出市场社会主义的精神意义。这篇论文采用整体性研究方法，实现我政治学做学的良好开局，但我还得另起炉灶开拓管理学做学，探索我生命中做学的大转折。

在这个大转折中，赵宝煦命题起到了引领作用，让我的做学恪守从事实中磨砺信念。做学过程是重建逻辑和逻辑应用相统一的实践过程。任何逻辑框架都是来自大量观察到的实际情况，并加以理论化的抽象表述，这可能符合也可能不符合逻辑程序，由此产生做学中的逻辑重建。与做学中的逻辑重建不同，由于个人性格、专业领域和工作环境变化，进而影响实际情况的观察视域、存在状态和结果描述，因此出现改进做学中的逻辑应用。重建逻辑是从眼到心，而逻辑应用是从心到眼，做学的实践过程就是眼与心的双向互动。在这个意义上，赵宝煦命题是我游学的生命线。我是一个书生主义者，一个永远的初学者。《市场社会主义思潮演变的四个阶段》和这本《管理心语》就是这条生命线上看得见的“源”与“流”。存在于“源”与“流”之间的是浮想联翩，激励我从事实中磨砺信念，让我的做学深深地打上了“冥想”的印记。

一篇论文和一本论文集之间的语言转向，是“民主”“市场”“文化”同“文明”“权力”“知识”之间的视域转换，是投入与产出之间的知识增长，是人力资本与社会资本之间的精神演化。赵宝煦命题引领我从政治学中的“做学”转向管理学中的“做学”，彻底贯穿从事实中磨砺信念，实现了我职业生涯的大转折。换句话来说，《市场社会主义思潮演变的四个阶段》是“藕”，这本《管理心语》就是“丝”，藕虽断了，但丝却相连，这是我做从事实中磨砺信念的学问中看得见的激情。

深圳大学是深圳唯一的综合性大学，是我做可大可小的有张力的学问的好地方。“深圳大学”四字中的“university”理应探寻“广义大学”的真义。university 源自古拉丁语，形成于法语，由前缀 uni-（一）加词根 vers-（转）及名词后缀 -ity 组成，字面意思就是“转到一起，成为一体”，引申为“团体、社团”，即“知识共同体”。university 定制于英语，同单词 universe 同源，含有“宇宙”“天地万物”之意。综合性大学存在的意义重在“科学”与“人文”共生，强调“宏观与实验”精神。university 丰富于汉语，汉代学者戴圣的《博学之》可能是深圳大学之“university”的汉语之道。“博学之，审问之，慎思之，明辨之，笃行之。有弗学，学之弗能，弗措也。有弗问，问之弗知，弗措也。有弗思，思之弗得，弗措也。有弗辨，辨之弗明，弗措也。有弗行，行之弗笃，弗措也。人一能之，己百之；人十能之，己千之。果能此道矣，虽愚必明，虽柔必强。”深圳大学内在的“university”本身就有广义的“综合”之意，据此，深圳大学称得上是深圳唯一的“university”。这是我心中的深圳大学的“应然”样子。这也是深圳大学存在的“自然法”。

如果说深圳大学是一个巨大的知识空间，那么管理学院就是其中核心的知识场。深圳大学是深圳唯一的综合性大学，而管理学院又是一个以跨学科知识为基础的现代化学院，两者之间的知识意义，不仅仅有组织内部的层级联系，更有个人与社会的血性经史，还有时间与空间的交叉迭代，管理学院的灵性总会透视出深圳大学的灵魂，进而呈现为“时间就是金钱，效率就是生命”之地深圳上空的灵气。现代知识意义上的管理学院理应成为综合性大学存在意义的象征和符号。

我是一个心向深圳大学的迟到者。1986 年 7 月，我在大学毕业后，经过 11 年的探寻，手捧法学博士学位证书时，最终明白深圳不是“文化沙漠”，而是“文明绿洲”。在我心中，深圳大学是智慧创造价值、财富成就自由的“基因·磁场”。迟到带来的时间差，让我对深圳大学作为特区大学的知识空间极为敏感，深圳大学的知识空间储藏着为中国寻找一条“血路”的高质量知识。迟到带来的时间差，让我对管理学院的知识磁场反应敏锐，因为管理学院是扎根深圳企业社会最深的学院。迟到带来的时间差，让我既能从可验证的结果中纠正认知偏差，也能从调查研究中归纳观点。前者是往小做学，后者是往大做学。小做和大做，合称微言大义，将深刻的道理嵌入到精微言语的深处。

我是一个旁观者，潮流外的人，走到人生的边上，走向人生的深处，走进历史的深渊。心存敬畏，无知为美。孔子在《论语·子路》中谈到人的多样性，“不得中行而与之，必也狂狷乎！狂者进取，狷者有所不为也”。我既不是“狂者”，也不是“狷者”，更不及“中道”，而是一个“狷者”远远多于“狂者”，沾了“中道”点边的人。人谓我狂，不知我之实狷。

我之实狷，有益于我坚持从可验证的结果中纠正认知偏差，往小和深处做学。世纪之交，县级人大代表选举成为中国政治学界的热点问题，学术界出现多种声音。2005 年，我在《经济社会体制比较》第 2 期上发表《论 1990 年代以来中国县级人大候选人产生的多样化模式》。我观察到单位行政首长和公民自荐两种理想模式，还发现单位领导、好公民、统战部推荐、民主党派推荐、选民联名推荐五种变异的候选人产生模式，充分考虑到县级人大代表候选人产生模式的“复杂性”和“多样性”，提出一个新的县级人大代表候选人分类系统模式，可动态地分析中国未来基层选举的长远发展。这篇学术论文公开发表后，得到中国政治学学术界的高度重视，被《中国社会科学文摘》2005 年第 4 期标记为“论著精华”，被国家级人文社会科学综合年鉴《中国学术年鉴》（人文社会科学高端综合学术评价体系）2005 年标记为“学科发展状况”五篇重要的政治学论文之一。这是我做的第一篇从可验证的结果中纠正认知偏差的学问的典型学术论文，将做学往小做和往深处做。这种做小做深的学问，是一种试错理性，带有鲜明的优化特征，往往有巨大的潜能。这篇论文是我政治学做学的一小步，也是我管理学做学的一大步。正是这篇学术论文，我深刻地认识到自由的核心价值，领会到民主的基本精神。正是这篇学术论文，将我从政治学领域大大地推向管理学领域，发现营销管理和激励管理之间的内在联系。正是这篇学术论文，让我把结果和思想联系起来，认识到成果管理、经营管理、绩效管理和战略管理之间的相通之处。这样的做学不是单纯地采矿，而是带有探矿的元素。

人谓我狂，有益于我从调查研究中归纳观点。深圳大学是窗口大学，是面向世界的大学，在我心中是值得观察的大天窗，是观察探索大问题的理想之地，是体验扎根研究优化的理想场所。我的调查研究态度，让我看到深圳大学思想的前沿地带。深圳大学是“选择经济”的集成地，“文艺美学”的发源地，“翻译文化终身成就奖”的诞生地，超高速转镜成像领域“皇冠上的珍珠”的光源地，跨界写作作家的成长地。这是我心中的深圳大学的“实然”样子。这也是深圳大学存在的价值意义。深圳大学内在的“university”的确“实至名归”。

深圳大学知识空间内在的知识场具有无限的吸引力，促进默示知识与明晰知识相互转化。说得形象些，深圳大学是绽放创意创新世界的“百果园”。我同苏东斌教授相交源自短距离观察，在写博士论文收集资料的过程中知道苏东斌这个人，他是一位有真知灼见的大学者，而同苏东斌教授相识却是在我来深大第二年参加的一次全球化学术会议上，他的言谈深深地吸引了我。我同胡经之教授相识源自近距离观察，多少带有一点母校情结的无意识，知道他曾在北京大学任教，但我与他在深圳大学工作时同住一个村，他带有的极强反思性和创造性的学术人生更吸引我。我同李景镇教授相知源自长距离观察，知道他是中国光学界的一流大学者，但引我深思的是他做实验的精神，经常看到他做完实验在月光下回家的背影。我同何道宽教授相谈源自长时间的观察，他所译的《文化树》伴随着我从西南师范大学游学北京大学，但25年后我才与他面对面，同他坐在同一张桌子听来自北京大学的俞可平教授题为《帝国及其命运》的讲座。听完讲座后，我在同他前往教工食堂吃饭的路上，真诚地告诉他我是读他的译著而长大的。说出这句时差整整25年的感谢，已是我临近退休之时。我和相南翔教授曾同住在南山粤海门校区海志楼同一门栋，但相谈实在太少，彼此见面会打招呼，真没有深交，但我知道他是知名的跨界作家，也知道他著名的三个“打通”，即自己的经历跟父兄辈经历打通，虚构和非虚构打通，现实和历史打通，还知道他受日本作家盐野米松《留住手艺》的启发，写出了《手上春秋——中国手艺人》。这本书在我心中就是研究地方知识和个人知识的杰作。

在深圳大学的百果园中，我看到一个世界性的知识现象。知识是一个大史实，一个大传奇，但却没有引起中国知识界的高度注意。正是在这个百果园中，我注意到“知识共同体”“知识经济”“知识社会”等宏观的大问题，而中国学术界很少从思想上提炼出这些问题的理论意义。2020 年，我受《探索与争鸣》编辑部邀请，参与“构建中国知识体系：新时代的理论自觉”圆桌专栏，发表《知识体系的立体结构》的“封面文章”。这篇文章论证知识是意识、胆识、学识、常识、智识之间的乘积，提出知识是私有财产与公共资源的悖论。这是我所写的管理学学术论文中最洒脱的理论文章，也是一篇在知识管理领域中有创见的理论论文，已受到管理培训领域部分职业人士的重视。这篇论文集中体现我做从调查研究中归纳观点的学问。同从可验证的结果中纠正认知偏差相比，从调查研究中归纳观点明显带有地质勘探的风格，这种做学往往具有集大成的特征，是典型的综合性研究。

在做好有张力的做学基础上，我喜欢尝试做自由开放的学问。我首先将深圳大学校训内化为自己做自由开放式学问的基本标准。“自立”“自律”“自强”的校训刻在深圳大学一整面墙上，其中的“自”字是一个有过修补痕迹的错字，三词在当时的《现代汉语词典》（第 2 版）中只有一个半词——“自立”算一个词，没有“自强”但有“自强不息”，“自强”只能算半个，“自律”一词完全无记载。深圳大学校训填补了《现代汉语词典》（第 2 版）的“大空白”。特别有意义的是深圳大学校训呈现在整面墙上，还镶嵌一枚“脚踏实地”的印章，彰显个人之存在，生命之意义，大有固本培元、反本开新之气象，表明自我管理处于管理世界的中心。在 26 年的职业生涯中，我做着文章千古事的活，做看得见的爱的工作，努力不让自己的学术研究成为草率写作和散漫思维的牺牲品。学术乃天下之公器。“做学问，不是数篇数，而是孕育代表作”，这是“文本的秘密”。文本是天下之公器中的“诺亚方舟”，文本游动会形成文丛、丛书、论库、图书馆；文本远航会留下经典、原典、元典、大师堂（精神源）。好学问是好写作和好思维的融合体。好写作，好在一场龟兔赛跑“马拉松”；好思维，好在心有灵犀一点通。“文章本天成，妙手偶得之。”“文章本天成”重在发现，发现问题，形成概念，理性冒险，精神解放；“妙手偶得之”重在发明，解决问题，转化技术，开放思维，杜绝技术垄断，避免文化向技术投降。深圳大学好在不宽阔的文山湖周围总容得下有玛吉·伯格和芭芭拉·西伯笔下的“慢教授”的自由散步。深圳大学的校训警示我绝不做“好好先生”，而是成为独行者。我能熬到一个人散步，一个人游泳，一个人看书，一个人做学。

从调查研究中归纳观点是离不开远见的。“高薪养神”是我做学的知识增长战略。我做学主要做纯粹理论性的基础研究。2005 年，我受聘深圳大学教授，学校要求提交自我简介，我在简介中将自己心中的“做学”理念概括为“发现基本问题，寻找多种释义，固守不易替代之解释”。

做基础理论研究，要求我善于“自用其才”，勇于孤军奋战，建立自己独有的证据数据库。屠呦呦在这方面是一个标杆。她特意收集大量中医古方，编辑成《疟疾单秘验方集》，注意到东晋葛洪《肘后备急方》中对青蒿截疟的记载——“青蒿一握，以水二升渍，绞取汁，尽服之”。一个“绞”字给了屠呦呦惊异的灵感，让她意识到药物的温度是关键，在此基础上厚积薄发，终于做出了得到诺贝尔奖基金会认可的人类大贡献。证据数据库说得直白些就是自家的书房。我没有抽烟喝酒的恶习，也绝不攀比，深知财富运行的四字法则，即“赚、攒、投、捐”。基于给予法则，我以奉献者精神赚钱，为思考中的未来要做的重要事攒钱，转而投入书市购买与心中问题相关的书籍，最终以书的形式将自己的知识增长捐献给社会。一位对我影响较深的长辈在 2008 年 8 月来到我家，看到我家到处都是书，给我写过一首题为《仪明题赠龙芳》的小诗：“书似秦砖磊上墙，卷如汉瓦盖上梁。此乃杨氏藏书屋，乐在其中写华章。”这首诗总是激励我将“玩”的元素注入做学中，让自己的做学充满“天趣”，其乐无穷。

出于“高薪养神”的知识增长战略，我肩上的大背包是我做学的生命行囊。我所带的研究生以及与我交流较多的老师都知道行囊里时刻有两件东西，一件是用信封存放的上万元的人民币，另一件是同心中装有的疑问相关的书籍。这两件物件同等重要，对于我“高薪养神”的知识增长战略来说，既是最优匹配，也是最佳实践。人民币是我心中“神圣的物语”，不同书籍是我知识成长的“进步的天梯”。人民币映射我心为中国人的公民之志，不同书籍折射我身为宇宙个体的智慧增长。先秦思想家墨子谈到修身："志不强者智不达，言不信者行不果。"我从做学的失败中吸取教训，以史为鉴，开创未来，埋头苦干，勇毅前行，不断增强自由意志，提升做学本领。我背着生命的行囊，随时随地开启书生主义苦行僧的必要修行。我信奉保守主义，恪守后果主义与义务论，向往至真至诚，守望人类多样性中尚存的一丝希望，极为珍惜宽容和自由，坚信宽容远远重于自由，最终成就创新。

"抱读为养"是我"做学"的"微习惯"。据耶鲁大学的一项研究，读书是性价比最高的养生方式。"抱读为养"是我理性的个人选择，建立起我生命中的边界感和分寸感。边界感在于远离来自身边的纷扰，分寸感在于在冷观与静观之间游动地看世界。"抱读为养"悬挂在我家入户花园的墙上，昭示我所要的"做学"是"微习惯"发出的光。我作为学者的命运最终取决于自己养成的微习惯。人力资源管理系曾组织教师到湖南莽山游玩，困于突发的山洪，众老师在宾馆娱乐三天，我却静静地读完《最后的完美世界》。我经常告诉学生，汉字是今天人类残存的最古老的证据数据库。我会在所读书上细心批阅，用不同符号标出重要程度，并注释阅读时的心得体会和惊人发现。我的做学，不仅呈现出追寻永恒的终极之问，而且着眼于发现幸福的终极之问。这就将"立功"和"立德"统一于"立言"的做学之中。我会在做学过程中遇到新发现时不由自主地露出笑容。这是独属于我的终极幸福。

我从证据中发现信息，主要集中探讨元问题的研究史。比如人类平等的基础是什么，我心中的回答可能凝结成几个词，这就是"上帝""法律""机会""无知"，而这几个词就有可能延伸出一篇平等思想史。再如，我可从一句诗中发现元问题。2020年，我在《探索与争鸣》发表的《知识体系的立体结构》一文，就是将北宋诗人苏轼《和董传留别》中"腹有诗书气自华"转化为一个元问题。这实际是在做从证据中发现信息的学问。这种做学深深地烙上了知识考古学的印记。也可以说这样的做学是一种自由设计，无风格即自由，思维灵活多变，创意惊叹合意，智慧触动心灵，填满繁星间的空隙。

我的做学，其间夹杂着冥想、采矿、勘探和自由设计（考古）。这样的做学让我成为积极奉献的生命，让我成为善于接纳恩赐的生命，必定让我拥有含有感激自己元素的生命。

思学

“思学”总是在“游学”与“做学”之间融动。“思学”是一个跨越知识边界的大问题，也是实践社区的核心问题。我的知识边界与跨界机制有二：管理学原著导读全校公选课和我在人力资源管理系与公共管理系双重教师角色。两者的综合作用最终影响我形成独有的知识网络。思学是思想与运动的合一，这可描述为汉语中的“神”字。

深圳大学的教师工作由三部分构成，即教学、科研和公共服务。以三大领域中任何一个大领域为核心，深圳大学的教师至少可以分为六种类型。我是一个以教学工作为核心，而科研与公共服务顺序高度不确定的教师，也是一个工作自由度比较高的教师。我之所以高度重视教学工作的核心地位，主要出于自己对教学、科研和公共服务边界的独立判断。在我看来，教学是决策领域，科研是信息传递领域，而公共服务是人际关系领域。2016 年 4 月 15 日，管理学院举办“管理教坛风云”第五期研讨沙龙，我发表题为《教学是科研生命长河中流动的血液》的演讲，认为教师是一个完整的人，但并非是一个完美的人。教师应在“立德、立功、立言”之间发现自己的比较优势，对工作进行必要的整合，做到言为心声。我提出教学是语言的会演，课堂是学术创新的突破口之一。我还强调好的教科书就像一幅知识地图，能够显示知识谱系和研究的空白点。

教学是教与学的统一体，而想象是其核心要素。教学不是一个单纯的知识传递的过程，而是一个想象与知识的共生过程。想象与知识之间存在共同的起源，而这个起源就是我所说的“思学”。在爱因斯坦看来，想象比知识更重要。这意味着“思学”更靠近想象而不是知识。

“思学”就是富于想象的“教学”，“教学”就是整合性“思学”的成长机制。换言之，“思学”是“教学”的最小单位，“教学”是“思学”的成长边界。

教学是备课、讲课、品课的有机体。思学是这个有机体的细胞。“教学”能将科研和公共服务功能发挥到最大限度，让“思学”在“游学”与“做学”之间进行最有效的融动。教学过程中的“备课”会推动“做学”中从证据产生信息，而“品课”会最大限度地拉动“游学”，特别是教师的自我反思。“讲课”本身就是“思学”，塑造教师和学生之间的横向沟通，内生“言传”与“意会”之间的双向交流。“讲课”是古董市场，老师专注于“卖弄”，而学生专注于“弄懂”。说得更形象些，在讲课的场域中，教师还得像王婆，多少要有点自夸，学生更要像食客，多少要讲点口味。在这个意义上，最好的“讲课”就是“思学”的“思想盛宴”。基于知识与想象共生理念意义的大学，是我心中最广义的大学。大学就是想象的避难所，自由思想的港湾，常识的圣地，基础理论研究的重镇和知识资源的总部。基于知识与想象共生的学问，“学问竞争在边缘”，这是我作为一个书生专业主义者得到的“思学”启示。

深圳大学有一个很好的教学机制，就是教师可以设置全校公选课，章必功校长特别重视该制度的长远建设。但很少有老师认识到这也是一个很好的知识边界与跨界机制。好制度往往得不到广泛认同，这的确是一个令人深思的大问题。我想这多少与思想市场观念贫乏有关。在我心中，全校公选课是一个开放的大众思想市场，任课教师是生产者，公选课学生是消费者。任何一门公选课的开设都是在建构思想市场。

我从 2008 年开始积极地投入开设名为管理学原著导读的全校公选课中，直到 2023 年 9 月退休，时间长达 16 年，讲解著作 44 本。这是我在深圳大学教学工作中最亮丽的风景线。

同其他公选课的思想市场相比，管理学原著导读全校公选课的思想市场有两点不同：一是管理学原著导读全校公选课是一个高端的精加工的思想市场。我在阅读经典的过程中，同管理学名家深度对话。管理学名家是生产者，而我是消费者，这是一个高端的思想市场。二是管理学原著导读全校公选课是一个学生自由选择的带有知识普及意味的大众思想市场。我在讲解经典课的过程中，既要保留消费者的角色，也要充当带有生产意味的讲解者，而全校公选课的学生们是最终消费者。他们当中有文科的学生，也有理工科的学生，还有正准备或正式尝试创业的学生。有时还会遇到毕业多年的学生，在一天繁忙工作之后，专程来到我讲管理学原著导读的课堂，耐心地听我两个小时的讲解，并在走出校门的途中分享我们独有的人生新体验。李军涛同学从深圳大学硕士研究生毕业后，任职深圳报业集团宝安日报社记者，在从事企业报道和政务报道的同时，坚持返校听我开设的管理学原著导读全校公选课长达 13 年，直到新冠疫情封校。李军涛同学在深谈中告知我，他记录听课笔记多达 37 本。李军涛同学获得国家级、广东省、深圳市各类新闻奖多达 18 项，还出版一本《企业家精神之光：深圳市光明区留创园 10 年 50 位创业者的故事》。这本书真是十年磨一剑啊！管理学原著导读全校公选课就是一个大众思想市场。一门管理学原著导读课程就是“经典名家”“我”“公选课学生”之间的复合思想市场。在这个复合性思想市场中，高端性要求我在课堂中扮演着“阐释者”的角色，而大众性要求我在课中扮演“立法者”的角色。说到“立法者”与“阐释者”，齐格蒙特·鲍曼的《立法者与阐释者》浮现在我眼前，这是一本论述现代性、后现代性与知识分子的经典著作，“赵宝煦命题”也在我心里为之一动，管理学作为大学科的基础问题就是信息如何影响决策及财富创造，而这个问题就是知识与权力问题。管理学原著导读全校公选课的复合市场让我在课堂教学中保持双重清醒：一方面是我扮演“立法者”角色给学生讲解经典原著时不能自以为是，将自己的理解等同于权力，为“相对真理的存在”争取宽容的余地，否则就是为教条主义之恶，成为唯上的奴才；另一方面是我扮演“阐释者”角色阅读经典时不能自欺欺人，不能将自己的心得等于知识，为“有学识的无知”保留生长空间，否则就是为本本主义之恶，成为唯书的魔鬼。一旦成为唯上的奴才和唯书的魔鬼，实事求是就不再是思想路线，只唯实就不再是物与理之间的想象。管理学原著导读让我成为杜鹃山上的探险者，为深圳大学丈量大地，也让我成为文山湖边的慢行者，为深圳大学许下愿景。

在管理学原著导读课堂上，我陪伴选我全校公选课的学生们，学生们也相伴我的教学人生。我在精神成长的大道上同彼得·德鲁克、亨利·明茨伯格、弗雷德蒙德·马利克、詹姆斯·马奇、迈克尔·波特、阿马蒂亚·森、阿肖克·贾夏帕拉、弗兰克·费希尔、威廉·N. 邓恩、尤金·巴达克、杰伊·沙夫里茨、德博拉·斯通、查尔斯·F. 曼斯基等大师同行，拥抱经典，心领神会，咬文嚼字。思想是引爆的语言，文化是沉默的语言。通过我对管理学名家经典的讲解，我和全校公选课的学生们在文化与思想之间交流，走出永远在线的孤独。我们戒骄戒躁，拒绝盲目，远离从众陷阱，坚持自己的判断，择善而固之。我们一道走进语言、心智和管理，迈入心灵、自我与社会。我感谢选择管理学原著导读全校公选课的学生们，他们让我感受到青年人脸上露出敏感敏锐笑容的温暖。

管理学原著导读全校公选课思想市场的高端性，让我走进整合思维的世界，有助于我的“思学”在“经典批判”基础上孕育“总体批判”，催生“整体思维”和“框架思维”。管理学原著导读全校公选课思想市场的高端性还让我的思学带有“经学”色彩。“六经注我，我注六经。”换言之，我的“思学”带有鲜明的“诠释学”意味。管理学原著导读全校公选课思想市场的高端性，还让我的“做学”带有鲜明的辩论色彩，严格遵循我自己的言说之道：没话找话说，有话要说不知道怎么说，有话想说不敢说，此话非说不可不吐不快，不仅要说还要自圆其说，不仅自圆其说还要新说，不仅新说还要听他人说。这是一种论战式做学，也是一种更开放的游学。

管理学原著导读全校公选课思想市场的大众性，让我有机会最大限度地结识深圳大学不同学院的学生，既有助于我的“思学”在“校园文化”基础上形成“亚文化”，也有益于学生形成“独立人格”和“思维视角”。管理学原著导读全校公选课思想市场的高端性和大众性的结合，让我走出“太雅太俗”，迈进“大雅大俗”，成为一个真正的奉献者。

我一生以宽容之心善待学生，特别是选我开设的全校公选课的同学们，恰好是他们的个人选择集成深圳大学课程的公共选择，最后为我在职业生命中最精彩的教学烙上公共服务的色彩。我很感谢遇到本性求真求知的年青读书人，他让我明白“为外部环境服务”的真谛，这远比“教书育人”更有外在的宇宙意义和社会生态文明的法治精神。我是目前为止深圳大学开设全校公选课最多且时间最长的教授。根据我对深圳大学学子的广泛观察，可将深圳大学学子的群体肖像描绘出来。深圳大学学子的“繁荣意识”（prosperity consciousness）是吸引地球人眼球的大观念。深圳大学学子以自我管理见长，是深圳繁荣的基石之一。深圳大学学子以合作竞争著称，是深圳组织成长的中坚力量之一。深圳大学的学子扎根在各行各业的间隙之中，是深圳企业家群体中耀眼的“新星”。深圳大学学子奉行的“自立·自律·自强”，是深圳精神不可缺少的精神元素。深圳大学学子励志自我实现，是领会大学真正意义的精神者。深圳大学学子永恒存在于深圳城市的时间空间意象之中，是一群仰望星空的大写的人。这是我心中的深圳大学的“能然”样子。这也是深圳大学存在的根本目的。

对深圳大学全校公选课制度的高度认同激励我尽最大的努力为深圳大学学子们服务，让自己的教学工作打上公共服务的烙印。我将自己在大学毕业纪念册上的话改为“我对上帝总是笑，上帝也会对我笑”，这里的上帝就是选我全校公选课的学生们。

管理学原著导读课让我观察到管理学经典史上一个没有引起人们高度重视的管理思想发展的巅峰现象：最优秀的管理学家往往是先成为政治学家后演化为管理学家。1874 年，弗雷德里克·温斯洛·泰勒考入哈佛大学法律系学习，后因眼疾辍学。1878 年，泰勒进入费城米德维尔钢铁公司工作，进行著名的“金属切削试验”，从此与管理结缘，并终身为之奋斗。这是“科学管理之父”的神奇之处。玛丽·帕克·芙丽特以一种极度的创造性的狂热进行工作。1918 年，她的名著《新国家》出版后，引起了巨大反响，建立了芙丽特的政治思想家声望。1924 年，她出版了企业哲学的代表作《创造性的经验》，开辟了管理思想的新领域，成为管理学界不断开发的富矿，因此而彪炳史册。她是“管理理论之母”，是被德鲁克称为“管理学的先知”的传奇。马克斯·韦伯是享有社会学家、历史学家、政治学家、经济学家、哲学家称号的德国大学者。1891 年，韦伯出版一本名为《罗马的农业历史和其对公共法及私法的重要性》的书，以思考公共问题见长，完成了他的教授资格测验，正式成为大学教授。1904 年，韦伯在自己创办的名为《社会学和社会福利档案》的期刊上发表了一系列名为《新教伦理与资本主义精神》的论文，这为他后来的文化和宗教研究奠基，也是他毕生最知名的著作。《新教伦理与资本主义精神》既超越了亚当·斯密的《国富论》，也启发了彼得·德鲁克的《创新与企业家精神》，影响人类学术思想史远远超过两百年，带动全球学术视野从“政治与经济”转向“经济与社会”。这就是“组织理论之父”的影响力。

“人工智能之父”赫伯特·亚历山大·西蒙，百度百科用“管理学家”统而概之，特别指出“以管理学家而获得诺贝尔经济学奖的，至今只有一人”。很多学者知道他是图灵奖和诺贝尔经济学奖的获得者，很多学术组织者更知道他是美国国家科学院院士和中国科学院外籍院士，遗憾的是学术界却很少知道西蒙在政治学与管理学之间的互动别具一格。他的研究以其跨学科性质而著称，跨越了认知科学、计算机科学、公共管理、管理和政治科学等领域 。政治学学习是西蒙跨学科成长的原生学习场。1933 年，西蒙进入芝加哥大学政治系，并获得政治学学士学位。1943 年，西蒙获得芝加哥大学政治学博士学位，而这是他所获九个博士学位中的第一个博士学位，为后来的科学博士学位、法学博士学位、哲学博士学位和经济学博士学位奠定了基础。西蒙在政治学的学习过程中发现了“元问题”。他在攻读学士学位期间发现行政管理人员如何进行决策的问题，政治学博士论文将“测量市政活动”定为研究主题，重在探讨“评估行政管理建议标准”议题，最后转向解决“企业决策难题”，最终演化出“组织决策论”。西蒙终于在 1947 年写出经典著作《管理行为》，为经济学打开了新的天窗。政治学还是西蒙的主要职场。1942—1949 年，西蒙是一名政治学教授。1949 年后西蒙成为卡内基理工学院（卡内基梅隆大学的前身）的行政学教授。1962 年西蒙任卡内基理工学院行政和心理学系教授。瑞典皇家科学院在总结西蒙成就时太强调他的经济学贡献：“就经济学最广泛的意义上来说，西蒙首先是一名经济学家，他的名字主要是与经济组织中的结构和决策这一相当新的经济研究领域联系在一起的。”如果他的经济学成就是“流长”，那么还是有必要进行追问“源远”。追问“源远”就会追到他在决策领域的发现，而决策领域是西蒙在政治领地中发现的“大空白”，西蒙的诺贝尔经济学奖就是在这个大空白之地上长出来的知识树。说到底，西蒙的政治学成就了管理学。

彼得·德鲁克在寻找自己的角色时并不是追求成为百度百科所说的“现代管理学之父”，而是强调管理问题是自己关注的重要问题，自己所做的研究是社会生态学，承认自己是一名社会生态学家。1939 年德鲁克相继出版了《经济人的末日：论极权主义的根源》《工业人的未来》《新社会》三部政治学著作，1954 年出版的《管理实践》是现代管理学形成的标志性之作，将管理学开创成为一门学科，奠定自己管理大师的地位。德鲁克从政治学到管理学的转向集中体现在 1943 年的《公司概念》之争论中。1943 年德鲁克加入美国籍，在贝宁顿学院任哲学教授和政治学教授，并受当时世界最大企业通用汽车公司委托，对公司的内部管理结构进行研究，最终独自写出《公司概念》。德鲁克在书中首次提出“组织”的概念，“讲述拥有不同技能和知识的人在一个大型组织里怎样分工合作”，实现了他职业成长中从政治学研究者到管理学开创者的转型。

泰勒、芙丽特、韦伯、西蒙和德鲁克职业发展和学术人生成长都表明绵延在管理学思想发展山脉中的多座山峰之上的是政治学和管理学，两者交相辉映，闪闪发光。可以说政治学是通向管理学的“正门”。管理思想发展中的多次巅峰现象激发我这个受过良好政治学训练的人不恋过去、不惧未来，进而暗示我所学的政治学知识有助于向管理学知识转型，最终开启自己独特的写作思考。深圳大学管理学原著导读全校公选课的开设，是我思学的主战场，让我自由地行走在政治学和管理学之间。两者高频率融动，几乎处于共振之中。我来到深圳大学，在电脑上打出过 88 万字的思考。本书就是思考运动过程的结晶之一，让我看到在政治学与管理学之间发现“游学”“做学”中央的山峰——“思学”。

如果说深圳大学的全校公选课制度是任何一名深圳大学教师都拥有的平

等权利，那么我在管理学院所在系的定编变化却不是每位老师都得到过的幸运。我是管理学院的幸运儿，我感谢管理学院。深圳大学管理学院是一个包含公共管理在内的管理学科设置最全的学院，这在中国高等院校中实属不多见的现象。管理学院的大学科设置是我“思学”成长中又一个重要的知识边界与跨界机制。我转向管理学起步虽然较晚，但是起点较高，这意味着我是一个很有学习潜力的初学者。我把这个起点转化为管理学知识成长的支点，根据杠杆原理：“给我一个支点，我就能撬起整个地球！”

教学是我科研生命中流动的血液，我特别感谢管理学院的人力资源管理系和公共管理系，因为我先是定编在公共管理系，直到 2003 年，选择转入新成立的人力资源管理系中，最后定编为人力资源管理系教师。我在公共管理系工作有 5 年之久，对公共管理系一直是“余情未了”，而在人力资源管理系工作长达 21 年，对人力资源管理系一直是“深情款款”。两个系同属于管理学院，让我的“思学”在一个离场却不缺场的观察之地成长。我“惜别”公共管理系，但一直在公共管理系从事学术型研究生教学和 MPA 研究生教学，主讲公共政策分析；我“贴心”人力资源管理系，主要在人力资源管理系从事本科教学，先后主讲过薪酬管理、人力资源经济学和知识管理，还给 MBA 学生开设语言心智管理课程。恰好是来自“惜别”和“贴心”深处的双重音符，我在“思学”中弹出“吃苦不叫苦”和拒绝当“人上人”的交响乐章。恰好是来自“惜别”和“贴心”，让我对现代诗人卞之琳于 1935 年创作的哲理诗《断章》中的问题旨趣有新的感受。诗人的诗呈现出世间人物、事物的息息相关，相互依存，相互作用。“你站在桥上看风景，看风景人在楼上看你。明月装饰了你的窗子，你装饰了别人的梦。”恰好是缘自“惜别”和“贴心”，我身心内在地合一，将我带进相对主义的世界，回到那个我命名为“新晴阁”的阁楼书房中，成了一个彻底的书生主义者，读书人成为我生命意识深处的社会角色。在人力资源管理系和公共管理系之间，我成为管理学院中一名卞之琳所描绘的“在楼上看你”的“看风景人”。相对于深圳大学全校公选课“复合的思想市场”来说，这是我的思学中的“一个立体的思想市场网络”，呈现为离散的、无中心的多元的网状立体结构。

说到“贴心”，我每年都会同人力资源管理系的老师们相聚在一张圆桌旁，品味来自“自然”的“美学”，畅饮走向“理性”的“史学”，“跨越边界”，欢谈知识、学科和学科互涉，感触 21 世纪的科学与人文，远眺“知识大融通”的天穹边际。我生命中的大幸运就是同人力资源管理系的老师们走在一条理性冒险的小道上，这就是《周易·益卦·象传》中所说的“凡益之道，与时偕行”。我走到了人力资源管理的前沿，领略了以想象为重点的教学境界。2016年5月24日下午，深圳大学管理学院举办第8期HRM新知论坛，邀请我做以“人力资源管理的荒原想象：数字、迷信、知识”为主题的演讲。我提出新的人力资源管理理论框架，即数字、迷信和知识。数字是隐形的纲领，存在于一个高度具象的世界；迷信是权力自负理性的神话，存在于一个有形的机械世界；知识是一个基于疑问理性的责任约束，存在于一个具有高度不确定性的有机世界。我熟知宋朝大诗人陆游在故乡青山驿壁上挥笔题书《太息·宿青山铺作》，但我更喜欢他写给他儿子带有遗嘱性的传授写诗经验的《剑南诗稿》。他写有一句“功夫在诗外”，这句话在我心中是陆游的绝唱，让我探索开放的自我，以敬畏无知之心，勇于承担推动知识增长的责任，触碰人力资源管理的边缘地带，走出人力资源管理静态的板块知识局限，探寻动态的人力资源管理知识。人力资源管理绝不仅是企业经营管理的一部分，更不是可有可无的组织职能。重视人力资源管理的公司首脑，往往把人力资源管理看成是权力，还美其名曰集人财物三权于一身。不重视人力资源管理的公司首脑，常常把人力资源管理工作者当成公司门面的装饰品或给老总擦皮靴的人。但实际上人力资源管理是管理学的基础学科之一，是离人文最近的管理学基础学科，人本管理的正在兴起可以证明这一基本结论，但我们更应该记住人力资源管理中的薪酬管理是社会繁荣基石之一的诚实货币的关键元素。

谈到“惜别”，我会细观公共管理系领地中的土壤变化，远观政治学领地里开放的鲜花，细辨领地中的“墙里”“墙外”，感知可能融通我“思学”成长的灵魂。我的“思学”是多元的，“墙里开花墙外香”“外来和尚好念经”“蔷薇斜开香自来”“兰草自然香，生于大道旁”。在这种多元的思学方式中，我深知思学是我内心深度的具身认知，具有较强的集成性。人们嘴上虽说“远亲不如近邻”，但在知识交流中总是掉入“舍近求远”和“崇洋媚外”的陷阱。这可能是没有认识到思学中“想象”的基础地位，没有理解信息无知的重要性，更没有意识到具身认知的存在。有想象的知识，可能推动信息流动；无想象的知识，绝对导致信息栓塞。我习惯从身边思学，从可验证的结果中纠正认知偏差，将做学推向新的高度。2005年，我在《经济社会体制比较》

第 2 期上发表《论 1990 年代以来中国县级人大候选人产生的多样化模式》是其明证。只有深刻理解思学中具身认知的基础功能，个体生命的成长史才能成为社会思想的集成史。如果一个人走出“一日为师，终身为父”“学高为师，德高为范”“天地君亲师”，那么他就会迈进“三人行，必有吾师”“圣人无常师”“但开风气不为师”。一出一进，人类的无知美德会昭示出来，升华为社会的精神镜像，成为可供人们自由选择的知识地图。

我同公共管理系的教师们会坐在管理学院办公室的长方桌前，从“法学”中发现“政治学”生长的原点，固本培元；从“经济学”中寻找“公共管理学”成长的动力，反本开新。我永远铭记我曾在公共管理系的全体教师会上提出年轻教师应高度重视知识转向的积极主张，开拓带有综合性的整合性学术研究之路。本书就是我履行自己所倡导的知识转向承诺的文字记录，讲述的是自己知识转型心路历程的故事。我永远走在寻找知识转向的曲径通幽的小道上。

恰好是这种“惜别”和“贴心”，我在政治学和管理学的融动基础上，深深地触及经济学和法学、史学和美学等学科之间的多重互动，成为一个话语相对独立的人，能说出一些带有思想性的话。学生们记下我在课堂说的这些话，甚至变成他们行动的座右铭。有一段时间，网络上还流传着他们记载的《杨龙芳语录》。这些独立的语言，被学生们移植到深圳大学亚文化的深处，进而推动我最终形成自己独有的知识话语和知识网络。这就使我的思学烙上礼俗互动的迹象。

管理学原著导读全校公选课让我将父亲心中的巨画转化为自己对深圳大学学生们看得见的爱，我进而从这种爱中认识到“公民权利与义务”的真谛，笃信后果主义与义务论相统一。管理学院的大学科设置让我将母亲心中的声音潜移默化为自己生命意识中的“合作与竞争”。“吃苦”可能解放“吃饭”。我将在人力资源系开新课的艰辛转化成有力的合作，将在公共管理系所开老课新讲的难度转变成有效的竞争，告别非暴力不合作，走出知识和权力双重崇拜的暴力陷阱。清代诗人郑燮的《题画兰》是我思学中的自我激励机制的最好写照：“兰草已成行，山中意味长。坚贞还自抱，何事斗群芳。”在这个意义上，本书是我献给在天堂的父母迟到的礼物。2006 年 12 月，母亲通向天国，让我的世界变得残缺不全。2019 年 3 月，父亲离开人间，让我的避风港从世间消失。母亲父亲灵堂左右两边的挽联已成我们家族的集体记忆：“妈妈儿女心中的神，奶奶子孙灵中的魂”；“爸爸父爱如山山常青，爷爷祖恩似水水长流。”

我从故乡来，我到学海去。每个人的生命都有可能是一部长篇小说，多少会带一点创新的味道。我的“思学”是我在深圳大学26年职业生涯中的零星创意的融合，最终形成一张整合性的管理分析图，简称管理循环图。这张图算得上是我对“国家一流专业建设点深圳大学人力资源管理专业项目”建设所尽的绵薄之力，说得上是身有所望；这张图也可以说是我对公共管理系发展的自我激励，算得上是心有所盼。这张图是我思学中游学与做学的“守望相助”。

致谢就是体悟我生命中的人与事，致谢就是感知我生命中的身边和世界，致谢就是搜寻我生命中大转型时代大历史的光和影。我会静待在深圳壹方城旁，这是深圳命名最美的建筑。“壹方城”和“Uniwalk”之间的互译，真是意味无穷。“Uniwalk”直意“宇宙漫步”，隐意“空中足音”，转意“在水一方”，合意“壹方城”。“抱读为养”是我职业生命之爱的写照，也是远离课堂的“不老身心”的灵魂寄居。醒目遣词字字窄，慧心品味句句宽，这是我生活中的宽窄巷子。读书有味身忘老，病须书卷作良医。学以为己，自用其才。天生我才必有用。行之以诚，持之以久。“自立”“自律”“自强”，三者良性循环，此乃宇宙妙用。“自立”“自律”“自强”在我的心中就是“游学”“思学”“做学”。

我的上半生，有幸游弋在深圳大学的学海中，看到学海中央一艘夜行船闪烁出来的光。我会在人生的下半场，沿着这束光，坚信阅读有益于滋润自己的心灵，细嗅深圳，欣赏中国，动观世界。我会细读费孝通的《美国与美国人》、许烺光的《美国人与中国人》、徐国琦的《中国人与美国人》和费正清的《美国与中国》，深思命运共同体和信念共同体之间的价值选择问题。深圳文化是改革开放中形成的高度集成的地方文化，而湖湘文化和潮汕文化是这个高集成文化中的两大亚文化，从这个现象观之，我会细读饶宗颐的书籍，杨度的书籍，还要多看梁启超所写的书籍，寻找他们三人各自的心路历程。中国改革开放进入新时代，社会主义市场经济发展的最大挑战就是土地和知识两大基础性资源之间的结构转型及其相互融动。我将以深圳为样本，进一步思考中国的现代化、自我化、信息化、智慧化和城市化问题，观察其中的土地与知识两大基础性资源的流动现象。

致谢是我学术全命中杠杆的持续撬动。我人生六十，至今未悟，希望自己成为一个永远活在解放思想里的人。我要让自己永远活在“有学识的无知”的世界里，以“思学”为中心，将“做学”向中心位移，移动到“游学”之前，开启面向无知的新探索。

致谢就是我在宇宙中，向自己在学术生命成长过程中有缘相遇的人，自然而真诚地流露我来自心灵深处的微微笑。我坚信人一生在“诚”（自我管理）与“成”（成果管理）之间，在“头上三尺有神明”（战略管理）与“不畏人知畏己知”（知识管理）之间，在“人在做”（文化管理）与“天在看”（语言管理）之间。“仗义每多屠狗辈，负心多是读书人。”这道出中国传统社会真诚和真理的终极价值危机。“一代做官九代绝，一家发财九家贫。”这言中中国传统社会权力和知识的精神镜像破裂。如何形成美德伦理谱系，如何平衡信念与怀疑，如何面对信息无知，如何建立有效的决策机制，如何让财富细水长流和源源不断，这些问题是我们中国社会进步不得不思考的大问题。特别需要指出的是：我们不能离开生命个体的自我管理问题来谈神经管理和人本管理，神经管理和人本管理是自我管理的双重超越，神经管理与理性相通，人本管理同自然相连。管理志在敬畏无知（世事洞明皆学问），智在卓有成效（人情练达即文章）。基于自然与理性，变革始于个人。真正的人是在宇宙中的平凡人。真正的人，既是无知的人，也是自省的人。管理哲学的灵魂就是实事求是和批评与自我批评。管理的终极意义就是管理无知。中国管理的未来挑战就是走出“非礼勿视，非礼勿听，非礼勿言，非礼勿动”。

我的鸣谢就是来自我这个宇宙中的平凡人的永不消失的微笑！

杨龙芳

2024 年 6 月 1 日于深圳